寫在旅居歐洲時

三十位歐華作家的生命歷程

高關中——著

趙淑俠序言

　　文友出書，新人初登文壇，甚至是經人介紹的間接相識者，要我給他的書寫點推介的話。語切意誠，容不得我說個不字。三十年來，從歐洲到美國，已不知給人寫過多少篇序。直到2008年健康出了問題，才學會說「不」。但是歐華作協建立「歐華文庫」，連續出書數本，無論誰做會長，誰擔任編輯工作，只要找我給寫序，我便不讓他們失望，總會認真地寫一篇序言及時寄去。從歐華作協成立到現在，從1998年的第一本會員選集：《歐羅巴的編鐘協奏》，到2013年的《歐洲綠生活》，八本書中就有七本是我寫的序言。

　　「為甚麼歐華作協一出書你就給寫序言？就不肯給我們！」已經多次有人如此問。我回答說：「關係不一樣。」問話的人就不再問下去。理由很簡單，華文文學世界全知道：「歐洲華文作家協會是趙淑俠發起創建的」，就算我想否認都不行，所有的文學史和資料上都這樣記載。客觀事實改變不了，不可分割的密切關連似乎已成鐵板。

　　高關中寫「小傳系列」，與我有間接關係：去年10月，在馬來西亞舉行的世華作家代表大會期間。一次在早餐桌上聊天。我談到英年早逝的會員郭名鳳博士，她曾多次說要寫一本「歐洲華文文學史」，並已在搜集資料，結果竟是壯志未酬，是歐洲華文文壇的重大損失，令人遺憾。我也說：「歐華作協成立二十多年了，運作得不錯，最好能把這段歷史記錄下來，如寫成歐華文學史，給後人留下一些資料，是很有意義的。」

當時高關中告訴我：他不擅寫文學史，但有採訪人物的經驗，有編寫「文友小傳」的萌想：「每個人都是歐華歷史的一部分，會給歐華留下實際的成長記錄。」

　　他這句話說得有見識，使我立刻聯想到創會會員朱文輝，俞力工，郭鳳西，王雙秀，麥勝梅，和後來的譚綠屏，李永華。他們在加入歐華作協之前，都沒有結集成書的經驗，出版第一本書是做歐華會員以後的事。而且在歐華成立的二十多年裡，他們有的擔任過會長，秘書長，實際地參與推行會務。除了召開會議，編印出版會員選集之外，還與主流文化團體交流。在歐華這個小小的文學天地裡，練就一身「功夫」，歐華作協便在這樣的動力下良好地發展著。當然稍後入會的會員，如莫索爾，丘彥明，穆紫荊，黃雨欣，于采薇，黃鶴升和更多的我不太熟識的新進兄弟姊妹，也在奉獻心力。有了這些熱心人，歐華才能走到今天。說他們「每個人都是歐華歷史的一部分」，十分正確。名為「小傳」，卻能發揮「史」的功能。

　　不過我雖覺得高關中的構想不錯，倒沒認為他真會去做。文人好清談，以為像平常聊天一樣，事過就忘。沒想到他回到歐洲便開寫，被寫的文友們都供給資料，熱烈參與，一時顯得眾聲喧騰，氣氛格外溫馨。我看出高關中做事盡力不問得失，不在乎用那麼多耐心和時間寫別人的事。很是難得。他說希望得到我的支持。對這樣一個熱心人，我自然是支持的。所以我接受了他給我寫小傳，也破例答應給他的「小傳系列」寫序言。其實我目前已謝絕一切採訪之類，更是不會允諾任何寫「序」的事。

　　在寫小傳的過程中，也曾有人表示質疑：歐華文友不全是名家，這樣的一本書的意義性有多少？前程是否一定樂觀！我的回答是：高關中不是不知文壇深淺的「文盲」，而是寫了四五百萬字的「旅遊文學」專家。他有經驗，要寫小傳，也許自有他的道理，建

議不要干預。我本人則是只鼓勵，從不說怎麼寫，寫甚麼？三十篇「小傳」就這麼完成了。

讀過三十篇「小傳」後的印象是：這是三十個不同的人從不同的人生路，走到歐華作協這個文學搖籃裡的故事。作者非常注意每個人的生長環境，重墨彩筆的描繪。文學成就和著作品評方面則持文人相重的態度，多褒少貶。

回想六〇年代赴歐初期，既無中文報紙，也無處買中文書籍，走在街上看不到一個東方人。而那時在美國的華人留學生，已開始寫他們在美國的生活。將他們的苦悶抒發出來，寫成散文或小說，寄回臺灣發表。造成一時的文學時尚，被稱作「留學生文藝」。當「留學生文藝」在美國和臺灣，發展得如火如荼的時候，歐洲可以稱為：歐洲華文文學的洪荒時代，連我本人也還沒有全力投入文學。那時我的全部中華文化，就是靠臺灣的家人，每兩週一次，把他們看過的報紙的文藝副刊寄來。除此之外根本看不到中文字。二十世紀中華文化的蘇武，一切要靠自己開天闢地。

歐洲華人社會在生態上起了根本性的變化，是近三十餘年的事。隨著中國大陸的改革開放，臺灣的注意力也不再只集中於美國，歐洲各國華人數目大量增加，在變化中的新僑社裡，知識分子占了很大的比例，其中有愛好文學，以寫作為專職的。那時我本人已出版了許多作品，包括三本譯成德語的小說。在文壇算是站穩了腳步，便覺得偌大一個歐洲，也應該有個華文文學的「文壇」。僅靠三兩個出名的作家是稱不上文壇的。文壇如花壇，要有四季盛開經久不斷的紅花綠草。那應該是一夥愛好文學的人，共同耕耘的美麗園地。

1991年3月16日，經過一年多的努力與摸索之後，歐洲華文作家協會在巴黎成立。屬於歐洲的，具有歐洲特色的海外華文文學，終於具體而有形的誕生了。是歐洲有華僑史以來，第一個全歐性的華

人文學組織。海內外都認為歐洲華文作家協會的成立，是歐洲文化界的大事。

經過「留學生文藝」，「留學生文學」，「海外華文文學」，「新移民文學」，各個階段，走到歐洲華文文學的興盛繁榮，優秀作家倍出，創作題材多樣化的今天，歐華作協可說起了中流砥柱的作用。

與一些大型的學會相比，歐華作協會員的人數不多，最高記錄不過七八十。但成員包括不同領域，各擁有一片天：散文，小說，詩，政論，推理文學，性學文學，哲學思想，雜文小品等等，都有人寫。如今的「歐洲華文作家協會」，會員來自二十二個國家，掌握十幾種語言。像楊允達，朱文輝，白嗣宏與顏敏如，池元蓮，都能直接用外文創作，且有外文出版品。楊允達十五歲開始寫詩，至今未停筆，2008年當選為世界詩人大會主席。呂大明二十二歲就出了第一本書，終身創作不輟，如今是唯美類散文的突出名家。德國有個會員叫謝盛友，寫了數本雜文集，並獨力在德國辦刊物，辦出版社，為德國報刊寫專欄，2014年3月更在德國巴伐利亞州舉行的地方選舉中，以高票當選班貝格市（Bamberg）議員。成為歐洲華人參政的第一人，破冰者。這就不僅是歐華作協的驕傲了，德國的史冊上將記下他的名字。如果說這個沒有任何資助的文學團體，做到了小而精，小而美，會員中藏龍臥虎，當不算過譽之詞。

曾有多位研究學者對我表示過，很想研究歐華文學，苦的是找不到資料，能看到的一點資料文章，有的不是出自歐洲華人之手，內容欠真切。也有作者雖曾到過歐洲，但只待過幾年就離開，已二三十年與歐洲華文文壇無接觸，寫出的文章與現實情況不符。他們希望我能寫一本歐洲華文文學史，給研究歐華文學者提供資料。

我從歐華文壇的拓荒時代走過來，所見所聞皆是資料，連自己都覺得有為歐華文學做史的責任。問題出在我不善致史，健康情況

也不允許我做這麼大的工程。2011年一篇四萬多字的論文:「披荊斬棘,從無到有——析談半世紀來歐洲華文文學的發展」,記載了我在歐洲文壇闖蕩三四十年的經驗,順逆哀喜,文壇人物等等,確實掌握到第一手資料的先機。在大陸上的學術刊物「華文文學」上發表後受到重視,被各地的文學機構及論文網站收藏,做為研究歐華文學的重要資料。但我本人仍覺得缺點是全文只有四萬多字,書寫的範圍還是有限。譬如目前正在進行,發展的就未著墨。高關中的「小傳系列」,正可補上這個缺口,展現此刻進行中的歐華文壇面貌。

半世紀來,歐洲華文文壇,已從荒涼的沙漠變成綠洲,鬱鬱成林,繁花滿樹,別具一番風景。披荊斬棘從無到有的開荒路途中,歐華作協二十多年來的努力功不可沒。作協目前的情況是,會務穩定成長,年輕新血踴躍加入,他們普遍素質高,作品風格多樣化,帶來活力和希望。最年輕的董碧娟、黃南茜是八○後生人。黃南茜筆名「西楠」,今年才二十九歲,已發表過長篇小說《紐卡斯爾,幻滅之前》,和專欄文章十五萬字,詩歌數十首,新聞報導、採訪文章多篇,可能就是未來的大寫手,讓人看到歐華作協美好的明天。

史是總結過去,「小傳」包含著無限的未來,今天的小作家,焉知十年二十年後,不是名滿文壇的大作家!這三十位小傳傳主當然不是歐華作協的全部會員。高關中說他要繼續寫,用文字描繪出所有文友的文學人生。我鼓勵他貫徹壯志,繼續「小傳系列」,也希望歐華的兄弟姊妹們給他力量。記得歐華作協成立初期,遭遇困難時大家總表現出同舟共濟的情分,多麼希望這種篤誠忠厚的傳統能保持下去。

最後,衷心恭賀「歐華作協小傳系列」的隆重出版。

2014年7月

(趙淑俠為歐華作協創會會長,現住美國紐約)

朱文輝的心語

　　這本歐華作協文友小傳，不是作者高關中自吹自擂或專為某些人作秀造勢而撰，而是，透過詳梳細膩的描述，勾勒出一幅幅文字耕耘者的畫像，折射出歐洲華文作家協會每位寫作朋友的心靈世界，反映她／他們筆下的人文景觀；是在傳述歐洲華人的文史演進與發展，回顧她／他們過去原鄉本土的生活環境，對照當下置身天涯異域追尋安身立命的歷程，足資我們檢視生活，觀照人生，進而省思生命的真諦。

　　這本專著，有助本協會凝聚團結，鼓舞前瞻，激勵老中青的文友們秉持繼往開來的精神，在傳承的實踐中永續發揚歐華作協以文會友、以友輔文的互動精神。我們感謝孕生這個文學大家庭的文壇前輩也是終身榮譽會長趙大姐淑俠，還有為我們添彩增光的元老級散文名家呂大明大姐，以及才藝雙全的元老祖慰大哥在協會成立前後多年為大家介述傳播；當然還有前兩任會長莫索爾和俞力工的卓越領導，以及其他眾多兄弟姐妹的熱誠投入與經營，有了她／他們無私的奉獻，這個大家庭始得穩健成長，結成繁茂的枝葉和累累的果實。

　　回顧過去，展望將來，我們充滿信心與希望，長江後浪推前浪，前浪滔滔沖萬丈。感謝關中兄滿懷關雲長照顧兄弟姐妹的情義，執起雋秀的健筆為這個溫馨的大家庭尋跡探源、留傳歷史；幾乎在每篇小傳中，都足以讓協會老一輩文友重踏自己走過的文學履痕，心領神會地憶往思甜，溫故知新，更給後起新秀找到融入這個

大家庭的路徑。關中兄勤於追補資料，考證時，工細勁深，鍥而不捨，上窮碧落下黃泉，探索究底的精神堪比福爾摩斯！

願藉此與大家庭的每位成員互勉共勵。

2014年4月24日　瑞士蘇黎世

（朱文輝為歐華作協創會秘書長，曾任三屆會長）

莫索爾序言　一段難忘的記憶

　　漢堡高關中先生旅居歐陸多年，但加入歐洲華文作家協會則是近年的事，他博學多聞，對歷史、人物、地理風情多所涉獵，而且下筆神速，數萬言指日可成，就這樣，他在半年多的時間內寫成了三十位歐洲華文作家協會會員的小傳逾二十萬言，此份功力與熱心實令作協的朋友們敬佩並感動、感謝，欣聞他有意將此書付梓，特記一段難忘的往事，以為之賀。

　　2002年筆者繼瑞士朱文輝兄之後，擔任作協會長，才疏力薄，又處在歐洲偏遠地區。頗感責任重大，唯抱著一份盡力而為的心願，努力以赴，除了儘快召集理事們會商工作計畫外，亦積極籌劃翌年在臺北召開的第五屆世界華文作家大會。

　　2003年3月在臺北舉行的那次大會，歐華作協的會員約二十人參加，副會長、各理事均與會，雖然人數並不很多，但陣容頗整齊，按照大會議程，筆者在會中介紹了歐華作協各位代表，由秘書長郭鳳西作會務報告，均贏得不少掌聲。大會進行順利，但會長卻十分辛苦，因為每天在會議結束晚餐後，各洲的會長都要再開會，對章程的修改進行討論，而更大的難題是：要選出下一屆的總會長。

　　世界華文作家協會緣起於臺灣，其總會會址設在臺北，會務的運作由秘書長執行，經費則賴各方的支持。因此，會長、秘書長責任重大，必須與各方維持良好的關係，政治的因素勢難避免，雖然我們是一個獨立的民間團體。大會主辦方所推出的新總會長人選是故宮博物院院長杜正勝，我們從海外回去的對杜院長有些陌生，只

知道他是位歷史學家，為什麼要選他並不清楚，因此在討論時大家意見不一致，總覺得這位學者型的人物與我們作協互動不多，雖然大家同意支持，但會議的氣氛並不愉快，北美華文作家協會會長馬克任甚至一度憤而退席，使會議限於僵局，幸經我們大家的勸說才恢復開會。那幾天我們晚間會後，馬老、南美洲作協會長斯碧瑤、大洋洲會長翁寬、非洲會長趙秀英與筆者等人常常繼續討論思索如何解套至深夜，疲倦不堪。

馬克任前輩曾任臺北聯合報總編輯，後在北美世界日報任社長，最後任副董事長，他是新聞界的元老級人物，而北美作協又是人才極多，力量最大的，所以大家對他均十分敬重。那幾天的相聚使筆者與馬老相知，增加認識建立友誼，這是筆者最感到榮幸的。

這一次臺北的作協大會可說是筆者任會長期間最重要的活動，雖已時隔十一年，但當時的情景至今歷歷在目，難以忘記。感嘆馬老前輩已歸道山，哲人其萎，無限哀思。

2014年5月於西班牙

（莫索爾為歐華作協老會長）

俞力工序言

　　關中兄著手給歐華作協成員寫小傳，最初為淑俠大姐所提議一事，我毫不知情。陸續從他那兒收到若干會員的小傳之後，我驀地發現擔任了三屆會長，竟要通過關中兄的介紹，才算對文友的生平瞭解一二。

　　傳記、小傳均屬「志」類文體，講究真實、公允，而且必須志在「躋身信史之林」。這比起我的評論專業，要難許多。蓋評論「揚善」過多，流於宣傳。於是「揭露時弊」、「揭短」便構成了評論文體的獨特性，甚至，還可能養成評論家的臭脾氣。

　　寫小傳，尤其涉及活人、友人的小傳，更加忌諱揭人之短。因此小傳多容易滑入「隱惡」的怪圈。正是出於同一考慮，我一直替他捏把冷汗。

　　當關中兄的興趣轉移到我個人之時，我猶豫了一陣子，而後建議他自行查找資料，自己琢磨著怎麼落筆。我至多於完稿時提供一些資料性意見。

　　待見到他寄來的草稿，我不得不承認他著實下了不少功夫，否則，不可能從我的大量論文裡整理出「動向」與「脈絡」。固然，他不可能避免「隱惡」的一面，但至少回避了虛構渲染、拔高溢美。尤其難得的是，他字裡行間表現出對文友的情真與事信。

　　如前所述，小傳屬「志」，而歐華作協成員的小傳也至多是個「小志」、「小品」。既然如此，就不得用評論家的尺度評頭論

足。更何況，小志往往會有更大的價值。原因在於，等到人家都已拿到諾貝爾文學獎之後才去追逐，那不流於低俗？

2014年6月6日　奧地利，維也納
（俞力工為歐華作協三屆會長）

郭鳳西序言

　　緣起成立歐洲華文作家協會，和趙淑俠大姐認識，開始文學之旅，做了創會會員，會員、理事、秘書長、會長，一路走下來匆匆已過卅三個年頭，無論是過去現在，世界都在不停變化，沉浮在變化裡，我們歐華作協將會去到哪裡？這是我們會友常常探討的課題，在這焦慮、忙亂、不安的社會裡，我們文學作品，負起了解除苦痛焦躁的作用，因此我們更應該努力提筆寫出警世的佳作。

　　和高關中認識不久，他既不是創會老會員，也不是會裡負主要責任的理事，長著一付好好先生、笑容滿面、有求必應可以信任的樣子，等交談比較暸解後，發現他竟然是幾十本旅遊著作的作者，曾行萬里路，寫盡天下風景名勝的人。去年世華在馬來西亞開會上，他的快筆竟然能每日在第二天見報（網），連北美作協也來要稿，這時才發現他的厲害，多年筆耕訓練，可以快速出稿，真不是蓋的。

　　關中在馬來西亞和歐華作協參會會員朝夕相處了二星期，大夥比較認識暸解後，加上和趙大姐一席談話，興起了替歐華作協會友寫小傳的念頭，老實說，像我和協會會友認識卅多年，每二年歐協開年會加上世華年會，也只有近十幾次開會加旅遊，由於會議行程緊湊，每次也只十來天相處，除以文會友，相互欣賞外，各人出身經歷並不清楚，因愛好相近，同住歐洲我們處得像個溫馨的大家庭，等關中的小傳一篇篇出來，細讀之下發現，每個相處多年的老朋友，竟個個身懷絕技，經歷不凡，都不是池中之物，除了文學成

就的欣賞外，更加深了相互之間珍惜愛護感。

這卅篇會友小傳，每篇經被寫的人提供自身資料，關中以方法論，把古人說的道理用另一方法論述，從每人小時家庭背景，父母長輩經歷開始，成長過程，如何赴笈國外，在外國創業的艱辛，如何進入寫作的領域，思想上導向，及入協會的過程對本會的貢獻。層次分明、一目了然。是多年寫旅遊報導，訓練出來的。卅篇中一些會友是入會不久，因沒有太多個別接觸，或沒看過他（她）們的文學創作，沒法評論，老會友已認識近十幾廿年，每本出版的書都看過，喜愛過，一再欣賞過的。

可以提提我個別認識瞭解的個人情況：

淑俠大姐：從年輕我就是她的崇拜者，每本書都收藏，反覆拜讀，是作協的創始人。

大明：文如其人，溫婉高貴，散文如詩，字字珠璣，滿溢優美。

文輝：文才很高，能詩能文，做人篤誠忠厚，可交可信。

鳳西：現任會長。

力工：博覽群籍，政論家。

祖慰：名作家，記者。

勝梅／家結：能編、能文、能詩，清純自然，我多年好友左右手。

莫老：寫作老手，資深記者，老會長。

元蓮：資深美女，文化先鋒。

雙秀：能寫、會編、長於辦會。

綠屏：文章、繪畫、攝影等好。

盛友：文章、從政得心應手。

鶴昇：哲人。

筱雲：早逝的全能創作者，我一直懷念的好友。

老木（李永華）：文、詩、哲學深入透徹。

雨欣：作家、校長。

凱瑜：清純的波蘭華文耕耘者。

麗娟：土華文化橋梁、土耳其專家、程度高文章好。

翠屏：學者作家。

紫荊：才女，做人分寸、應對恰到好處，年青作家中佼佼者。

楊老：學者、詩人、記者，中英法文都強。

蓓明：勤於寫作，毅力堅強。

另外，劉瑛，漂亮，文壇熱心人。

常暉：媒體多面手。

區曼玲：長戲劇，勤寫作。

張琴：自由創作。

呢喃：記者作家。

至於關中，用七個月寫了卅篇小傳發表，用E-M傳給全體會友，引起本會從創會以來，從來沒有過的熱烈討論情況，看了每個人的小傳，會友互相之間，明瞭每個人的淵源底細，於是讚揚、痛惜、同情、同感，各類情緒在網上，來往不息，每天E-M來去不止，這也是關中當初想寫會友小傳時，沒有想到的收穫吧！

2014年7月　比利時

（郭鳳西為歐華作協現任會長）

Contents

趙淑俠序言　3

朱文輝的心語　8

莫索爾序言　一段難忘的記憶　10

俞力工序言　12

郭鳳西序言　14

趙淑俠　歐華文壇的拓荒者　21

朱文輝　推理小說翹楚　歐華作協中堅　43

呂大明　字字珠璣散文美　61

祖　慰　華歐名作家　世博設計師　73

楊允達　世界詩人大會主席的多彩人生　81

郭鳳西／黃志鵬　將門眷村才女　歐華作協會長　90

麥勝梅／許家結　越南來的德華作家　101

王雙秀　寫作編書辦文會　108

俞力工　國際問題評論家　117

池元蓮　雙語作家　文化先鋒　127

譚綠屏　畫壇文壇常青樹　135

莫索爾　資深記者　西華僑領　140

謝盛友　參政破冰者　當選市議員　149

張筱雲　《德國僑報》頂樑柱　156

黃雨欣　作家校長影評家　165

黃鶴升　歐華文壇的哲人　173

高麗娟　土華文化橋樑　179

林凱瑜　波蘭的中華文化使者　192

李永華　自強不息的思想者　203

楊翠屏　學貫中西　法華作家　214

穆紫荊　復旦才女　德華作家　224

高蓓明　探索茫茫人生路　232

張　琴　「高爾基」似的女作家　240

劉　瑛　德華文壇的熱心人　250

常　暉　奧國媒體的多面手　257

呢　喃　記者作家一肩挑　269

區曼玲　酷愛戲劇勤寫作　279

高關中自述　走百國寫世界　287

附錄　歐華作協歷史回顧與年會　299

後記　304

趙淑俠
歐華文壇的拓荒者

在馬來西亞舉行的第九屆世華作協大會（2013）上，我第一次見到敬仰已久的趙淑俠大姐。趙大姐是著作等身的文學大家，又是歐華作協的創會會長和永久榮譽會長。如今雖移居美國，仍然非常關心歐華作協的發展。正是受到她關於重視歐華文學史談話的啓發，我才萌生了撰寫歐華文友小傳的想法。

儘管已經寫過不少文友的小傳，可是當我開始寫趙大姐時，仍然遲遲不敢落筆。趙大姐對我們這些文壇後進來說，真是「高山仰止」，她的事跡太豐富了，她的成就早已列入華文文學史。這裡就用《海外華文文學史》的主編，原汕頭大學海外華文文學研究所主任陳賢茂教授的一段評語作為本文的開篇：「趙淑俠，一位在海外華文文壇上馳騁數十年的獨行俠，在兩岸文學界原無任何淵源，既非文學院系的科班出身，又沒有文壇顯赫人物給與提攜吹捧，也不屬於文學界的任何圈子，僅憑自己的毅力、努力和打拼，獨闖出了一片天地，並且成為歐洲華文文壇的盟主，這不能不說是文學界的異數……」

大陸歲月

趙淑俠的祖籍是黑龍江省松花江畔的肇東縣，遠祖世居山東齊河，清末黃河泛濫和旱災，迫使她身為佃農的祖宗闖關東，在那片黑土地上紮下根來。經過數代人的開墾耕耘，到她爺爺時代成為富裕的農耕之家，還在哈爾濱經商。祖父讀過私塾，刻意培養她父親，要他好好讀書，學法律，為小老百姓主持公道。他父親不負家

族厚望，考上北京政法大學（1927年歸入北大法學院）。畢業時才二十二虛歲，返鄉服務於政界，少年得志，二十八歲就做軍法處長。他同就讀於哈爾濱醫專、出身於旗人官宦之家的女子結婚。他自視甚高，志氣遠大。但這一切都被日本侵略者給破壞了。九一八事變後，他們逃到北京，不久，生下長女趙淑俠。

趙淑俠的母親典雅、清純，知書達理，懂音律，善丹青，有著不凡的繪畫和音樂之才，精心傳給了趙淑俠。母親教子有方，趙淑俠三四歲後，就要每日描紅、寫大字、認字、背唐詩，如果功課做得好，還有獎勵——「獎品就是母親的畫，多半是貓、馬、猴子和畫眉鳥；我非常珍視這些畫，每得一張就掛在我床旁邊的牆上，掛得一面牆滿滿的。」這是趙淑俠留在記憶裡最初的故事。

1937年，盧溝橋事變爆發，中國開始全面抗戰。趙淑俠一家像許多中國家庭那樣，在日寇的驅趕下倉皇南逃。過黃河，越長江，火車、汽車、渡船，風風雨雨，終於南下入川，在重慶沙坪壩定居下來。他父親服務的「東北抗敵協會」就設在那兒。戰時物資奇缺，生活艱苦，妹妹們又一個個出生，要吃奶粉，要生病，她父親作官清廉，除了薪金之外沒有一星半毫的「外快」，每月收入只夠半個月的開銷。大富之家少爺出身的父親，和滿族貴門小姐出身的母親，過慣優裕日子，忽然拖著一群孩子，艱苦勞累，被生活壓迫得仿佛無法應對。其實他們預備南逃之前，趙淑俠祖父已差人送來一大筆錢，但她父親不曾料到後來會那麼苦，對東北逃出的青少年又特別關心，就把那筆錢當救濟金發放了。這時只好把她母親陪嫁的金寶首飾，貂皮斗篷之類或當或賣，換成米麵菜肉填飽肚子。

在國難裡，趙淑俠一家同千千萬萬的中國人一起經受熬煎。「頭兩年，日本飛機不停地來轟炸，我們日夜不分地就忙著逃警報，警報解除之後，不是見燃燒彈燒得半邊通紅，便是見斷牆頹壁，遍地瓦礫……」

就在這樣的情況下，趙淑俠在小學上課。大概九歲時，她讀到一本《窮兒苦狗記》。窮兒的悲苦命運，使她難過，同情之心也第一次把她和書中人物聯繫起來。這本書好像一把鑰匙，啟開了她的心智，使她眼界大開。從此她開始一本接一本地讀起課外書來。

　　趙淑俠對文學的偏愛和天分，在小學時期就表現出來了。不少學生對文學還在蒙昧狀態時，她已經開始寫詩了：

> 啊！嘉陵江，我的母親
> 你日夜不停地奔流，一去不回頭
> 浪濤是你的微笑，水聲是你的歌唱
> 啊，我的母親，你日夜奔流
> 正在從我身邊溜走……

　　一個瘦瘦的小女孩，冬天穿著黑大衣，口袋裡裝著自釘的小本子，上面密密麻麻寫滿了她的詩作。趙淑俠說，那時那種強說愁的童言，給時時操心的母親帶來許多不安，而自己卻認為那是一顆詩心。

　　小學五年級下學期，趙淑俠班上來了一位姓傅的級任老師。這位傅老師看過她的作文之後，像在沙海裡發現了一顆明珠那樣興奮，一口咬定她可以當作家，趙淑俠從此便成了他最寵愛的學生。趙淑俠回憶說，傅老師對她倍加「培植」，為她開文學小灶，給她文學讀物，指導她看課外書，仔細地告訴她作文的方法，規定她每週至少寫一篇作文，派她代表全班參加作文、演講、美術、音樂等比賽，當她得了冠軍、亞軍之類的錦標回來，他和趙淑俠一樣高興，並口口聲聲地說：「你是一個聰明的孩子，你要做什麼都會成功。」從那時起，她最喜歡的功課就是作文。每逢作文，便是長篇大論，沒完沒了。這時，她也迷上了閒書，什麼《黑奴魂》、《魯

濱遜飄流記》、《小婦人》、《海狼》及冰心的《寄小讀者》、朱自清的散文等等，都是她喜愛的作品。家裡生活苦，沒錢買書，她就跑到書店去，蹲在書架下，小說，散文，戲劇，新的，舊的，翻譯的，什麼都看；一次看不完，就把頁碼記下來，下次接著看。傅老師的愛護、鼓勵和肯定，使趙淑俠終於找到了自我。

初中時的趙淑俠在中央大學附中讀書。這時，她的個性已經顯露出來。生活沉重而苦悶，唯一的快樂是看書——廢寢忘食地讀閒書。跑書店看閒書，已經不能滿足她的興趣，於是就把父母給她的早餐費全部給了租書鋪的老闆。她常常背著父母看書到深夜兩三點，有時竟通宵不寐，由於睡眠不足，結果身體弄得面黃肌瘦。十二三歲的小小年紀，已經把《石頭記》（即《紅樓夢》）、《羅密歐與茱麗葉》、《孽海花》，以及當時流行的巴金、茅盾、張恨水的小說，統統看了一遍。甚至常常在上不喜歡的課（如數學、公民等）時候偷看閒書。由於迷戀課外書籍，影響了數學的成績。她父親為此焦慮萬分，常責備她不務正業，胡思亂想。

「這時，我是兩個老師最看重的學生，一個是教國文的安老師，另一個是美術老師。」趙淑俠說，「每次作文本子發下來，安老師都要全班傳觀，再不就朗誦一段給全班同學聽，他認定我有走寫作路線的本錢，那位美術老師則認為我在色彩的感應方面十分敏銳，可以學美術。」由於她文章好，繪畫好，再加上寫得一手娟秀小字，她便成為辦壁報的能手——不僅主持編務，寫文章，還設計、繪製刊頭。每當兩丈長的大壁報掛在牆上時，她心裡躊躇滿志，同老師一樣陶醉。趙淑俠說，仿佛她編的不是壁報，而是成人大報的主筆。其實，不少作家的成功，就是從壁報出發，走上文壇的。

1945年，抗戰終於勝利，趙淑俠回憶說：「在那個悶熱的夏天傍晚，也不知怎麼聽到日本投降的。人們像瘋了一樣，嘩的一聲叫起來，店鋪的門口劈劈啪啪地放著鞭炮，小鎮窄窄的街道上擠滿了

人，有的哭有的笑，流浪了七八年的遊子們要回老家了，悲喜交集得淌著眼淚引吭高歌。」

趙淑俠告別師友、告別重慶，隨父母回到東北。她進入瀋陽國立東北中山中學繼續讀書，文學仍然是她至真至誠的愛好。在東北只滯留了一年，內戰又使得她家「倉惶出逃」。戰爭連年是中國歷史的不幸。槍炮聲跟著趙淑俠，似乎在告訴她：這就是戰爭。就這樣，她懷著不解和恐慌，看一眼漫山遍野的烽煙，又隨著父母，先北平，後南京，1949年末，最後到了臺灣。

臺灣十載

在去臺灣之前，趙淑俠的父親一直擔任政府工作，官位不低，但他生性剛正，嫉惡如仇，對那時官場的許多情形看不慣。便決心選立法委員，退出官場。初到臺灣，人生地不熟，生活拮据。「父親原出身於大富之家，曾有過人間最優裕的日子。只因戰亂關係，竟半生受生活的壓迫，這也難怪他心情煩躁。」趙淑俠說，「當我長大成人，吃過苦頭之後，才慢慢體會了父母的心。」

起初，她在臺中女中讀高中。像在大陸讀初中那樣，她把自己的感情獨交文史，仍然做文史老師最好的學生，當數理老師最糟的學生。當高中三年級時，她開始鄭重其事而又神秘地向臺中一家報紙《民聲日報》的副刊投稿。當她的名字和那兩千多字的散文赫然出現於報端時，那種「自我陶醉」第一次成為難忘的鼓勵。

高中畢業，趙淑俠已滿十七歲，唯一志願是去讀臺大國文系，因為想讀她所愛的古典文學，唐詩宋詞元曲漢文章之美、之成就，遠超過新文學，是她至今未變的認同。於是她跟誰也不商量，私自做了這個決定。但是，考試因為數學吃了鴨蛋而名落孫山。趙淑俠被父親責備了一頓之後，進了臺中農學院。興趣實在不合，不知該

從哪裡學起。倒是那個給學生用來實習的農場，開闊幽遠，阡陌縱橫，她最喜愛。常獨自在田壟間的小徑上漫步，心裡充滿悲傷，一邊走一邊自問：「我就這樣漫無目標地混下去嗎？天地之大，竟沒有一個適合的地方容納我嗎？」頃刻之間，她決定另擇「新路」，於是動手寫長篇小說。內容是海盜的故事，洋洋灑灑二十多萬字（手稿現存臺灣文學館），那年她剛十九歲。

當時，她羞怯地跑到臺中師範看望名作家孟瑤（1919-2000），坦白地向她傾訴心中的苦悶，求教創作的秘訣。孟瑤平易近人，真誠地對一位文學青年講述自己的寫作心得，告訴她，寫小說不是那麼簡單的事，需要生活經驗，更要有成熟的思想。寫作應先從短文寫起，寫自己最熟悉的事，要多讀多看，鼓勵她：「……只要肯寫，多寫，一定會寫出成績的。」趙淑俠從這次不長的談話中，獲取了這樣的信心：「我可以寫，有一天我會成為作家。」

她把那些不成熟的作品，算是給自己看的「練習作」。沒想到，這些習作竟成了就業的法寶。一天，忽然看到「中國廣播公司」招考播音員，她想，這也是一條「新路」。那個時代，播音員就像現在的電視主播一樣，是青年男女嚮往的職業，競爭極大。她憑著一口標準的國語（普通話），闖五關斬六將，竟考取了。正在「中廣」接受新人訓練，又看到正聲廣播公司的「徵才」廣告，他們要一位能寫廣播劇也能報新聞的編輯兼播音員。她那天忐忑不安，還帶點羞澀的心情，拿著那本只能給自己看的「海盜小說」。沒想到主考者都認為她「能說也能寫」，數十人中她脫穎而出。由於有女職員宿舍，她便進了正聲廣播公司。趙淑俠心中充滿了無限的喜悅：「我有工作了！」自此，她可以離開家庭獨立，不用吃穿父母了。她開始了自食其力的生涯，於是也就有了獨立的人格。人生轉折的旗子，抒寫著興奮、榮譽和自豪，她覺得自己有了真正的生活。

她在正聲公司每週要撰寫三篇和婦女家庭相關的廣播劇,星期天主持播音,此外還有一項最重要的工作:編寫商業廣告。工作不到一個月,情緒便開始下降:內容婆婆媽媽的廣播劇非她興趣所在。她回憶說:那時「我年輕幼稚,自以為讀了一些柏拉圖,尼采,叔本華什麼的,已成半個哲學家了,急於發揮哲思而苦無機會。編寫商業廣告更是被我視為不屑的工作,後來竟有意拖著不寫,惹得商家向電臺興師問罪。可笑的是,我那時並不知道商業廣告是廣播電臺生存的命脈,只覺銅氣衝天俗不可耐」。

　　事事不如意,抑鬱而消瘦。她父親看在眼裡大為不忍,便托了有力的人,在當時臺北最大的一家銀行,給找了個職位。於是在重慶南路的灰色大樓裡,她有了一張辦公桌,每日有專人把公文送過來。這樣的日子離她的期待和興趣更遙遠,但卻教育她一層層地看清了人生:人生不是送禮請客,不是消閒遊戲,而是要付出韌力的自我追尋與完成。苦,是要吃的。她對自己說:「我的生命如此年輕,做什麼還來得及,要行動,不可再自怨自艾」。她決心重新塑造自己,創造較為接近自己理想的生活方式。

　　說著就出發。心情低迷的那陣子她讀了多本宗教書,《聖經》和佛學類,偶爾還去天主堂,只為愛上那種肅穆氣氛。她本來就能畫水彩,這時正式拜師學畫,還拜在名教授高明老夫子門下,學習欣賞詩詞歌賦。寫了幾篇散文,在《暢流》月刊上登了出來。接著又跟神父學法文,日子忙得不亦樂乎。

瑞士又醒文學夢

　　1960年代出國熱,青年人最大的夢想仿佛就是飛出臺灣。趙淑俠本無此奢望,但當機會來到時,唯一的念頭就是緊緊抓住,遠離那些傷痛。何況那時她迷上油畫,而巴黎是藝術之都。

在香港乘法航飛機飛往巴黎，全機就她一個東方人，左盼右盼，二十多個小時，才到達。那時的駐法大使陳雄飛夫婦，與他家是舊交，第二天安排人帶她去觀賞花都巴黎，走在香榭麗舍寬闊的人行道上，巍峨雄渾的凱旋門挺立在眼前，兩旁的建築物古典又華美，街上的男男女女衣裝入時，步履矯健精神飽滿，可怎麼竟沒有一張東方面孔呢？這世界上居然真有連一個中國人也看不到的地方，她好震撼！

到了巴黎才知道，以自己的畫藝要深造油畫，恐怕永無出頭之日。而且學純藝術將來怎麼生存？她失望得好像一下子被丟在枯井裡。折騰了好一段時間之後，終於接受現實考慮，轉到瑞士學習美術設計。

在瑞士成了領有執照的專業美術設計師之後，趙淑俠在一家頗具規模的公司裡，得到一份收入不錯的工作。這時她已有自己的家，日子好過了許多。還旅行了不少國家，把所見所聞寫成遊記，如《哥本哈根行》、《水都四百橋》、《比利時訪勝》等等，寄給臺北《自由談》雜誌去發表。倒也受讀者喜愛，總計約寫了二十萬字。

原以為藝術與文學在心裡佔有同等地位的她，當真正每天與顏色為伍，從事美術設計的工作時，才體會到：「文學對於我是留在血液裡的東西，永遠不可能相忘，就像過去那些年從來不曾忘記過一樣。」

雖然她在異國有了優裕的生活，但鄉愁、失落感時而困擾著自己。儘管趙淑俠在異國那塊屬於自己的小天地裡努力製造故國色彩——中國的書報，中國的音樂和藝術，教育孩子以做中國人為榮，關起門來過純潔的中國生活，但耐不住鄉愁繚繞，穿骨入髓地揉搓她那顆惆悵之心。

1973年，她帶著一雙兒女回到臺灣省親，看到了太多的變化。偶爾上街，「迷失」路上；與友話舊，蔓生隔膜……感觸是深切

的：「出國前的我，軟弱、多感、彷徨；今天的我，較堅定、成熟、有自己的人生觀和做人的目標……」趙淑俠一下子又找回了早已失蹤的文學女神，悟出：「生活的苦與樂，多半操在自己手中，只有真正弱者和愚者，才會任環境咀蝕。我想：如果我有那自怨自艾鬧情緒的功夫，為什麼不把那些鬼情緒和壓在心上的大石頭，化成文字寫出來呢？」

　　她說做就做，一回到瑞士，放下行囊，提筆寫起了長篇小說，一寫就是五十萬字。這個名為《韶華不為少年留》的長篇寫了一年多，內容是通過一個動人的愛情故事，描寫青少年家庭教育的弊端，以及社會心理、倫理道德和人性的愚昧。這部小說寄給臺灣一家雜誌，半年多之後，她的創作熱情等到的卻是一盆令人傷心的冷水。但冷水卻不能澆滅她如火的寫作熱情。用她的話說，「我要寫，想寫的意志已不是任何挫折能打倒的，長篇不行，就寫短篇。」於是她相繼寫出了《王博士的巴黎假期》、《塞納河之王》、《當我們年輕時》等短篇小說，先後在臺灣《中華日報》、《中央日報》、《新生報》、《中國時報》等家報紙的副刊及《明道文藝》上發表或連載。這些描寫海外形形色色中國人悲喜遭遇、失敗與成功，求生奮鬥之艱辛及其感情上的流浪感和文化上的鄉愁的小說，很快在臺灣文壇及海外華人讀者中引起強烈反響。不久，她出版了小說集《西窗一夜雨》（1976，臺灣道聲出版社）、《當我們年輕時》（1977，道聲出版社）及散文集《紫楓園隨筆》（1978，道聲出版社）。

　　這時，她寫長篇小說之心「死」而復燃，於是就動手寫起長篇小說《我們的歌》。這部用細膩樸素的文筆，瀟瀟灑灑寫的六十萬言的小說，「句句發自肺腑，既未咬文嚼字，也未刻意雕琢，只是把我的感受傳達給讀者……」此部小說很快得到「中副」夏鐵肩先生的賞識，在《中央日報‧副刊》連載了一年多，1978年由該社

出版社出版。這部描寫遠在異國生活、奮鬥的知識分子的憂患、彷徨、辛酸、痛苦與歡樂、成功與失敗的小說，在讀者的心頭所激起的震盪與共鳴，反響之強烈，是作者意料未及的。《我們的歌》於1983年在北京亦由中國友誼出版公司出版。當時同為東北人的名作家蕭軍（1907-1988）介紹說，它是「幫助我們很好理解世界另一面的書。我們可以看到書中的人物是怎樣在追求著自己生活的理想、生活的目的，是怎樣由各自所選擇的道路，來達到自己認為是『高峰』的境界。這中間有成功，有失敗；有歡樂，有痛苦；有新生，有毀滅；有逆流而上，有順流而下……」這部小說，為她的文名在華文世界奠定了基礎。

在撰寫《我們的歌》的同時，她把長篇《韶華不為少年留》重寫了一遍：前半部只是動動小手術，後半部則是重新改寫，並易名《落第》，由臺灣《文壇》月刊發表，後由新加坡《南洋商報》連載，1982年由道聲出版社出版。由於長篇小說《我們的歌》的成功及影響，1980年臺灣中國文藝協會授予她小說創作金獎。這一年，臺灣九歌出版社出版了她的散文集《異鄉情懷》，1981年又出版散文集《海內存知己》。

自從趙淑俠真正拿起筆之後，再也沒有放下。在屬於她的紫楓園裡，當家人還在熟睡的清晨，或已入夢鄉後的靜夜，她便坐在靜悄悄的房子裡，用筆疾書胸中的苦樂，以及對故國的思念和關懷。

每隔兩三年，她都要抽出時間，回臺灣探望父母。有次他父親說：「你非要寫作不可，你是對的。現在你出了名，爸爸也跟著有面子。朋友們都羨慕我呢！」她聽了幾乎掉下淚來：「父親終於承認我要寫作不是『胡思亂想』了，真比我得什麼文學大獎都讓我激動。」

創作小說《賽金花》

　　直到八○年代初，趙淑俠一直在寫異國懷鄉類的作品。此後，她將目光轉向歷史，要寫一位歷史人物，賽金花。

　　賽金花（1872-1936）生於安徽，長在蘇州，為一代名妓。1886年，前科狀元洪鈞回蘇州守孝，為其美色所傾倒，納為三姨太。1887年，洪鈞受命出使德奧俄荷四國，賽金花以公使夫人名義相陪。出使期間，在柏林居住數年，到過聖彼德堡等地，她周旋於上流社會，受到德皇接見，並與後來的八國聯軍統帥瓦德西（1832-1904）相識。1892年洪鈞任滿回國，次年去世。賽金花離開洪家到上海，買了兩個姑娘，掛牌書寓，因狀元夫人和公使夫人而名揚上海灘，被稱為花榜狀元。1900年庚子之亂，她正在北京，因能說德語，與瓦德西有過接觸。一方面為聯軍籌措過軍糧，另一方面又勸阻瓦德西不要濫殺無辜，保護北京市民，在歷史上起到積極作用。賽金花後來又嫁過曹瑞宗，魏斯靈，晚年窮困潦倒過世。

　　賽金花有過妓女的經歷，在一個男性為中心的社會裡，筆握在男人的手中，他們可以根據自己的需要任意編排女人。文人雅士們說起賽金花，便一定要說她的緋聞，論斷基點是：賽金花為風塵女子，行為一定淫蕩。瓦德西是聯軍統帥，豈有不好色的，因此有所謂「瓦賽公案」一說。最典型的便是曾樸在《孽海花》中捕風捉影的描繪。對此德國人不但斷然否認，亦採深惡痛絕的態度，認為這是沒見過世面的土中國人在夢囈。德國歷史中也有「拳匪之戰」的說法。我們說八國聯軍侵略中國，他們說拳匪排外，殺害教士，殺害德國公使克林德，迫使他們派兵保護自己人。

　　為此，趙淑俠很想一探究竟。當時歐美正在流行「女性主義」小說，她並無意追趕潮流，但當閱讀過很多資料之後，才真正發現，像賽金花那樣一個父死弟幼的寒門女孩，命運不在自己手裡，

養家糊口的擔子卻得扛在肩上。一旦墜入風塵，便永無翻身之日。一生在紅塵欲海中掙扎著想做正常人，卻因社會不給機會，受盡侮辱與命運玩弄，最後還是淪為男性社會的犧牲品。趙淑俠當即定調，寫部小說將以賽金花這個風塵女子為經，八國聯軍為緯，點出誰是被侮辱與被損害的，將還她一個公道。

為了寫好這部小說，從1984年起，她做了大量的準備工作。資料方面就用了兩年。找到了瓦德西《拳亂筆記》德文原版，瓦德西侄女寫的瓦德西夫人傳記，英文書《賽金花》，劉半農、商鴻達所編撰的《賽金花本事》……不管是直接間接，圖片、報導、散文、小說，一片紙也不放過。一時之間，中外文資料聚集了五六十種，從此她便掉入歷史「陷阱」，讀不勝讀，像做偵探一樣，從一個點發現一條線，再從一條線看出一個面，一層層地剝繭抽絲，引出事情的真相。她為此還到西柏林原清朝公使館故址海德路十八號去參觀了一次。

1986年3月，她受中國作家協會和中國友誼出版公司的邀請，抵達北京作文化訪問。從東北回來後，又在中國作協人員陪同下南下南京、上海、蘇州、杭州，為長篇小說《賽金花》的創作搜集素材。她走過了賽金花童年時奔跑過的長巷，尋視了她娘家的故居，也去了洪狀元藏賽金花的繡樓。樓已破敗，原來的七進大院被隔得零亂支離，但舊時雕欄玉砌的影子還在。

回到瑞士後，開始動筆，先後用了兩年多時間，1988年夏脫稿，7月起在臺灣《中華日報》連載，又在美國《世界日報》、9月起在新加坡《聯合晚報》連載。稍後，又在香港《星島日報》、巴黎《歐洲日報》及北京《十月》雜誌連載。最初提名《紅塵盡處》，後改名為《賽金花》。

1990年，《賽金花》由九歌出版社初版，同年獲中山文藝小說創作獎。接著又獲金鼎獎。緊接著，根據原著小說改編拍攝成同名

電視劇在臺灣熱播。在大陸，簡體字版《賽金花》由北京十月文藝出版社出版。二十幾年來，此書在大陸三度出版，2014年這部小說正在臺灣重印新版。

一般評論認為，趙版《賽金花》還給了賽金花「人的本性」和「新的生命」，徹底顛覆了百年來被曾樸等文人用侮辱女性的筆硬給她定的型。文學評論家劉思謙認為，在趙淑俠的全部作品中，《賽金花》不一定是最好的，但無疑是她迄今為止最重要的作品。

歐華作協起步難

趙淑俠剛到歐洲時，華人極少，寫作者更少。在她所住的工業城溫特圖爾（Winterthur，距蘇黎世二十多公里）只有一家華人，要看中文書報，全仗臺灣家人寄來。但八〇年代以來，隨著中國大陸的改革開放，兩岸都有大批留學生湧向歐洲。在這些新僑社裡，知識分子占了很大的比例。還有從越南等國來的移民，很多受過華文教育。因此歐洲的華文文學，便自然而然地誕生了。由於歐洲幅員廣大，國家眾多，華文寫作者住得分散，加之在異鄉生存不易，都要為生活奮鬥、忙碌，很難有機緣相識。每人在自己的居住圈，繁忙工作之餘，偷閒默默筆耕，寫出洶湧在胸懷中的感情、感想、感覺，和對人生的期許與興嘆。這個寫作的族群，是孤寂而寂寞的。

趙淑俠覺得，偌大一個歐洲，怎可沒有一個華文文學組織！很早就有心組織一個文學會社，讓這些各自孤獨耕耘的人，有以文會友，相互切磋的機會。

想起來容易，做起來難。在那兩岸對立、左右分明的年代，歐華作協是全球第一個不分臺灣大陸，容納雙方會友的文學組織。她給歐洲到處打長途打電話，給兩岸駐外單位寫信問「貴地有無華文

作家」。但那時作家並不容易找到。像北歐諸國的回答都是「本地並無華文作家」，而且已使很多人懷疑「動機」，有人問有何「實質」好處？也有人立刻就要用「歐華作協」之名做商業廣告。還有人說是「政治陷阱」，甚至是在搞「第三勢力」。事情沒做成，打擊迎頭而來。這時她丈夫，一位國際知名的科學家，也不喜歡自己的太太為組一個會，到處寫信，或給不相識的人打電話……

當然也有令人感動的鼓勵。譬如亞洲華文作協秘書長符兆祥率先表示：他正在籌辦「世華作協」，若是「歐華作協」成立，便擬將之納入在「世華」之內，定為洲際分會之一。未來「歐華」每次開會，總會將酌情給予補助。當代知名散文家、巴黎的呂大明也說「願追隨成事」，第一個報名做會員。另一個朱文輝，文學修養極好，也積極幫忙，建會後趙淑俠被選為會長，他任秘書長。還有祖慰，曾任湖北省作協副主席，在籌備巴黎大會時出力不小，並於1993年被選為歐華第二屆副會長。歐華作協的第一本書《歐羅巴的編鐘》，就是他主編的。

籌會期間問題重重，最惱人的是借不到會場。後來幸虧巴黎僑教中心主任王能章同情，當時擔任教育部駐歐洲代表的傅維新也從中斡旋，終於借到巴黎僑教中心的禮堂做為開幕會場。傅維新還找來王鎮國、郭鳳西、蔣曉明等好幾位作家介紹與會。

「歐洲華文作家協會」，在經過一年的努力摸索之下，終於在1991年3月16日在巴黎成立。建會的籌備工作，主要是當時的巴黎會員執行，趙淑俠則每天以電話聯繫。成立之前，為了察看成立大會和聚餐慶祝場所，趙淑俠又再次去了趟巴黎。

歐華作協的誕生，受到國內外文化界的重視。大會成立當晚舉行餐會慶祝，把一個中餐館的一層樓包了下來，連來賓共百餘人。還請來國樂家演奏，倫敦的華僑京劇票房來表演清唱。為了費用，趙淑俠寫了一堆申請信，從各相關文化機構申募。第二天《歐洲日

報》和臺北《聯合報・副刊》以全版給出專輯，文教新聞版也給發了消息，都認為歐華作協的成立，是歐洲文化界的大事。

屬於歐洲的、具有歐洲特色的海外華文文學，終於具體而有形的誕生了。這是歐洲有華僑史以來，第一個全歐性的華文文學組織。趙淑俠和這些創會元老，除余心樂（朱文輝）和呂大明、王家鳳外，與其他人如郭鳳西、麥勝梅、王雙秀，楊玲等，幾乎都是大會成立前夕，在住宿的「伯爵旅社」晤面，有的是在成立大會會場上初次相見。

歐華成立大會之時，符兆祥和那時的聯合報副刊主編瘂弦先生，中央日報副刊主編梅新先生，遠從臺北光臨來做嘉賓，使成立大會生色不少。

歐華作協成立初期，未付的帳目多筆，需要開支，料理的事也不少，募來的一點錢，「亞華」符兆祥支援的數目，加在一起也不夠。但協會剛成立，何來「經費」？成立大會慶祝餐宴一百多人，請的一半是貴賓，會員及遠道客人的兩三天吃住，也沒讓交任何費用。「會庫」非但一文不名，且虧空一堆。趙淑俠1990年獲中山文藝小說創作獎，得二十萬臺幣獎金。同時文建會還給她一萬美金，以補貼把小說《我們的歌》翻成外文。趙淑俠把這些錢捐了出來。呂大明也把她的翻譯補助費美金兩千五百元捐給了會裡，開辦問題才解決。再後來，便一切上軌道，平穩前行了。趙淑俠說：「這些事我未公開過，只有呂大明、朱文輝、祖慰等幾個人知道，我也曾勸他們不要寫出來。此刻自己倒說出來了。我想後來者知道初創的艱辛，也許對這個『歐華作協』會更加珍惜，應不是壞事。」

歐華作協誕生以來成長迅速，培植了一些新作家，不斷地與當地的主流文化團體，或大學的漢學研究部門，合作舉辦活動。還出版會員文集。如今的歐洲華文文學，已進入成熟、穩定階段，會員裡有名家亦有新秀，前途一片光明。

趙淑俠作品國際研討會

趙淑俠作品頻頻問世，在海外華文文壇刮起一股「趙淑俠旋風」，其作品贏得海峽兩岸及海外炎黃子孫的普遍讚賞與歡迎，也引起華文文學評論界的關注。為促進海內外華文文學的交流與發展，由華中師範大學、中國社科院海外華文文學研究中心主辦，中國新文學學會、湖北省文藝研究中心聯辦，1994年10月18日至21日在武漢華中師範大學舉行了趙淑俠作品國際研討會。為一位海外作家舉行專題學術研討會在大陸尚屬於首次。這對一位海外華文作家來說，是莫大的榮譽，也是對她多年來寫作成果的肯定。

來自瑞士、丹麥、德國、美國、大陸和臺灣的專家學者近七十人聚集一堂。中國老一輩著名作家冰心、蕭乾、光未然、馮牧等為大會題詞祝賀，一批海外知名華文作家、教授也發來賀信賀電。大會收到學術論文五十多篇，彙編為《趙淑俠作品國際研討會論文集》。

10月18日，華中師範大學校長、研討會組委會王慶生教授致開幕詞，趙淑俠和中國社科院文學研究所所長張炯發表了講話。接著華中師大文學院黃曼君教授和臺灣東吳大學趙淑敏教授做了學術講演，受到與會代表和華中師大師生的熱烈歡迎。

在文學的基礎上，對趙淑俠的作品展開了廣泛而深入的討論，一致肯定了趙淑俠文學創作多方面的成就，對於她作品的思想意蘊、文化內涵、藝術個性、風格特徵，對於她的創作道路以及與中國傳統文化、五四新文化及與西方文化的關係，她的創作在海內外華文文學中的定位等，均作了富有建樹的研討與交流。

這次研討會上，歐華文友池元蓮發表了《從西洋文化的角度看趙淑俠》，將趙淑俠的長篇小說《賽金花》與美國女作家瑪格麗·米切爾的名著《飄》（Gone with the wind）和澳洲女作家哥琳·麥

古羅（Colleen Mccullough）的長篇《荊棘鳥》（The thorn birds）作了比較，給與《賽金花》高度的評價。譚綠屏在會上發表了熱情洋溢的講話《天女散花　開我雲天》。余心樂（朱文輝）雖未能到會，但其論文《華文文學在海外的傳薪與發揚》對趙淑俠領導歐華作協開展活動的事跡作了介紹。

　　《趙淑俠作品國際研討會論文集》共分三輯：第一輯，趙淑俠與海內外華文文學；第二輯，趙淑俠小說創作論；第三輯，趙淑俠散文創作論；附錄有趙淑俠作品研究綜述（1977-1993），趙淑俠生平、創作及文學活動年表，趙淑俠作品目錄。這是對趙淑俠前半生二十年創作的討論總結，很有資料和學術價值。

居紐約再創佳作

　　趙淑俠承認自己對海外華文文學有使命感。從七〇年代後期參與僑學界的活動，1980年初應新加坡《南洋商報》之邀，前去公開演講，並回臺灣認識文化界之後，連續二十餘年，常常出席兩岸三地的華文文學事務，或應邀到不同國家演講。二十多年裡，做了不少事，出了一堆書，創立了歐華作協，幫助符兆祥創辦了「世華作協」。兒女們也扶養大了，先後離開了家。這時她開始為自己想，是不是應該改變這幾十年不變的，永遠匆匆忙忙的生活方式。

　　她的兒女都在美國，東西岸有三個妹妹，其中兩個在紐約……於是1998年趙淑俠在紐約弄了個住處，每年到紐約待段時間，做了幾年「空中飛人」後來才決定長住。紐約的華文文學界，對她的到來很表歡迎。報紙發表大篇專訪，華文電視臺給做專題節目。她同時認識了許多新朋友，加入了好幾個文學組織。譬如紐約大學姚學吾教授，在報上看到她的名字，就邀加入他主持的「北京大學筆會」，還聘為顧問。舊相識歷史學家唐德剛教授，帶她去國際筆會

的紐約分會。國際筆會是世界性組織，趙淑俠原本就是瑞士分會會員，順理成章也做了紐約分會的會員。紐約是北美華文作協總部所在地（故會長馬克任所言），與歐華作協同屬世華作協，她自然也是個中人。好幾個京劇票房也送票，請她去觀賞。她雖是新移民，日子卻不寂寞。

紐約的文化生活甚多，經常有「研討會」，「新書發佈會」之類的集會舉行。趙淑俠是大家喜歡邀請的人，因此有多次與夏志清，王鼎鈞等大老同臺演講的機會。她曾與夏志清同時主講新銳青年女作家章緣的小說《大水之夜》，後來又同時為湯晏的新作《民國第一才子錢鍾書》舉辦的小說《圍城》研討會做主講人。與王鼎鈞同臺演講的經驗更多……

起初住在曼哈頓，離世貿中心不遠。九一一恐怖事件，她目睹了世貿雙子星大廈倒塌，產生一種難以形容的悲哀情緒，後接受家人建議，搬到皇后區（Queens，音譯昆斯區）的法拉盛（Flushing）居住。新居地處社區中心，鬧中取靜，離郵局、銀行、醫生、超市都近，生活很快上了軌道。這裡華裔比例最大。在中心區的緬街（Mainst），舉目皆是黑髮黃膚的老華，美國白人在此倒是少數民族。臺灣來的移民，在這個社區裡扮演著重要角色。因此法拉盛常被稱為「紐約第二個華埠」或「紐約小臺北」。緬街上的圖書館是她的最愛。紐約華文作家協會亦設在法拉盛。歷任會長都精明幹練，把會務推展得紅紅火火。每年必召開年會，新春團拜，多次邀請文壇名家舉辦演講會，對法拉盛的文化生活貢獻卓著。趙淑俠住在法拉盛特別愜意，過著與世無爭的淡素生活。唯一能讓她動動腦筋和心力的，就是文學圈內的事。這時她採用讀書，研究，寫作並重的方法。

進入新世紀以來，趙淑俠寫出一本偉人傳記《人類愛的典範——史懷哲》，2006年由三民書局出版。這本書介紹諾貝爾和平獎

得主史懷哲（Albert Schweitzer，1875-1965）。史懷哲出身於德法交界處阿爾薩斯一個牧師家庭，是個罕見的通才，獲得音樂、神學、哲學和醫學四個博士學位，然而他並不以此為自滿，反而對非洲大陸上貧困而多病的人民，流露出豐沛的同情心。三十八歲時，他毅然拋下已有的成就，前往當時落後至極的黑暗大陸，為當地人治療疾病，而且一待就是五十年。1953年他獲得諾貝爾和平獎。這本書是約稿，為世紀百人傳之一。趙淑俠欣然領命，找來相關書籍閱讀，寫出這部作品。在臺灣深受讀者的歡迎。

趙淑俠自幼鍾情於古典詩詞。2008年她又出版了一本《淒情納蘭》，三十多萬字。趙淑俠有一半滿族血統，其母在棋琴書畫方面有著很高的造詣。為此趙淑俠把注意力轉到清代滿族詞人納蘭性德（1655-1685）身上，寫一本關於這位詞人的書《淒情納蘭》，定調為歷史人物的傳記性小說。大事，年代、人物之間的關係等盡求有依據。為此她從圖書館借到大量有關清朝初期社會生活，政治，皇室，和一些納蘭性德的作品以及記載他身世的資料。還跟朋友借了一堆書。覺得仍是不夠，特別又托人在大陸買納蘭性德研究類作品。她把這一大堆材料足足看了八個月。直到胸有成竹，才一氣呵成。

呂大明評價說：「小說反映它的時代背景，趙淑俠的《淒情納蘭》雖不露斧鑿痕，卻屢見她鑽研古學資料的苦學精神，譬如她描寫納蘭性德與涵瑛舊時貴族的婚禮，甚至對納蘭性德服飾的描寫也精雕細琢：『他穿著一件大紅袍，上著墨黑底子暗紅團花罩掛，胸前系著紅綢彩球，黑緞皂靴，頭戴黑緞八角帽，帽檐正中鑲著一塊比鴿蛋還大一圈兒的透水綠翡翠……』對白的運用也十分考究，如何以古典的對白轉化成現代辭彙，趙淑俠寫來十分生動，自然而又合度。」「……逐漸的，在成長成熟中，一種使命感與對生命嚴肅的認知，使納蘭性德的詞寫得至情至聖，借趙淑俠悲情感人的文字描述，讓我們更深一層地認識這位三百多年前的偉大詞人。」

文學成就盤點

　　幾十年來，趙淑俠一直在文學園地辛勤耕耘，問世小說、散文約五百萬字。據統計，出版著作已達四十種，包括長篇小說，短篇小說，散文，傳記等。其中有長篇歷史人物傳記小說《賽金花》，《淒情納蘭》，長篇小說《我們的歌》、《落地》、《春江》、《塞納河畔》和《漂泊的愛》。還有《西窗一夜雨》、《當我們年輕時》、《人的故事》、《湖畔夢痕》、《遊子吟》等短篇小說集，以及《紫楓園隨筆》、《異鄉情懷》、《海內存知己》、《故土與家園》、《翡翠色的夢》等十幾本散文集。她還出過幾本選集，僅精選的《趙淑俠文集》就有六卷兩百二十萬字。

　　趙淑俠不僅是歐華作協的創始人，而且是海外華文女作家協會會員，並擔任過會長，也是幾個西方文學社團的成員，譬如是瑞士作家協會、筆會、和德國作家協會的會員。她長期在歐洲生活，精通德語，小說已有三本譯為德文出版：即《夢痕》、《翡翠戒指》和《我們的歌》。歐華作家王雙秀、麥勝梅在《傳承與開展，海外華文女作家協會歐華會員創作概況》一文中，高度評價「趙淑俠是半部歐洲華文文學史」。

　　趙淑俠回顧自己的文學生涯說「我不是文學院系的科班出身，不屬於文學界的任何派系、圈子。這麼多年，就靠拿著一支筆，獨自朝著無垠的文學天地前行。因為沒有所屬院派的顯赫人物維護推崇，這路就顯得艱難，累人又不易走，很多門檻進不去。有評論家說我是『單打獨鬥，卻打出了一片天地』。我承認是打出了一片小小的天，因為我有些很忠實的讀者，所以《我們的歌》，《賽金花》（《賽金花》曾一年出十三版，《我們的歌》賣得更多）曾多日站上暢銷書榜首。也有多位我素不相識的學者，給寫評論肯定，是他們勇於說出，對一個門牆外寫作者作品的看法。」

趙淑俠的文學成就在海峽兩岸都獲高度的肯定。臺灣方面，她得過1980年臺灣中國文藝協會小說創作獎（小說《我們的歌》），1990年因《賽金花》獲中山文藝小說創作獎，完成《淒情納蘭》後，與余光中，司馬中原同獲2008年世界華文作家協會終身成就獎。大陸方面，她也獲得首屆「中山杯」優秀小說獎（小說《淒情納蘭》）等。並受聘為人民大學、浙江大學、華中師範大學、南昌大學、黑龍江大學、鄭州大學等院校的客座教授。

　　中國大陸早在八〇年代就有學者專門研究趙淑俠的著作，專著的評傳有兩本：一本是吉林大學教授盧湘，在他的女作家傳記叢書中的《海外文星——趙淑俠的路》；另一本是以前汕頭大學，海外華文研究所劉俊峰博士所寫的《趙淑俠的文學世界》。兩本書都是二十萬字。此外各別的評論文章中也有很多提到「趙淑俠」，各方為趙淑俠所寫的評論，採訪，專題等等，加起來至少也有八九十萬字。一般認為，「趙淑俠的文風自成一格」，「從頭到尾就沒有小女人心態」，還說「她的小說讓人看頭猜不到結尾」。陳賢茂教授在《海外華文文學史》上說：「《我們的歌》的出現，標誌著舊的留學生文學的終結，也標誌著新的留學生文學的形成。」

　　一般認為，《我們的歌》、《賽金花》和《淒情納蘭》是趙淑俠的代表作。其實本來在趙淑俠心中還醞釀著一部大長篇。故事中的第一號主人翁，就是她的祖父。趙淑俠說：「到祖父掌管家業時，他不過虛歲二十，卻懂得審時度勢，大興改革。他到哈爾濱去經商，和近鄰俄國人做貿易，開洋行，酒廠，另一方面把家裡的地戶做新安置：首先減地租，造住屋，照顧他們的生老病死，過年、節，或兒女婚嫁大事，家中必派人去道喜等等。還為當地建造圖書館，給學校造校舍。他練得一口流利俄語，會騎在馬上雙手放槍。那時東北常鬧土匪，他祖父組織『義勇隊』，聘專人訓練。叫年輕人出去讀書，精學法律、經濟、醫學，為小老百姓爭取好生活……

總之，我『大長篇』內容，人物，情節差不多都成形了。由幾個家族間的互動和遭遇，拱托出近百年來中國人民的遭遇，內憂外患，顛沛流離，喜怒哀樂，一直寫到今天。準備工作已做了不少，預備把它寫成一部史詩式的小說。那應該是我的代表作。但遺憾的是，我今天的體力情況，連寫短篇都不成，那麼大的『工程』，恐怕是做不到了。」

趙淑俠感慨地說：「對各方的溢美之詞，我欣慰又感激。對自己這一點獨力奮鬥的成果，我很感謝，也很自豪。我的一生過得不平坦，雖然算有點成就，但仿佛永遠跟自己的人生戰鬥，感到很疲累。計畫了那麼久的代表作也沒寫出，確是很大的遺憾。錯過的時機已成過去，無須後悔，人生總是有遺憾的，人也不能總站在舞臺上，當甘休時且甘休吧！」

2007年，趙淑俠和她的妹妹趙淑敏（也是著名作家）將個人作品及文物照片捐贈給臺灣文學館（為臺灣文學最重要的之典藏與資料中心，2003年開館營運），其中包括手稿十二份、中文著作三十本，德文譯本三本，個人及文化活動照片一百二十五張，各類剪報兩袋，相關刊物九本，錄影帶一卷、錄音帶（小說選播《賽金花》全部錄音二十多卷，及九卷訪問錄音），獎狀獎牌，美術設計，中外文有關趙淑俠的書評及論文，名人書信九封，小說《賽金花》資料，《賽金花》電影劇本等。

這是趙淑俠的第六次手稿文物捐獻。此前曾捐給大陸現代文學館《塞納河畔》的手稿，瑞士蘇黎世大學東亞研究所《春江》手稿，哈佛大學燕京圖書館《賽金花》手稿，還給柏克萊大學，上海市圖書館，世新大學文學資料庫捐過文物。她的文學成就不僅保存到相關的研究機構，也永遠留在千千萬萬讀者的心中。

朱文輝
推理小說翹楚　歐華作協中堅

　　朱文輝大哥是歐華作協的創會元老，而且一直擔任協會主要領導職務長達二十多年，不僅嫻熟會務，領導有方，而且對會員們關愛有加。記得去年我第一次與會，寫了一篇報導《歐華作協第十屆年會在柏林召開》，老會長朱文輝讀後，給我發來鼓勵的詩句：

　　　　高手出招非凡響，
　　　　關鍵時刻頂天梁；
　　　　中外勝景妙筆書，
　　　　古今文物快鏡揚。

　　他說這是稱讚我快筆速寫即時即景和追溯歷史文物的巧慧與用心。我感動極了，這可是平生第一次收到嵌有我姓名的藏頭詩啊！雖然是溢美之詞，但心中暖洋洋的。其實，老會長不僅對我，對所有會員都滿懷關愛，去年在馬來西亞開會期間，一位文友過生日，朱大哥就即興寫出一篇好詩，贏得滿堂喝彩。朱大哥不但詩才敏捷，也是寫文章的高手，歷年來獲得的獎項不勝枚舉。更為突出的是，他幾十年如一日，專注於研評、創作、翻譯推理小說，是中文偵推文學的領軍人物，堪稱華文界的柯南道爾。他也用德文創作，受到西方讀者的喜愛。

其父隨軍收復臺灣

朱文輝（Chu Wen-huei），筆名余心樂（用於推理小說）、迷途醉客（寫一般文學作品用）、字海語夫（發表中德文詞語比較文章用），1948年6月出生。他的父親朱士駒，籍貫廣東臺山，隨軍親歷了中國收復臺灣的歷史。

1943年盟國舉行開羅會議，美國羅斯福、英國邱吉爾和中國蔣介石三巨頭與會，會上決定臺灣重歸中國。此項決議在《波茨坦公告》中進一步得到確認。1945年8月15日，日本投降。依《開羅宣言》臺灣重歸中國，如何派部隊接收臺灣成為問題。受降代表少數部隊可以空運，但駐軍的大部隊與輜重則非海運不可，當時我國沿海被日本占領多年，艦船稀缺，這時，盟軍美國的船艦幫了忙。共有兩支軍隊被運送來臺灣。其中第七〇軍（曾參加淞滬、武漢、長沙會戰，軍長陳孔達）當時在浙贛抗日前線，10月14日乘坐美登陸艦由寧波來臺，17日抵達基隆，接管臺灣北部防務。另一支軍隊是六二軍，為余漢謀轄下的廣東軍隊，軍長黃濤，接到收復臺灣命令時尚駐扎在桂林。該軍循陸路開到北越的海防，根據盟軍協定，由中國軍隊接收日軍在北越的投降，所以當時海防在我國軍隊掌控之中。1945年11月5日，第六二軍首批部隊搭載美國運輸艦，18日到達高雄。就這樣再接再厲，共分三個批次，載運第六二軍完成收復南臺灣的任務。

朱文輝的父親朱士駒，即是跟隨國軍第六二軍黃濤的部隊來臺的，從日本投降軍手中接管南臺灣。當時其父是軍中文官，後來退伍，被分發到臺東縣臺東鎮公所當公務員。媽媽李潔芳是解放前廣東世家的千金女，知書達理，慈祥敦厚，愛上滿腹經綸文才洋溢的知識青年，跟著丈夫大江南北四處跑，最遠曾經去過秦皇島和長城東端的天下第一關（山海關）。

就這樣，朱文輝出生於臺東市（那時稱作臺東鎮）。他排行老大，下面還有三個弟弟和一個妹妹。臺東堪稱山明水秀的世外桃源，一邊是連綿壯秀的山巒（中央山脈），一邊是一望無際、顏色湛藍的太平洋。他家就住在靠近海邊的鎮公所公家宿舍裡，走路到海灘大約只消十分鐘，從那兒可以一眼望見美麗的綠島屹立於海面。童年生活過得雖是貧寒，但十分快樂。

　　朱文輝1954年上小學，到1966年高中畢業都在臺東。青少年時代，一家七口光靠父親一人微薄的公務員收入難以維持，曾是千金之女的媽媽便到郊外的鳳梨工廠當女工，經常加班到凌晨六時。爸爸上班前騎半個多小時的自行車到工廠載媽媽回家，然後才騎車上班。他一生奉公守法，兩袖清風，律己甚嚴，寬於待人，作風豪爽，慷慨大方；還篤信儒教，常以中國的四維八德和朱子家訓教導子女。

　　那年代，臺灣的生活條件普遍貧窮，基層軍公教人員待遇不高。在那個凡事都強調「增產報國」、「節約愛國」、「反共抗俄」、「復興中華」、「一切為反攻大陸解救同胞做準備」的口號下，物質生活貧乏。除了聽聽收音機之外，幾乎沒有其他任何娛樂，但父母十分重視小孩的教育。晚上一家子擠在四個榻榻米大的房間裡，聆聽口才極好的老爸用廣東話講述他在大陸電影院觀賞過的中外影片情節和著名小說故事內容，他每天也教孩子們念古書古文，如《唐詩三百首》、《古文觀止》、《東萊博議》等等。講述三國、紅樓、水滸、西遊，或《基督山恩仇記》、《塊肉餘生記》、《悲慘世界》等名著。自他口中吐出的人物和場景栩栩如生，令朱文輝幼小的心靈留下極為深刻的印象。

　　其父長年一直保持以手書和兒子通信的習慣，他一手龍飛鳳舞的鋼筆及毛筆字，狂狷奔放，鐵筆銀鉤，自成一格，往往一封信寫下來，好幾頁長，寫錯字的地方，一定用刮鬍子的薄刀片刮掉重寫，一絲不苟，朱文輝深受影響，養成日後撰寫推理小說在構思和

鋪陳上一絲不苟的態度。父子之間的書信來往，從他小學時代一直延續到出國之後十年，沒有間斷過，信裡的文辭和人生哲理，至今永存他的心田，而那些書信，還一捆捆保存在朱文輝現居寓所的地下室裡。

文化大學修德文

　　1967年朱文輝考上位於臺北的中國文化大學（當時稱為中國文化學院）德國文學系，由於家境清寒，於是申請保留學籍一年，到臺東糖廠打工賺取上學的學費，並在臺東跟隨一位瑞士白冷會的艾格理神父學習德文。白冷會（Societas Missionaria de Bethlehem）是總院設在瑞士的天主教修會，派有多人在臺東傳教。1968年朱文輝進入文化大學就讀。該校建在陽明山華崗上。1962年由張其昀（1901-1985年，原浙大文學院院長，史地學家，曾任教育部長）創辦，據說，當年蔣介石委託他辦一所發揚中華文化的學府，因而得名。校舍都是傳統中國式的風格，紅檐、綠瓦、古色古香、富麗堂皇。

　　不僅校園富有傳統建築之美，教授們也都具有中華文化的學養。朱文輝的恩師王家鴻博士（1896-1997），就是一位大師級的學者。他是遜清末代秀才，國學底子不亞於季羨林，後來保薦留德，在柏林深造，繼而成為民國外交官，退休後到文化學院擔任德文系主任。他的德文造詣一如其國學般高深，腦子裡記憶了中外（德）古今名詩近萬首，曾中譯德國文學史及諾獎得主黑塞（Hermann Hesse，1877-1962）的名著《玻璃珠遊戲》（Das Glasperlenspiel）。德詩他也常以中華的詩經體、五絕五律、七絕七律及長短賦等文體來中譯。朱文輝回憶道：「當年我家境清寒窮苦，他見我底子不錯，每學期乃以部分薪俸贊助我念書，使我順利念完大學。課餘還

私下傳授我中國古文學裡一些詩詞歌賦的原理，教我如何譯詩等等，是我一輩子永難忘懷的恩師兼貴人。」

朱文輝在四年大學期間努力苦讀，年年爭取第一名的獎學金，累得好幾次胃出血，有一年全校還發動捐款讓他得以送醫住院。朱文輝如今回憶起來，感動複又感激，終身難忘那時全校師生的一片愛心。

自大一開始，朱文輝便試著向報章雜誌投稿，賺取稿費，補貼日用。先是寫些小散文，一經發表，心頭那股興奮感與成就感無以名狀。後來他改編中國古文裡的材料，變成適宜青少年閱讀的小故事發表，成績也不錯。到了大二，開始翻譯一些德國及瑞士的短篇小說和犯罪故事投稿，進而試著自行創作偵探小說。短篇小說《兩重影子》是他創作的第一篇純文學小說，於1971年3月以「杜康」筆名發表於臺北《純文學月刊》第51期，1988年被收入《純文學好小說》專輯（下冊）裡。

1972年朱文輝大學畢業，接著服兵役一年八個月。此後1974至1975年間，他一口氣翻譯了十篇外國短篇小說，涉及幽默、偵探、犯罪等類型，刊登在《中國時報・人間副刊》和《大華晚報》，並寫下作者與作品介紹《以色列的包可華——季順其人其文》。這裡說明一下，包可華（Art Buchwald，1925-2007，又譯巴克沃德）是美國幽默家，以政治諷刺見長，為《華盛頓郵報》專欄作家。季順（Ephraim Kishon，1924-2005），為以色列的幽諷作家，像包可華一樣聞名全球。朱文輝是第一位將季順作品譯成中文的作家。

瑞士成第二故鄉

1975年3月朱文輝到瑞士來深造，進入蘇黎世大學。蘇黎世是世界有名的金融業中心，也是瑞士最大的城市，人口三十八萬。它位

於蘇黎世湖濱和利馬特河兩岸。連接火車站和蘇黎世湖的站前大街只有一公里長，卻是全瑞士最熱鬧、櫥窗最能誘惑人兩隻眼睛的地方。閱兵廣場（Paradeplatz）一帶盡聚著瑞士最大的幾家銀行。利馬特河兩岸分佈著幾座中世紀的教堂、市政廳以及很多古老的街巷和房屋。美麗的蘇黎世後來成為朱文輝很多小說的背景之地。

　　蘇黎世大學是瑞士規模最大，課程範圍最廣泛的大學，現有學生兩萬多。它創建於1833年，但歷史可追溯到1525年宗教改革家茨溫利（Ulrich Zwingli，1484-1531）創辦的神學院。校園與愛因斯坦求學的瑞士聯邦理工學院比鄰。第一位諾貝爾物理學獎得主、X射線發現者倫琴即為蘇黎世大學的學生。我國著名歷史學家陳寅恪（1890-1969，第一屆中研院士）1910年考取官費留學，曾就讀於該校。蘇黎世大學漢學系建於1950年，是瑞士高校中歷史最悠久、規模最大的漢學教學與研究中心。該校漢學系曾兩次與歐華作協合作舉辦年會（1993和2002）。朱文輝在蘇黎世大學研習大眾傳播學及社會心理學，直至1982年。其間他發表了五篇有關傳播學理論的專文，向華文世界推介這方面的理論與運用。那時，他還常以余心樂及杜康等筆名在臺灣報章雜誌，如中國時報、臺灣新生報、大華晚報、純文學雜誌、皇冠雜誌等，發表創作和翻譯的作品。

　　1983-1990年朱文輝任職於瑞士洛桑「孫逸仙中心」，擔任秘書。孫逸仙中心是臺灣駐瑞機構。他參加了1984年中華民國外交官特考第十八期及格並受訓結業，取得任用資格證書。不過朱文輝由於喜歡過自由無拘的寫作生活（特別是推理小說），視功名利祿為浮雲，無意於仕商兩途，所以放棄了職業外交官的生涯。朋友找他合作做生意，也沒有接受。多年後，他曾寫過一首詩明其心志：

　　　　天涯浪跡如雲鶴，
　　　　萍蹤寄情似水荷。

戲看人生黃粱夢，

閒作推理余心樂。

　　洛桑位於瑞士法語區，距日內瓦五十多公里，人口十二萬。地處小山丘上的舊街區和火車站以南到日內瓦湖畔的新街區相映成趣。舊街區聳立著聖梅爾堡和因彩畫玻璃出名的聖母大教堂，而新街區則是國際奧會總部所在地，設有奧林匹克博物館。新舊街區之間有齒軌列車相連。許多歐洲文學家如拜倫、盧梭、雨果和狄更斯曾先後在此居住過。但朱文輝雖在洛桑工作七八年，卻未在這裡落戶。那時他已成家，住在伯爾尼州的比爾市（Biel，人口五萬，瑞士兩個德、法雙語城市之一；另一個是Freiburg/Fribourg，德語念作福來堡），每天乘火車七十分鐘到洛桑上班，途中是閱讀和構思作品的時間。

　　1990年朱文輝轉換跑道，搬到蘇黎世，在蘇黎世臺北貿易辦事處任職，從事臺灣與瑞士間的經貿推廣工作，以及從事瑞士政治、社會、經濟及文化等各方面的觀察分析報告之撰寫。2007年辦事處遷到伯恩，成為臺北文化經濟代表團的經濟組。

　　伯恩（Bern，又譯伯爾尼），是瑞士的首都，人口十二萬。伯恩源於德語「熊」，熊為該市的標志。城邊有個「熊苑」，幾百年來一直養著幾隻熊（2009年改遷坐落於阿勒河畔的熊公園Bärenpark了）。萊茵河支流阿勒河（Aare）在這裡流成一個回環，舊城就建在河曲半島上。建築古樸，街道狹窄，有高聳的塔樓，帶騎樓的商業街。始建於1421年的大教堂尖頂直插藍天，是市內最高的建築物。離大教堂不遠聳立著聯邦宮，即聯邦議會大廈。外國駐瑞士大使館等則在河對岸的新區。

　　朱文輝每天搭火車從蘇黎世郊區的鄉下到伯恩通勤，往返各需兩個鐘頭（含等車、轉車），雖然辛苦了些，但可利用這些時間大

量閱讀中、德文各種報章雜誌與專刊，以及當前世界著名犯罪推理小說的德譯本，並整理寫作筆記。

從地域上看，朱文輝先後住過和工作過的地方，幾乎遍及瑞士各主要城市和地區。從時間上看，從1975年來到瑞士，朱文輝在這個國家已生活四十年，遠遠超過在臺灣的時間（二十七歲來瑞士）。瑞士已成為他的第二故鄉。他熟悉這個國家，熱愛這片土地。他幾乎所有的小說都以瑞士為背景。

除了工作外，朱文輝幾乎把一切時間，不計一切地投入偵推文學，失去了很多，1991年與結褵十年共育有兩子的瑞士妻子離異，自此獨居至2010年始又再婚，有緣與浙江女子攜手共度下半輩人生。

朱文輝說：「我生性是個完美主義者，講規律愛條理，任何事物的擺放都有自定的規範，格物致知，一板一眼，所以兩任妻子都有點不太習慣我，說我比日爾曼民族還日爾曼，但都能容忍，常給我支持，我都很感激。」

多年的默默耕耘，取得了豐碩的成果。據不完全統計，迄今朱文輝共發表中文作品，包括散文、雜文、專文，中短微小說等七十餘篇，小說結集三本。2010年起他亦從事微型小說創作。2012年開始擔任「世界華文微型小說研究會」理事。他2013年發表的微型小說《真的假得真是真》獲「黔臺杯‧第二屆世界華文微型小說大賽」第三獎。然而朱文輝最主要的成就，在於幾十年鍥而不捨，全身心投入的偵推文學。

何謂偵推文學

偵推文學（Kriminalliteratur/Mystery fiction），即偵探推理小說，是西方通俗文學的一種體裁，也是朱文輝最喜愛的文類。偵推小說主要寫具有驚人推理、判斷智力的人物，根據一系列線索，解

破犯罪的疑案，因此也稱為推理小說。十九世紀初期，西方民主制度已經確立，警察體制逐步建立，這是偵推小說產生的社會基礎。一般認為，美國作家愛倫坡（Edgar Allan Poe，1809-1849）是偵推小說的鼻祖。然而最具世界影響的偵推文學家是英國人柯南道爾（Arthur Conan Doyle，1859-1930），他在1887年創作的《血字的研究》裡，第一次塑造了福爾摩斯這個聰穎無比的偵探形象，從此福爾摩斯探案系列作品風靡世界。福爾摩斯故事的成功，使偵推小說如雨後春筍，迅速在西方興起。代表性作家如愛葛莎‧克利斯蒂（Agatha Christie，1890-1976），一生寫了近七十部偵探小說，遐邇聞名的《尼羅河慘案》就是她的作品。其作品已銷售一億冊以上，簡直是天文數字。近幾十年來，偵推小說已屬於大眾文學的主流，在美國差不多占每年圖書銷售量的四分之一。歐美國家電視臺上，幾乎天天都播放根據偵推小說改編的影視作品。就連日本都成了偵推文學大國。

但偵推文學在臺灣和大陸的發展相當有限。雖然中國古代有公案小說，描寫作案和破案，如《龍圖公案》、《施公案》、《彭公案》和《三俠五義》等，寫清官斷案，也寫俠義人物，亦稱為俠義公案小說。其內容對司法工作有參考價值，但有迷信成分，如被害者托夢等等，一些地方邏輯推理也不夠嚴密。自1916年《福爾摩斯偵探全集》中文版出版，公案小說逐漸退出歷史舞臺，倒是荷蘭外交官兼漢學家高羅佩（Robert Hans van Gulik，1910-1967；1943-45年在荷蘭駐重慶使館擔任一等秘書；1965-67年任荷蘭駐日本大使）讀到一本清初公案小說《武則天四大奇案》後，以唐代官吏狄仁傑為主角，用英文創作了《大唐狄公案》，包括十五個中長篇和八個短篇，完成了從公案小說到推理小說的變革。他的狄公系列小說已被譯成十多種文字，且拍成多部電影，使Judge Dee（狄公）成為在歐美世界知名的中國古代偵探。

然而中國人自己寫的推理小說不多。二十世紀初，中國作家受福爾摩斯探案影響，開始寫推理小說，如程小青（1893-1976），寫出中國第一部白話偵探小說《霍桑探案》（1914）。但他在文革中被批鬥，軟禁，鬱鬱而終。五〇年代，推理小說在大陸幾乎銷聲匿跡，而受「鎮壓反革命」政策的推動，所謂「反特小說」（或稱驚險小說）大行其道，造成「特務就在身邊」的緊張氣氛，不少人急於聯繫實際，到處追蹤跟跡，抓「美蔣特務」，甚至造成不少冤假錯案。「反特小說」後來淹沒在歷史的塵埃中。近年來，以國、共、日軍錯綜複雜關係為背景的諜報劇常在電視上熱播。但此類作品與偵推文學還是有區別。時至今日，大陸以中文創作的推理小說很少，仍為小眾文化。至於臺灣，偵推小說在五六〇年代較少為人從事且較為另類，數量也不多，尚在起步階段。

華文界的柯南道爾

　　瞭解了偵推文學的來龍去脈和在華文世界的現狀，就不難理解朱文輝在這一領域篳路藍縷的開拓性功績。他從小就是標準的偵推文學迷。幾十年來精攻推理小說，以創作「精耕臺灣本土、接軌中國大陸、放眼環球國際」的偵推文學為職志，成為這一領域的翹楚，推動了偵推文學在海內外華文界的發展。由於他在這塊華文創作算是冷門的領域起步較早，堪稱當代（大陸新中國成立之前的1920-1940年代不算）臺灣乃至整個華文界推理文學的先行者。不少人稱朱文輝為「東方福爾摩斯」，其實他是塑造這一形象的作家，更應該稱為「華文界的柯南道爾」。

　　朱文輝在中學和大學時代就已大量閱讀翻譯的偵推小說。多年熟讀研究後，思量「為什麼華人不能自己寫」，於是開始自行創作。早在臺灣時就已發表作品，第一個偵推處女作是1969年發表於

臺北《偵探雜誌》的中篇小說《絕谷迴響》。但真正用心投入、專注耕耘推理小說，是旅居瑞士十三年以後。1989年初他的中篇推理小說《松鶴樓》問世，一炮而紅，分別發表於巴黎《歐洲日報》及臺北《推理雜誌》，連載數月，一時洛陽紙貴。小說以臺灣留學生張漢瑞為主角，解破蘇黎世某中餐館謀殺命案，為張漢瑞探案系列之一。

作品的主人公張漢瑞，就是朱文輝筆下的東方福爾摩斯。為求忠實反映中西兩個世界的人、事、物，他刻意設計了由臺灣到瑞士來留學的青年張漢瑞來作探案故事系列的主角，並安排他與瑞士小姐艾北亞（Bea Eggli）結婚，貫穿整個系列。用意有三：一是世界偵推小說史上，尚未出現過旅居海外的華人偵探人物造型；二是修塑傳統偵探人物的造型，給人耳目一新的感覺：三是可以從中外聯姻的青年夫妻身上，反映東西文化及思想行為的某些差異。通過張漢瑞的華人交際面及艾北亞的瑞士同胞交往圈，讓張漢瑞這位業餘偵探輕易而自然地「介入」某一事件或命案，而且在西方偵推世界中，以華人寫華人當主角，似乎較容易引起西方讀者的注意和好奇。

就在1989年同年，朱文輝又發表中篇小說《生死線上》，為張漢瑞探案系列之二，描述發生於行駛在蘇黎世和日內瓦之間的一列火車上的謀殺命案。作者把車行速度、一路停站時間、人的動作的最快可能，都掐得分秒不差，把犯罪人的心理摸得那麼透，真是叫人不服氣也難。

1990年發表中篇《真理在選擇它的敵人》，為張漢瑞探案系列之三。

1992年朱文輝推出他的代表作，長篇小說《推理之旅》，從3月26日至6月30日，在臺北《中央日報》副刊連載四個月之久，同年11月由林白出版社推出單行本。這是張漢瑞探案系列之四。故事敘述臺灣旅行團到瑞士風景名勝區Interlaken附近的麥靈根（Meiringen）

小鎮觀光，團員間發生的神秘謀殺案。這部小說取材的背景為瑞士的來欣八賀瀑布（Reichenbachfall），是繼柯南道爾福爾摩斯探案《最後一案》（The Final Problem）發表以來，世界第一部（至少是華文世界）以神探福爾摩斯墜崖之地為場景的推理作品，作者下筆之前，曾好幾次親自到當地探勘，藉以捕捉臨場氣氛。

1994問世的《郵差總是不按鈴》為張漢瑞探案系列之五，為中篇推理創作小說，張漢瑞破解發生於伯恩的郵件神秘失竊案。雖然沒有命案，但主角如何動腦筋去分析事件的來龍去脈，使之真相浮一大白的過程，同樣令讀者產生欲知結局的緊張期待心情。

2001年3月朱文輝發表第二部長篇推理小說《命案的版本》，由臺北世華出版社推出，是為張漢瑞探案系列之六。故事背景發生於蘇黎世，主角張漢瑞協助該市刑事警察局施乃德探長連破兩宗命案。

2009年中篇犯罪推理小說集《洗錢大獨家》出版，這本書包括張漢瑞探案系列之一《松鶴樓》、之五《郵差總是不按鈴》，以及2008年的新作《洗錢大獨家》。後者是以臺灣陳水扁集團的海外洗錢事件為背景創作的，不屬於張漢瑞探案系列，卻是與事實真相相差不遠的預言之作。

目前朱文輝正在撰寫第三部長篇推理小說《謊言的藝術》，把故事背景拉回臺灣本土，主角仍然是張漢瑞和他的瑞士籍妻子艾北亞。第四部長篇推理小說《死亡是我的無夢之眠》也在創作之中，它以瑞士當前的政治與社會問題為背景，著墨的重點是瑞士與外籍移民的矛盾衝突。這兩部作品將是張漢瑞探案系列的之七和之八。

配合張漢瑞探案系列，朱文輝還創作了另一個系列，即張漢瑞「異類的接觸」系列。其中1989年底發表的短篇犯罪小說《異類的接觸》，為張漢瑞「異類的接觸」系列之一。1998年推出的《蠢女人》和《生命的點滴》為張漢瑞「異類的接觸」系列的之二和之

三，這一系列為心理驚悚短篇小說，邏輯推理較為淡化，但通過張漢瑞與相關人物的互動而點出他個人的生活背景和心理狀態，用作「張漢瑞探案系列」的「課外輔助教材」，也可名之為張漢瑞探案系列的「外傳」。

　　張漢瑞探案系列的作品，在創作取向上，以「本格解謎」（即從追查凶嫌作案的技巧去發揮）為主軸，在推理情節的過程中，遵奉「公平遊戲之原則」為圭臬，走反映生活現況的寫實路線，避免玄幻式的瞎掰亂扯。就技法上而言，絲絲入扣的推理與邏輯分析。篇篇小說引人入勝，使人欲罷不能，總想一口氣讀到底。

　　由於朱文輝在瑞士生活幾十年，所以筆下都寫他人生歷練中周邊熟悉的事物，並記錄在歐洲的生活觀察和體驗。所以，他的作品，不僅是推理小說，也算是「海外華文文學」眾多果子中的一顆，但它的養分則來自臺灣本土，兼有海外的口味。他一直嘗試以淺顯通俗的筆調，拿偵推小說當作傳播訊息的媒介，去勾描東西文化異同與融歧的問題，並藉此來探討華人海外奮鬥生存時所面對的種種環境及心理上的挑戰。讀者從他的小說中，不僅可以享受到推理小說的風味，還可認識瑞士的風土人情與華人在此生活的面貌點滴。

　　朱文輝的創作成就，是持之以恆、厚積薄發的結果。他精通國語、臺語、粵語，德文聽說寫譯均佳，也會英文，文學功底深厚。他的嗜好廣泛，喜歡閱讀各種類型的中、德文報章雜誌及文學作品，喜愛旅遊、電影、電視、醇酒美食、烹飪、傳播理論研究、語言人文與政治社會觀察，知識廣博，積累了大量的素材。更重要的是他對偵推犯罪文學進行了深入的研究，理論與實務兼備。1987年9月至1989年3月，他在臺北《推理雜誌》發表《偵推文學面面觀》長篇連載專文共二十一篇，約十萬字。後來，這個系列又續寫發表過很多篇，使總字數達到近二十萬字。這些評介專文，展現其多年

研究偵推文學的演進史及古今各家作品之風格。連載經年，影響很大，臺灣新一代的推理小說作家們，無不受到《偵推文學面面觀》的影響。

朱文輝寫推理小說，堅持慢工出細活，重質不重量，很多作品獲獎。1989年12月以短篇小說《異類的接觸》獲臺北僑委會《海華雜誌》第一屆「海華雜誌徵文比賽」佳作獎。同年中篇推理小說《生死線上》獲臺北《推理雜誌》第二屆「林佛爾推理小說創作徵文比賽」首獎。該小說已被東京「角川書店」相中，著人翻譯成日文，收錄在世界本格推理名著專輯中。並於2001年起在日本推出上市。

用德文寫作和交流

朱文輝早在臺灣就是德文系的高材生，翻譯發表過多篇德語小說。後來又在瑞士深造，長期浸潤在德語環境中，德文非常棒，不僅將許多德文作品翻譯成中文發表，進而又直接用德文寫作或翻譯自己的作品，成為用華、德雙語創作的作家。

朱文輝作品筆下出現的情節，清一色是以瑞士作背景，人物華洋皆有，也因為如此，才可能在國情、種族、語言、心態、思想、生活習慣、行為模式、道德規範、價值判斷等等有所差異的情況之下，發生矛盾與衝突，因而構成小說中犯罪或命案的要素。這樣的小說，不僅華人愛讀，也是許多瑞士友人喜歡讀他的小說、或大力鼓勵他朝此寫作方向繼續邁步的原因——他們把朱文輝筆下對瑞士的描寫，當作一面鏡子，認為透過外國人對瑞士社會民情的觀察，往往能點出一些他們該體覺卻渾然不覺的事物！此外也可以幫助瑞士人瞭解，旅居在他們土地上的華人思想與行為模式大致是怎麼一回事。

早在1992年，瑞士著名漢學家勝雅律教授就在《新蘇黎世日報》為文，介紹這位來自臺灣的推理小說家及其著作。稍後麥靈根（《推理之旅》故事發生地）地方報也刊出一篇報導，介紹朱文輝的長篇《推理之旅》。緊接著，《伯恩日報》的記者對朱文輝進行了專訪，以幾近整版的圖文介紹他在瑞士的創作生活和小說。

　　1998年以朱文輝用德文創作短篇心理驚悚小說《蠢女人》（Dumme Gans），被蘇黎世麗馬出版社（Limmat Verlag）收入「外籍作家筆下另類瑞士文學」專輯出版。2001年7月15日又一篇德文短篇心理驚悚小說《親愛的，去洗個澡吧！》（Geh doch bitte duschen，Schatz！）應蘇黎世週報（Die Wochenzeitung）徵稿在該報的文化版發表。

　　2002年5月他將長篇推理小說《命案的版本》（Die Mordversionen）自譯成德文版，由Octavo Press出版社出版，在德語系國家推出。迄今為止除了《生死線上》、《真理在選擇它的敵人》、《生命的點滴》三篇尚未完成德譯之外，包括《推理之旅》和《命案的版本》兩本長篇在內的其他各篇，均已自行完成德譯，現正在洽談出版之中。朱文輝可以說是集創作、翻譯、評論三者於一身的書寫者。

　　早在2001年瑞士推理文學作家俱樂部就吸收朱文輝為會員。能進入主流社會的作家組織，標志著瑞士文學界對他的作品和德語水準的認可和讚賞。他曾多次參加該作家俱樂部舉辦的「瑞士謀殺節」（Mordstage，意譯推理節）聯誼活動。與讀者見面，自選作品公開朗讀。

　　朱文輝除了創作及評介偵推文學之外，也對中外語文現象的觀察與研究抱有濃厚興趣，通過觀察中西語言在心理、文化、行為、及思考上的異同，不時發表有關中德文成語及俚語、俗語之系列的心得專文，自民族、心理、人文、社會、政治及習俗的角度來剖

析、對比兩種語文之風貌，在文化傳播和交流上盡力。計畫寫完一系列的探討文章之後，出一本專書《字海捕語趣》。

歐華作協的「活歷史」

朱文輝可以說是歐華作協的中堅和「活歷史」，他從創會就參與，幾乎不間斷地擔任秘書長、會長和副會長，參加了所有年會和重要決策。讀了他在紀念協會成立二十週年時所寫的《迤邐千山的弱冠》以及他悉心保存下來的當年的報紙報導（影本），協會的歷史就像看過電影一般歷歷在目。

歐華作協是旅瑞名作家趙淑俠登高一呼倡導的，朱文輝從一開始就參與其事，全力支持。早在七〇年代中期，朱文輝就通過每天展讀《中央日報》副刊連載的長篇小說《我們的歌》，成了趙淑俠的「粉絲」。1984年2月朱文輝以「吉人」筆名在中副發表了《中國當代文學的新形式》，對趙淑俠在蘇黎世大學所做文學演講會做了紀實報導，從此他們就相識了。1988年朱文輝在中央日報僑訊版發表《旅居瑞士作家趙淑俠積極從事新著作》，後來又發表《紅塵盡處一南柯》，報導了她創作長篇小說《賽金花》的事跡。朱文輝發表推理小說《松鶴樓》也引起了趙淑俠的注意，她說，「印象中只知你愛好文學閱讀，可不知你還會創作，而且下筆居然是高難度的偵探小說」。朱文輝回憶：「自此，我們才算正式結下文學姐弟之緣。她不斷鼓勵我勤於創作，總說，要不停地寫，文學生命才得以延續。」

大約1990年初趙淑俠萌生籌組歐華文友組織的想法，朱文輝當時提供了臺灣派駐歐洲各代表處文化組或新聞組的聯絡地址及電話。在一年的時間裡，趙淑俠忙著聯絡各國的寫作朋友。朱文輝回憶，「當然，我是個文學後輩，公餘跟著在一旁打雜學習，幫點文

書聯繫的小忙，倒也其樂無窮。」正是由於朱文輝處理事務耐心細緻，在預備會議上，大家公推他為首屆秘書長，成為歐華作協創會會長趙淑俠的得力助手。

1991年3月16日，歐華作協在巴黎舉行成立大會。感謝朱文輝保存下來的剪報，讓我們讀到在成立大會上，趙淑俠發表的主旨演講《一棵小樹》。她以第一屆會長的身分，鄭重宣佈歐華作協正式成立。她說，「我們六十個會員裡，包括學者、藝術家、音樂家、商人，自然也有多位專業作家。不管各人從事的是什麼職業，真正使我們熱愛又願意為之奉獻的都是文學創作。在文學創作的領域中，我們這些用華文筆耕的作家還有另外兩個共同的特點。第一點是，我們都有完整的中華文化背景；另一個特點是，我們長居歐洲，多多少少都受到些歐洲文化的薰陶，以致我們的思想和生活面，既不同於中國本土作家，也不同於真正的歐洲作家，它可以說是柔和了中國儒家思想和西方基督教文明的一種特殊品質，這其中當然可能產生一些負面作用，譬如說因徘徊在兩種迥異的文化間，所引起的矛盾和衝突，但相對的，基於這種迥異，使兩種文化互容互諒，截長補短，去蕪存菁，產生一種新的精神的可能性更大。這種新的精神，正是我們這些居住在歐洲的華文作家們，寫作靈感和題材的泉源。」趙淑俠認為旅歐的華文作家們，扮演著中歐文化間橋梁的角色。她把新成立的歐華作協比作一棵才種下的小樹苗，希望它綠樹成蔭，繁花滿枝。她語重心長地說：「我們的目標不僅是以文會友，也要提攜後進、培植新人，做些植根和和薪傳的工作，以便將來老的一輩息筆之後，能有新的一代跟上來。」讀到這裡，真讓我們這些後輩感動。

朱文輝（余心樂）發表了《縮短差距，擴大交流》一文，結尾的幾句是：「散居歐洲各個角落的華文作家，就如同一顆顆顏色不同、式樣各異的珠子，經連結合成一串之後，將更能藉著珠鏈本

身，展現整體的璀璨和風貌，讓人從映射出來的光芒中，去捕捉、神會歐洲的靈美和雋秀……」詩一般的語言，今天讀起來仍然是那麼貼切感人。

時至今日，朱文輝回憶起創會前後大夥兒開會聚敘的情形，仍感到陶醉：「那時，大家都懷著滿腔激情頂著萬丈豪氣，理想和目標都遠大，『革命感情』將我們連接在一起，不知憂與愁為何物。如今雖然已跨進人生的另一座隧道，然而回憶是甜美的，它讓我們湧生『曾經有過』和『轟轟烈烈做過』的幸運參與感。」

從1996年起朱文輝擔任歐華作協會長，連任至2002年。2004年再度出山擔任副會長。2011年在雅典年會上，朱文輝重新擔任會長。2013年7月1日朱文輝屆齡退休。他也辭去了會長職務，改任理事，歸隱田園，寄情文字，寫詩曰：

> 筆揮歲月倚孤燈，
> 猶夢若醒馬齒增。
> 字海沉浮覓雅境，
> 書林穿梭作心耕。

朱文輝決意要把更多的時間用於偵推小說寫作。他的願望是把偵探推理小說在華文世界推揚開來，並努力提升其層次，使之由「小說」升華到「文學」的境界，這是他列為畢生奮鬥不懈的職志。

呂大明
字字珠璣散文美

第一次聽到呂大明老師的名字，是2012年在荷蘭舉行的中西文化文學國際交流研討會上。當時上海同濟大學的錢虹教授演講《呂大明的散文：中西文化的藝術結晶》，深入探討呂大明老師的作品，引起了與會者的極大興趣，也讓我獲知呂大明老師非同一般的文學成就。這次我打電話聯繫上了住在法國凡爾賽的呂大明老師。她說話輕聲細語，安詳恬靜，溫文爾雅，但談話中卻透著廣博的知識和兼通中西的學養。

半出貧寒半望族

呂大明，生於福建南安縣。不久襁褓中的她即被家人帶去臺灣。人們看她文中顯露出來的那種優雅與高貴的氣質，誤以為她出身名門貴族，其實只說對了一半。她在2006年發表的《繁華如夢鳥驚啼》中說：「我母系家族，詩禮傳家，是鄉中望族，我父親家族出身寒微。」她的父親呂德超生於貧寒之家，「饑寒交迫的景況如影隨形，緊緊纏住父親的童年、少年，穿著破舊的棉絮襖子，一年四季光著腳，當沒有熱騰騰的番薯塊充饑的時候，只好躲進破棉被裡早早入睡。」「童年的困境使父親發奮苦學，他是校中最優秀的孩子，年年名列前茅。」終於跨進高等學府，畢業於廈門大學。抗戰時期，她父親出任福建安南永德邊區（安溪、南安、永春、德

化）抗日自衛團司令，後來又擔任安溪縣縣長、福建省政府參議顧問等職。雖一生戎馬倥傯，但晚年的他還是露出了吟詩賦詞的真性情。在《夏蒂拉隨筆》中，呂大明記敘了在法國楓丹湖畔，古稀之年的老父親詩才敏捷，一口氣就寫了六首舊體詩，作者戲稱其為「七步成詩」。其中一首這樣寫道：「七十年來似雲煙，富貴榮華何可攀。今日飄然天外遊，路人笑我是神仙。」既有對飽經歷史風霜、不貪圖榮華富貴的人生總結，也賦予晚年「飄然天外遊」浪漫瀟灑的仙風道骨。她父親這種「富貴榮華何可攀」、「今日飄然天外遊。」的性情與浪漫，不也正是呂大明為追求心中的「夢」與「美」而負笈西歐，至今不悔的執著精神的精准概括?!

母親吳劍雲則出身「詩禮傳家」，畢業於集美高等師範，當過小學校長。她精於寫詩填詞，也擅長彈鋼琴、著有詩詞集《縑痕吟草》，對於長女呂大明文學潛能和藝術氣質的開發和薰陶，更起到了言傳身教的作用。慈愛的母親不僅是一位善於填詞賦詩的才女，她更是一位培育女兒熱愛中國文學的良師益友。呂大明回憶說：「如果沒有母親，我不可能走上文學創作這條路；我成長的鄉土臺灣，也深深埋下我文學的根柢」「月明星稀的夜晚……母親教我湛方生（東晉詩人）的《秋夜》，他的詞賦具有南朝抒情小賦的風格。」有趣的是，潛移默化之下，母女倆都成了地地道道的「紅迷」，連「有一回母女散步見到一處臨水的飛檐亭閣，就如見了《紅樓夢》大觀園一景。」母親寫詩，其「詩集《縑痕吟草》純粹是留給家人傳誦的。我覺得她是位優秀的詩人，不論文字、押韻、含義都很優美，在新舊的轉換的潮流，母親是位悲劇人物。她為人慈悲寬厚，詩詞中含有儒家仁人愛物與道家清淨超脫世俗形體的思想。在文學創作中，文學界諸大師都是我的典範師表，但最早最初的啟蒙老師其實是我的慈母。」多年後，呂大明如是說。

慈母不僅是文學上的啟蒙導師，還是兒女們儒雅性情的無聲

榜樣，呂大明後來在散文中多次提及慈母對她少女時期良善人格與溫婉脾性的薰陶：「母親是世間少有的性情中人，她生活在一個恬淡、溫柔、知足的心靈世界；她自己營造的世界，『香暖綉閣壓金線，夜靜小窗學咏詞』是她閨秀氣質。在人世顛沛滄桑之中，始終能保持一顆與落霞、雲樹、松風、竹韻相依偎的心情，在成長歲月中，我們這些兒女就沒聽過母親大聲斥責，或說出一句不好聽的話。」呂大明說話輕聲細語，為人善良謙和，處世溫柔敦厚，具有大家閨秀的氣質，正是得自母親的性情真傳。

嶄露頭角在臺灣

　　呂大明在這樣一個溫情脈脈並充滿文學藝術氛圍的家庭長大，「終究能守在文學的象牙塔裡，玩賞珠圓玉潤的字句」（《繁華如夢鳥驚心》）。呂大明回憶：早年父母送給她的生日禮物，就有很多書籍，包括莎士比亞全集，還送給她一架鋼琴。少女時期她便開始了對繆斯女神頂禮膜拜，十六歲即發表了第一篇作品。她進入臺灣藝術專科學校就讀後，還加入了名師薈萃的耕莘文教院青年寫作班，很快嶄露頭角，甚至主編一份文學刊物。1966年，呂大明以散文《秋山，秋意》榮膺耕莘文教院寫作比賽散文組亞軍，並獲得了評審之一、散文名家張秀亞教授的欣賞，她評價呂大明的作品「字句全被詩意浸透」。1968年，呂大明不到二十二歲即出版散文集《這一代的弦音》，由張秀亞作序。她盛讚作者抒寫性靈，如晨光中山徑上的尋芳者，是「這一代弦音中動聽的音符。」從此，呂大明便有了「小秀亞」之美譽。不久，這部文集就榮獲幼獅文藝全國散文獎首獎。

　　這裡約略介紹一下張秀亞教授（1919-2001）。她畢業於北京輔仁大學英語系，並獲輔大史學碩士學位。早在大陸時期就是著名作

家，素有「美學大師」之稱。1948年來臺，為臺灣輔大優秀資深教授，作育英才桃李遍天下。一生著作多達八十二本。她對臺灣婦女寫作有承上啟下之功能，對華文文壇影響深遠，實為我國文壇不可多得之瑰寶。人們讚譽呂大明為「小秀亞」，這是極高的評價。

當年呂大明剛在臺灣「小荷才露尖尖角」時，就被來臺主持光啟社的巴黎大學文學博士顧保鵠神父譽為「你的散文字字珠璣」。鼓勵她進而研究西方文學，那時呂大明熟讀甚至背誦了許多英美佳作詩文。

還在求學時，呂大明就開始寫作廣播劇、電視劇。1969年大學畢業後，她進入臺灣光啟社工作。光啟社是以明代大科學家徐光啟為名的文化機構，分節目部和出版部。呂大明有寫劇本的經驗，擔任節目部編審，後來又轉任臺灣電視公司基本編劇。她先後編寫過廣播、電視劇本包括《梅莊舊事》、《孔雀東南飛》、《雲深不知處》等共兩百餘集。其間還創作了戲劇《蘭婷》（1970），並翻譯了《天主的子民》（1975）。

呂大明辛勤筆耕，不僅錘煉了寫作能力，也得到了不錯的稿酬。這時她已萌發赴歐深造的想法。但父親為官一世清廉，積蓄有限，雖然母親默默籌劃無私支持，也遠遠不夠。這些稿費正好派上了大用場。呂大明告訴我，當時電視劇很火，寫一個小劇本，就能掙到相當於一個月的工資，多虧了靠寫劇本掙來的稿費，才圓了出國夢。

鍥而不捨在英法

強烈的求知欲使呂大明渴望翱翔於新的文學天地。為了研習博大精深的西方文學藝術，1975年呂大明負笈英國，進入牛津學院高等教育中心，研究語文與藝術。牛津為舉世聞名的學府城，幾百年

來一直是英國的文化重鎮，因而也享有「英國雅典」的美稱。呂大明認為牛津就是一個文化氛圍濃厚的「象牙之塔」。在這樣的書香環境裡，呂大明如魚得水，遨遊在知識的海洋，吮吸著英國文學和藝術的精華。在牛津的圖書館裡，她還讀到了沈從文等大陸名家的作品。她用兩年時間通過了牛津學院的所有三級考試。優異的成績令老師驚訝。老師告訴她，這裡已經沒有什麼可以再教你了，擇校去進一步深造吧！1977年，呂大明來到利物浦大學，主攻維多利亞時代的小說。於1979年獲得文學碩士學位。並在與利物浦一河之隔的伯肯赫德（Birkenhead）安下了家。

呂大明說過：「藝術家命中注定只能受雇於美神」。出於對藝術的追求，她又愛上了巴黎，「迷失在巴黎這座美的迷宮中」，「羅浮宮的珍藏，達賽博物館（Musée d'Orsay）印象派大師的畫、羅丹的雕刻藝術、歌劇院、協和廣場前的噴泉、埃菲爾鐵塔、凱旋門、香榭麗舍大道……巴黎是人類心靈活動的具體化，是精神美的最高點」。為此她不惜「異鄉飄零」，賣掉了英國伯肯赫德寬敞舒適的「玫瑰園」宅院，一家人搬遷到巴黎郊區的凡爾賽小城。凡爾賽位於巴黎西南二十多公里。歐洲最宏大、最輝煌、最美麗的皇家宮苑凡爾賽宮就坐落在這裡。凡爾賽地近巴黎，又享有田園之美，是作家宜居的好地方，呂大明在此一直生活到今天。

1985年移居法國後，呂大明又進入巴黎大學第三大學研讀博士課程，沉浸在法國文學之中。有趣的是，在呂大明的言傳身教和潛移默化的影響下，她的女兒也愛上了文學，後來也同樣進入巴黎三大求學，成為一名語言學專家。

多年來，呂大明愛書讀書寫書。大量地閱讀，不停地寫作。「讀書破萬卷，下筆有神助」是她父親勉勵她的經典之句，也是她的體會。平素除了讀書寫作以外，呂大明最喜歡的事就是旅行和拜謁名人故居。在英國，她曾漫步約克郡野地，感嘆勃朗特文學三

姐妹的早逝；她曾兩訪阿房河（Avon，又譯埃文河），遊覽莎翁故鄉史特拉福（Stratford upon Avon）；她曾徘徊湖區鴿築（Dove Cottage），悼祭田園詩人華茲華斯的詩魂。在法國，她瞻仰了圖爾附近大文豪巴爾扎克（1799-1850）紀念館莎榭堡（Château de Saché），這裡是他創作「人間喜劇」系列部分作品的舊地。她還走訪過西班牙大文豪塞萬提斯的故鄉。

呂大明酷愛文學，在《文學提高了生活的品質》一文中說，「生活品質的提高，不限於物質，精神也應該受到重視，文學就是精神生活。」

她認為一個作家的責任就是寫，要「像所羅門王寫了歌中的《雅歌》，把自己內心蘊藏的最美好、最寶貴的東西寫出來」。「呂大明生性愛美，醉心於一切美的事物。她從天上借來一支筆，孜孜不倦地寫著，用感性又含哲理的文字建造了一座美廬，請來四方鴻儒，搬來古今中外名著，引導讀者在美的領域中散步，讓文學藝術的瓊漿滋潤現代人焦慮的心靈」（見《塵世的火燭》內容提要）。

呂大明對寫作不僅喜愛，而且認真，她寫過一篇《千秋業》說：「鏡子反映出白髮紅顏，反映出眾生的形象，但一面鏡子卻無法對內心蘊藏的奇珍映現在眼前，只有經過千錘百煉的作品，它就是一面無形的鏡子，反映人類思想的真髓。」她把文學看成千秋業，認為「在文學磅礡的宇宙中，吳苑宮闈，廣陵臺殿也許都成了斷垣殘壁，但今夕的月仍是采石磯的月，今夕的水仍是汨羅江的水，只因為文章千古而不朽。」「莊子的《逍遙遊》說到有一株椿樹，以八千歲為春，八千歲為秋，而蟪蛄春生夏死，夏生秋死……若以文學與莊子深而博的思想相提並論，從事文學工作就是經營一份千秋大業，那是一株椿樹，與宇宙常青，那是遠超於世俗的生命──蟪蛄至上。」

呂大明認為「經營這份千秋大業就非得有鍥而不捨的精神不可，」她自己就是這樣，是一位淡泊名利、超越塵世，一人躲在凡爾賽郊外辛勤筆耕的學者型女性作家。她說，自己的寫作是孤獨的，寫作的道路上「冰雪沒徑，天寒苦凍，那裡山寂寞、鳥無聲……」，但她幾十年堅持下來了，而且樂在其中，樂此不倦，取得了豐碩的成果。

　　呂大明本來就具有中國古典文學的深厚底蘊，在歐洲又長期浸潤於西方文化之中，得以寫下大量融合中西文化、出入古今中外文學藝術的散文佳作。作品一部部問世，先後在臺出版了散文集《大地頌》（1977）、《英倫隨筆》（1980）、《海內外青年女作家選集》（1983）、《寫在秋風裡》（1988）、《來我家喝杯茶》（1991）、《尋找希望的星空》（1994）、《冬天黃昏的風笛》（1993）、《南十字星座》（1993）、《幾何緣三角情》（1998），並在她魂牽夢繞的大陸故土出版了《流過記憶》（1995）、《伏爾加河之夢》（1997）、《塵世的火燭》（2000）等十餘種。

　　呂大明在信中告知：「我因多年患氣喘症，近些年較嚴重，又因跌傷骨胳，已經多年不能參加任何盛會，但我依然創作不斷。2012年出版新著《世紀愛情四帖》，今年2014又出版新作《生命的衣裳》，都是散文集，其中《生命的衣裳》被臺灣九歌出版社選為『九歌100年散文選』。」這樣算起來，加上在臺灣時寫作的散文集《這一代的弦音》，戲劇《蘭婷》（1970）和譯作《天主的子民》（1975），迄今呂大明共發表了十七部作品，這是多麼了不起的成就，特別是對於一個體弱之身。幾十年來她的作品還大量發表在《中央日報》、《中國時報》、《自由時報》和《歐洲日報》等多家報刊上，擁有廣大的讀者群。

　　呂大明備受讀者喜愛，不少散文集得以再版。她曾獲文學雜誌

《幼獅文藝》全國散文獎首獎、臺灣新聞處優良散文獎首獎，兩屆華文著述獎散文首獎，耕莘文教院兩屆文學獎，讀馬致遠漢宮秋雜劇論文英文稿獲臺灣文建會翻譯獎。2014年臺北龍騰文化出版公司編輯《古今悅讀一百》一書，準備收入呂大明的《人生四重奏》一文。

歐華作協首屆副會長

呂大明屬於歐洲華文文學的拓荒者之一，為法國作協會員，歐洲學術聯誼會會員，世華女作家協會歐洲聯絡人。

九〇年代初，當歐華著名作家趙淑俠倡導成立「歐華作協」時，首先想到的就是呂大明。而呂大明對趙淑俠也十分敬佩。兩人惺惺惜惺惺，在籌組歐華作協這件事上一拍即合。呂大明明確表示「願追隨成事」，第一個報名做會員。她一手操勞，與法國文化部接洽，準備各種法語文件，為歐華作協在凡爾賽正式註冊。草創階段，協會急需資金，呂大明就把臺灣文建會頒發給她的翻譯獎一萬法郎（約合美金兩千五百元）全數捐獻給協會。歐華作協終於在1991年在巴黎成立。呂大明當選為首屆副會長。後來又擔任第二屆副會長。

在歐華乃至世華文壇，呂大明是最優秀的散文家之一。趙淑俠說：「我很早就從臺灣海外版的報紙上，讀過她的作品。印象中，散文是呂大明最喜愛的文體。她發表的文章篇篇是散文。雖然那時她的文名還沒有為讀者大眾普遍所知，但她文風中流露出的淡雅、婉約、感性、引經據典的書卷氣和出塵韻味，已引起我的注意，認為她日後必自成一格。果不其然，今天的呂大明已是著名的散文家。她的唯美性質的散文中所表現出來的細緻柔美的感情，對人生對世界深刻的體悟，充滿哲理和厚實的學養。從中國的屈原、

李白、湯顯祖，到西方的沙浮（薩福），雪萊、拜倫、歌德、狄金森，她都精通，文中隨手引用，增強畫龍點睛之效和氛圍之美。呂大明的散文中有詩的語言，清純得不沾人間烟火，顯得非常與眾不同。」

就在歐華作協成立的1991年，呂大明發表了散文集《來我家喝杯茶》。趙淑俠欣然作序《被美迷住》，其中寫道：「一向愛讀大明的散文。她的散文有時下越來越式微的唯美清純，和濃厚的書卷氣，頗具性格。為文之間，旁擊側敲，引經據典，隨時流露出她在文學方面深厚的修養，帶給讀者一些新知識。而她講求文字的精緻，用詞雋美，思路深遠，絕不油腔滑調。婉約含蓄的意境裡有嗅得出的哲理氣味，使人讀之如飲甘泉，如聽仙樂，會情不自禁地沉醉其中，愛不釋手。」她還寫道「我常說，在歐洲久住的作家，筆下的作品總有些『歐洲風』。什麼是歐洲風？從呂大明的散文便可窺出幾許端倪。那是一種由中國文化裡儒家思想，和歐洲傳統的基督教文明，交互相融後產生的一種新品質。特徵是溫柔敦厚，有容乃大，對世界對眾生，都採原諒與寬容的態度，即或對自己不同意的人和事，也不疾言厲色，總是那麼從容不迫，心平氣和，用真誠婉約的詞藻，唱出那源自心底的音符。」

歐華創會元老祖慰為呂大明的散文集《南十字星座》寫了序，他推崇呂大明的散文是唯美散文。認為「唯美散文是現代讀者之必須」。他引述當代著名的德國哲學家迦達默爾（Hans-Georg Gadamer，1900-2002）的美的現實性觀點：「人們要在現實的一切無秩序的結構中，在所有不完滿、惡運、偏激、片面、灾難性的迷悟中，必然導致對非現實的藝術中美的夢幻的追求。這是人求完美的本體論的功能，它填充著理想和現實間的鴻溝。」得出結論：「這就能解釋，為什麼呂大明的唯美散文仍然成為現代讀者的必須。她的每篇純文學的綸音天語般美的散文都被各報刊悅納，她的

書比其他純文學書要好銷得多，個中奧妙是她滿足了人性的本體論上的覓求。」

歐華作協秘書長麥勝梅在大量閱讀呂大明作品的基礎上，寫出文學評論《建起一座溢滿古典書香的塔——論呂大明散文創作的特色》。她認為，「在華文文壇上，呂大明是一位不可忽視的散文名家，她的一生橫跨亞歐兩地，她即承受了中華美文的傳統，卻又對西方文學有所嚮往。呂大明的散文是充滿書卷味的，透過典雅清麗的文字表達出她對生命、自然的關懷和哲理的思索，幾乎在她所有散文中，她都刻意與讀者分享那份驚奇、美與智慧。」

學貫中西的文化散文

呂大明在海外和臺灣早已名聞遐邇，下面談談她的散文在大陸的流傳和研究。

大陸最早出版呂大明的作品，是在九〇年代，陸續出版了《流過記憶》（河北教育出版社，1995）、《伏爾加河之夢》（青島出版社，1997）、《塵世的火燭》（人民文學出版社，2000）。

在大陸對呂大明作品的研究開展較晚，據錢虹教授介紹，打開百度搜索引擎，九〇年代，相關論文只有趙順宏《呂大明散文評析》（《華文文學》1993年第一期）等寥寥數篇。但近年來在錢虹教授等學者的推動下，對於呂大明散文的研究進展迅速，有越來越多的讀者和文學評論家關注呂大明。

南昌大學中文系教授，中國世界華文文學學會名譽副會長陳公仲，在2009年出版的《中國當代文學史初編》《文學新思考》中高度評價說：「呂大明的散文以女性的溫柔注視著世界，關懷人生，關懷自然。歐洲華文文學創作群中不乏女作家，但呂大明的散文獨樹一幟，如她所說的『透過性靈的眼光去欣賞大自然的善觀』，

並高揚著中國古典文化的魅力，以意境取勝，以優雅的語言表達取勝。在她的散文中，聽不到激越的音符，也沒有沾染世俗的喧囂和浮躁。比較突出的是《春天的夢痕，秋天的憂鬱》、《衣上酒痕詩裡字》、《秋水菇浦，明月蘆花》等，沿宕著清新雋永的古典美。她不動聲色地把中西文化沉澱進文字中，傳達出人性中安穩平和的一面。」

　　而當代研究呂大明最深最勤的要數錢虹教授。錢教授是文革後恢復高考後培養的第一批學者，現任教於上海同濟大學。她認為：「呂大明的散文之所以與眾不同，其中一個主要特徵在於，她的散文乃屬一種中西薈萃、精緻典雅的『文化散文』，其中飽蘸著東西方文化融會貫通的深厚底蘊與文學藝術的豐富學養；她擅長在東西方文化、文學藝術中有一種自覺的比較視角，在娓娓道來的異域風情的敘述中，往往具有觀察、思考風土人情所反映的民族性格與文化差異的人文關懷；她不僅將學識、典籍、文學、異域風情和人文關懷融為一體，且在向西方藝術有所借鑒的過程中，用中文創造出一種嶄新的散文體式與格局，使之成為充滿詩意和美感的名符其實的藝術性散文。」

　　我特別讚賞錢虹教授的說法：「像呂大明這樣在其散文中能顯示學貫中西的文化修養與廣博學識、能自由出入古今中外文學典籍的女作家，實不多見。」我覺得呂大明的散文可以閱讀，可以欣賞，但後來者難以企及，難以模仿。因為熟悉一兩門外語，甚至熟讀西方文學的作家也許有一些，但像呂大明這樣，既深得西方文學的精髓，同時又極為熟悉中國傳統詩文、擁有如此深厚的國學底蘊、能夠信手拈來運用自如的作家，恐怕今後是難以找到了。

　　錢虹教授不僅關注評論海外女作家，更令人欽佩的是積極推動她們作品的出版。這在今天出書不易的環境下，更顯得難能可貴。2007年她就開始籌劃主編出版一套「雨虹叢書／世界華文女作家書

系」，遴選約請十位海外知名度頗高的華人女作家提供作品，其中散文家有呂大明、尤今（新加坡）、吳玲瑤（美國）和蓉子（新加坡）以及小說家嚴歌苓、陳若曦等人。經過五年的不懈努力，克服種種困難，甚至遇到幾乎胎死腹中的危險，這套叢書終於在寧夏黃河出版傳媒集團出版。呂大明老師寄來的《世紀愛情四帖》就是其中的一種。這本書共收集呂大明1989-2008年間的散文作品四十四篇，內容很有代表性，並附有錢虹教授的評論。通過閱讀此書，使我進一步增強了對該書作者呂大明老師，以及主編錢虹教授的敬意。

祖慰
華歐名作家　世博設計師

祖慰，大陸著名作家，曾任中國作家協會理事、湖北省作協副主席。

說起這位老前輩，我們歐華文友們更有一種親切感，因為他是歐華作協的創會元老之一，都非常懷念他。聽聞2006年祖慰老師回大陸同濟大學教書，近況如何，大家都非常關心。這次我探親回到西安，電話聯繫上了遠在武漢的祖慰老師。他非常熱情，我們一「談」如故，他還給我發過來多份材料。我們逐漸熟悉起來，這才知道，祖慰老師的人生道路曲折，經歷豐富多彩。不僅是勤於深思，有著憂國憂民責任感的文學大家，而且還有著深厚的藝術造詣。可能較少文友知道，他還是上海世博會城市足跡館的總設計師，曾獲上博會組織者王岐山和俞正聲（今日中國七巨頭中的兩位）所簽署的榮譽紀念證書呢！

大陸一級作家

祖慰是筆名，原名張祖慰，1937年生於上海。出生三個月，日軍就占領了上海。全家逃難流亡，返回家鄉武進縣奔牛區東橋村。他就在國無寧日的鄉下長大。在「國家不幸詩家幸」的童年，他迷上了講故事的文學。還因為有著天賦的嘹亮歌喉而愛唱歌。後考入南京建築工程學校，這個學校是同濟高工分出來的，專業實力很強。根據西方的分類，建築與繪畫，雕塑，音樂，舞蹈，戲劇，詩

歌一樣，屬於藝術的一個分支，由此祖慰奠定了扎實的工科與藝術基礎。

1957年祖慰畢業，被分配到大西北的蘭州做一名技術員。同年開始在《蘭州日報》等報刊上發表詩歌。1961年他入伍，憑著歌喉稟賦先後在武漢和廣州空軍文工團當歌唱演員。1964年這年他從小迷於文學的特質冒了尖，他創作了《練兵場上的喜劇》獨幕劇，在全國空軍匯演中一炮打響，獲得時任空軍司令劉亞樓的激賞，由劉司令員特別邀請賀龍元帥、羅瑞卿總參謀長前來觀看。觀劇結束後元帥接見了作者與演員。這個命運的偶然之力，把祖慰推走上了軍旅創作員的道路。

然而，他寫的第二個劇本就被定為「中間人物論」式的毒草，因而在文革中屢遭打擊。1969年轉業，到湖北當陽縣當工人。1973年調到廣西南寧歌舞團，重返舞臺當歌唱演員。1976年毛澤東去世，四人幫被打倒，中國迎來了文學的春天。他那被禁閉扼殺了十年的文思立時泉湧，一篇篇揭露文革傷痕、針砭時弊的小說問世，發表在《人民文學》、《上海文學》等全國性文學雜誌上。因為這個機緣，祖慰於1979年調到湖北省作協擔任專業作家。

1982年祖慰在花城出版社出版了第一部短篇小說集《蛇仙》。1983年中篇小說集《愛神的相似定理》在陝西出版社問世。1985年中短篇小說集《婚配概率》長江文藝出版社出版。同年面世的還有長篇小說《冬春夏的複調》，由中國文聯出版公司出版。1987年長篇小說集《困惑，在雙軌上運行》也在中國文聯出版公司出版。祖慰的小說《矮的昇華》曾獲全國「五四青年文學」獎。

評論家稱，祖慰的小說與眾不同，展現的是現代人多元文化結構中的「場心理」，因而被評論界稱為「怪味小說派」的代表作家。有人還評，在當代作家中，祖慰是富有現代意識和創新精神的一位。他的怪味小說，其一怪在取材獨特，其二怪在結構新奇。廣

博的科學文化知識和敏捷多維的思辨能力，常使他的文學作品呈現異彩，閃爍著智慧的光芒。他的怪味小說熔哲理性，知識性，趣味性和文學性於一爐，贏得了大量讀者。

那一時期祖慰不僅小說創作碩果累累，報告文學的創作更為突出，其諸多作品引發社會轟動效應。1980年創作的報告文學《啊！父老兄弟》，為其代表作之一。它揭露「文革」後期一件發生在湖北省天門縣駭人聽聞的大冤案，發表在《人民日報》，海內外數十家報刊轉載，轟動一時。但很快就遭到了整肅。在1981年的「反精神污染」的政治海嘯中，湖北省緊跟中央，召開全省思想戰線問題座談會，祖慰成了「資產階級自由化」的頭號典型而被批判。當時在武漢軍區的白樺，其《苦戀》電影遭到清算，算是同難者。

青山遮不住，畢竟東流去。八〇年代像文革那樣整作家已經不可能了，相反誰越受批判，越得到讀者關注。祖慰的報告文學就是這樣，不僅受到廣大讀者的喜愛，而且蟬聯四次獲中國作協舉辦的國家最高文學獎：《線》獲1977-1980年度全國優秀報告文學獎；《審醜者》獲1981-1982年度全國優秀報告文學獎；《快樂學院》獲1983-1984年度全國優秀報告文學獎；《轉型人》獲1985-1986年度全國優秀報告文學獎。在當代中國報告文學的歷史上，只有祖慰和劉賓雁（1925-2005，作品《人妖之間》，《第二種忠誠》等）享有如此的殊榮。

1984年祖慰的報告文學集《智慧的密碼》由四川出版社出版，1986年報告文學集《揚棄與自由延長》在廣西出版社問世。1988年報告文學集《赫赫而無名的人生》由北方出版社出版。祖慰的報告文學涉及面非常廣泛。他的獲獎作品《線》，是寫文革中的一位跑片員，當時被評「學毛著積極分子」的革命動力，看到文革的大亂，說了「毛主席可能也有錯誤」之類的話，就判處死刑。原先熱情投票評選他為為積極分子榮譽稱號的同事，一下就反轉一百八十

度，都認為他是該殺的反革命。甚至連他的父母也真摯地大義滅親認為他犯下該殺的滔天罪行。後來，他自己也真切省悟到自己該殺。祖慰從這裡突然發現人人都是政治家手中的玩偶，都在被政治話語的「線」牽著殺人或殺己。於是祖慰提出警世醒言：如果不奮起把身上的「線」剪斷，以後還將繼續真誠地當玩偶，殺人或殺己。

八〇年代，祖慰還出版過理論集《怪話連篇》（長江文藝出版社1987年），散文集《普陀山的幽默》和社論集《現代人的魅力》（1989年廣東旅遊出版社）。

1985年中國作家協會舉行大會。這次會議選舉作協領導人時，中共總書記胡耀邦，決定推翻歷來由各級黨委定候選人然後讓作家被動舉手通過的陋習，提出「由作家們自己推選候選人並進行無記名差額選舉」。就在中國作協歷史上空前也是絕後的選舉中，祖慰被選為中國作協理事，實至名歸。回到武漢後，他又被推選為中國作協湖北省分會副主席。這年他被評定為第一批國家一級專業作家，相當於正教授職稱。

身在法國的思索者

1989年中國北京發生數百萬人集合街頭反對貪腐的群眾運動，祖慰奮筆寫下魯迅的「忍看朋輩成新鬼，怒向刀叢覓小詩」的詩句。當年7月，祖慰被迫離家，輾轉來到巴黎。在法國，祖慰成為《歐洲日報》的記者和專欄作家。他以筆名戚久寫下無數新聞報導，而以祖慰之名寫下很多文學作品和中西文化比較的文章。

《歐洲日報》屬於總部在臺灣的聯合報系。聯合報創始人王惕吾（1913-1996）是新聞史上最有闖勁和最具全球眼光的報人之一。他把臺灣報紙發展到全世界各大洲。1982年10月10日聯合報系的

《歐洲日報》在巴黎創刊。祖慰正好在《歐洲日報》最興盛的時期加入該報團隊。

巴黎是享譽世界的藝術之都。為了給報紙寫專欄文章，祖慰在這裡結交了許多中外藝術家，從蜚聲畫壇的巴黎畫派大師到無名的街頭畫家等。為了寫得準確，他讀東西方美術史，看博物館，到多如牛毛的畫廊去看當代畫家所畫的各種流派的作品。也不斷地聽畫家、藝評家朋友們的高談闊論，閱讀他們鮮活的大腦。在報刊上發表了不少解碼式的藝評文章，頗受畫家們的好評。畫家們出畫冊，他成了寫序言的熱門人選。由拿破崙創立的法蘭西學院第一位華裔院士——抽象畫家朱德群，邀請祖慰為他寫了《朱德群傳》，在大陸和臺灣分頭出版。

他把對藝術的思考寫成文章，說中國繪畫的審美標準是「形神兼備，神似重於形似。」而西方繪畫一直以在二維平面上精確畫出人類三維視覺經驗為最高美學標準。為了做到以二維精確表現三維，文藝復興畫家們發明了透視學，色彩學，光影學，藝用解剖學。但自1839年達蓋爾（L. Dageurre，1787-1851）發明銀版照相法，宣布了人類第一架照相機的誕生。照相機的發明廢掉了西方畫家的寫實「武功」。怎麼畫，成了畫家的新問題。結果湧現出野獸派，立體派，達達主義，超現實主義等林林總總的新流派。這些分析對讀者提高藝術修養，瞭解東西方藝術的區別都很有啟發。

祖慰在《移民文化超常原創力的解碼》比較了歐洲的猶太人，華人和吉普賽人三大移民群體。他分析認為，猶太移民的孩子，接受了兩個民族的最高資源，天才輩出，如被稱為改變二十世紀世界秩序的三大偉人——愛因斯坦，佛洛伊德，馬克思都是猶太人。吉普賽移民有大篷車自閉症，因而弱勢。而中國移民有著「金窩銀窩不如自家狗窩」的狗窩情結。爭取在最短時間「衣錦還鄉」。急功近利的緊迫感，使中國移民把記憶中的中國文化「軟體」篩

選出來，與當地的制度文化結合，建立起簡易可行的「雙螺旋結構」。他採訪過許多從越南柬埔寨、港澳臺以及大陸來的華僑。其中溫州移民，最具草根性活力，落地就能生根，生根就能共生出一大片芳草綠茵。他們利用中國傳統的親情文化，拉上幾十位親戚搭起個「月蘭會」，立即就能籌集到開個小店當老闆的本錢。這種集資方式，便是法國制度文化和中國親情文化簡易「雙螺旋結構」的產物。但是中國移民的狗窩情結，也不可避免地產生著平庸化的作用。祖慰獨到見地的解析，有著振聾發聵的作用。

祖慰在巴黎發表的很多文章，引起了中國知識界的注意和反思。祖慰有著敏銳的觀察力，並把在西方所見所聞上升到文化與哲學的高度思考。他是一位永不停息的思索者。記得法國雕塑大師羅丹（1840-1917）有個代表性的雕塑作品叫思索者（Le Penseur），祖慰就是這樣一位具有人文主義思想，憂國憂民的思索者。

擔任歐華作協副會長

九〇年代伊始，旅居瑞士的歐華著名作家趙淑俠倡導成立「歐華作協」，祖慰作為《歐洲日報》記者，在一次活動中，朋友雅聚遇到當代知名散文家呂大明得到這個消息，於是積極參與籌會事務，成為歐華作協的創會元老。

祖慰一方面積極參加歐華作協活動，一方面始終不放鬆寫作，筆耕不止。早在1988年，臺灣新北出版社就出版過他的小說集《進入螺旋的比翼鳥》。1989年又在臺灣遠景出版社出版小說集《心有靈犀的男孩》。1992年報告文學集《西行的黃魔笛》由臺灣聯經出版公司出版。1994年散文集《面壁笑人類》在臺灣三民書局出版。2000年臺灣天下文化出版社出版了藝術評傳《景觀自在——雕塑大師楊英風》。

在大陸方面，祖慰的力作傳記文學《朱德群傳》，2001年在上海文匯出版社出版。朱德群（1920-2014）為旅法畫家，與趙無極（1921-2013）齊名，1997年當選為由拿破崙創立的法蘭西學院藝術院終身院士，是法國最高藝術殿堂的的首位華裔院士。祖慰還寫了超時空藝術對話《楊英風VS米開朗基羅和畢卡索》，由上海學林出版社2002年出版。傳記文學《畫布上的歡樂頌》，由上海文藝出版社2003年出版。

這裡特別要說一下楊英風（1926-1997）。他是臺灣著名雕塑家，出生於宜蘭，曾隨父母在北平（今北京）生活，深受中國古典文化的影響。後來在東京美術學校建築科（今東京藝術大學）和北平輔仁大學美術系求學，1947年回到臺灣。藝評家謝理法認為：「臺灣戰後只有楊英風的雕刀為臺灣早期的鄉村及人民生活，作了一個詳細的見證。」楊英風曾到過巴黎，受到祖慰採訪，兩人成了莫逆之交，祖慰為他寫出了藝術評傳《景觀自在——雕塑大師楊英風》。

這本書出版後，在臺灣舉行作品研討會，祖慰到場參加並做了報告。他講東西美術對視，思想活躍，見解獨特，引起了臺灣學界的關注。設在新竹的國立交通大學聘請他擔任駐校藝術家、兼任副教授。2002年至2004年期間，祖慰就在這裡教書育人，人生中又多了一段在臺灣的經驗。

上海世博會的功臣

2006年祖慰應聘回國，擔任上海同濟大學兼職教授，並兼任新媒體藝術國際中心創意總監。兼職教授證書由校長萬鋼親自簽發，萬鋼1952年生，為德國克勞斯塔爾工業大學機械系博士，1991-2001年擔任十年德國奧迪汽車公司工程師，技術經理，回國後不久擔任

同濟校長，2007-2013年擔任科技部長。他眼界開闊，求賢若渴，祖慰在同濟如魚得水。

　　祖慰堪稱橫跨文學，建築藝術兩大領域的跨界創意大師。回國擔任同濟兼職教授後，他又參與了上海世博會主題館設計，並擔任城市足跡館總設計師。城市足跡館通過序廳以及「城市起源」，「城市發展」，「城市智慧」三個展廳，分層次地展現誕生與崛起的城市元素，人文與轉型的城市哲理，創意與和諧的城市智慧。展出很成功，祖慰受到世博組委會的褒獎。

　　在繁忙的工作之餘，祖慰仍在進行創作。他的文化類學術著作《神在地上的Office——世界三大宗教建築十二品》已完稿，準備在大陸臺灣同時出版。

　　在做世博會期間，祖慰為《世界知識》雜誌開了一個專欄「黑眼睛對藍眼睛」，對中西文化進行了「酒神加日神」式的比較與描述。其中許多名篇，如《人文學科的自殺與復活》、《多元精神迷宮》、《到羅素書房串門兒》、《公雞定律》、《共和國的婊子》、《罵總統與罵老闆的一堆亂碼》、《廣場》、《麥哲倫證明的非圓》，不僅文采風流，而且思想性殊勝。

　　據不完全統計，迄今祖慰出版主要著作達十八部，包括短篇小說集，中短篇小說集，長篇小說，報告文學集，理論集，散文集，社論集，小說集，藝術評傳，傳記文學，超時空藝術對話，文化類學術著作等。像這樣同時在文學和建築藝術領域取得重大成就者在世界上為數不多。祝祖慰老師寶刀不老，青春常在！

楊允達
世界詩人大會主席的多彩人生

在世界上大多數國際組織裡，都是由歐美人士主導，但著名的文學團體世界詩人大會卻是由一位華人擔任主席，他就是楊允達老先生。在馬來西亞舉行的第三十三屆世界詩人大會上（2013），我親眼看到楊老的神采，他和藹可親，平易近人，德高望重，知識淵博。他那安詳的神情，優雅的英語，迷倒了來自全世界的詩人。楊老不但善用中、英、法三種語言寫詩，他還曾是活躍在國際舞臺的大牌記者，並且是歐洲大陸華文報紙的開拓者，也是歐華作協的元老，集詩人、作家、記者、報人、史學家於一身。他的一生充滿多彩的故事，直到今天八十多歲的高齡，他依然精神矍鑠，穿梭於各國，為操辦下一屆世界詩人大會而忙碌。

採訪過中國五偉人

楊允達1933年出生於武漢，祖籍北京。父親楊承煦（1895-1966），為鐵路系統高級職員。1946年楊承煦從平漢鐵路局任上調職臺灣，參加接收日本殘留的臺灣鐵路系統，使之恢復正常運轉。楊允達隨雙親遷來臺灣，那時剛十三歲。他學習一直很優秀，在臺北成功中學時就參加編輯《中學生文藝》雜誌。後來楊允達在臺灣大學歷史系學士畢業，是政治大學新聞研究所碩士，法國巴黎大學文學博士。楊允達不但出身於名校，而且精通歷史、新聞學和文學三大專業。這為他日後的發展奠定了非凡的基礎。

1961年2月楊允達應考中央社，當時僅錄取一人，但應考者如雲，可謂千里挑一。最終他以優異成績脫穎而出，成為該社採訪部的一名外勤記者。

　　說起中央社（CNA），在中華新聞史上赫赫有名。它1924年創立於廣州，深受孫中山重視。1927年遷南京。至抗戰前夕，作為國家通訊社，已在國內設立分社、辦事處三十四處，在國外布點四處，為兩百五十家報紙發布新聞。抗戰爆發後，1937年9月25日，位於南京的中央社總社被日軍炸為平地，當時日本狂妄地認為此後將再也聽不到「中國人的聲音」。然而就在數小時後，中央社即正常發稿。抗戰期間，總社遷至重慶，向國內外提供中國戰場、太平洋戰場、歐洲戰場的戰訊和其他新聞，鼓舞軍民抗戰，貢獻良多。1949年遷臺辦公。

　　1961年4月1日，楊允達跨進當年位於臺北市西寧南路一座日式木造三層樓的中央社大門，一直到1998年底滿六十五歲退休，在中央社一待就是三十八個年頭。

　　在這近四十年的記者生涯中，楊允達採訪到五位影響世界的中國偉大人物，兩位在臺灣採訪，即已故的中華民國總統蔣介石和蔣經國。在海外則採訪到三位大陸領導人。1965年6月8日在非洲採訪過中國國家總理周恩來；1975年5月中旬中國國家領導人鄧小平訪問法國，這是中國領導人首次正式訪問西方大國，楊允達在巴黎參訪了這位促成中國改革開放的偉人，當時楊允達任中央社駐巴黎特派員。1979年10月18日採訪過當時的中國國家領導人華國鋒。這時中國已經開完了十一屆三中全會，華的地位正在一步步地受到威脅，但是，華的笑容還是蠻自然的。楊允達採訪了華國鋒會見法國總統季斯卡·德斯坦的過程。只有毛澤東，楊允達沒見過。但毛澤東一生只出國兩次，即1949年底和1957年訪問蘇聯，沒有給楊允達機會呀！不管怎麼說，像這樣採訪過中國五位領袖人物的記者，楊允達是唯一的一位。

記者駐點三大洲

在近四十年的國際記者生涯中，楊允達還曾採訪過數不清的各國政要和世界風雲人物。其中有美國總統艾森豪威爾、尼克森，英國女王伊莉莎白二世、首相柴契爾夫人，荷蘭女王朱麗安娜，泰國國王普密蓬，埃及總統納塞爾，古巴強人卡斯楚，埃塞俄比亞皇帝海爾・塞拉西一世，中非國王博薩卡一世，南斯拉夫總統鐵托元帥，法國戴高樂將軍等五任總統。

一般讀者文友都以為楊允達只是在法國作為常駐記者。是的，他1973至1983年，以及1989至1992年，兩度擔任中央社駐法特派員。但鮮為人知的是，楊允達還是中央社進軍非洲的開路先鋒。

六○年代，非洲許多殖民地紛紛獨立，在國際政治舞臺上扮演著越來越重要的角色。中央社以及外交機構均開始重視非洲的工作。為了打開局面，中央社派楊允達為駐非洲特派員，具體地點選在衣索比亞，這是中央社設在非洲的第一個辦事處。衣索比亞大陸譯為埃塞俄比亞，地處東非，是非洲唯一一個從未淪為殖民地的國家。非洲統一組織（現為非洲聯盟）即設在該國首都阿迪斯阿貝巴。當時中央社長對楊允達說，你去試探一下，任務就是要能夠待在那裡，如果待不下去，就立刻回來。1965年3月楊允達飛到該國首都，只得到一個月的觀光簽證。但他在當地廣交朋友，迅速打開局面。不但待下了，而且一待就是四年半，直到1969年8月返臺。就是在這個國家，楊允達採訪到訪問非洲的周恩來總理。

楊允達在巴黎期間，還開辦了中央社布魯塞爾辦事處，1976年開闢了西非象牙海岸的阿比讓辦事處。他不懼熱帶病威脅，曾兩度前往象牙海岸。楊允達在1986年12月至1989年5月還曾擔任駐南非特派員，常駐約翰尼斯堡近三年。楊允達於1969至1972年在臺北美聯社機構工作過，1983至1986年曾擔任過中央社外文部主任。

楊允達記者生涯的最後幾年是在瑞士度過的。1994年他來到這裡，擔任駐日內瓦特派員。他的辦事處位於市中心，駕車到聯合國歐洲分部（萬國宮）、世貿組織、世界衛生組織等國際機構，十分鐘內即可到達。位於萊芒湖濱的日內瓦，風景秀麗，湖光山色，四季分明。世貿組織總部設在湖濱的植物園內，古木參天。從聯合國歐洲分部大廈的咖啡廳裡，可以遠眺萊芒湖和阿爾卑斯山。這兩個楊允達每天都去採訪的地方，景色幽美，給他留下許多美好的回憶。1998年底楊允達退休，不久赴巴黎常住，為記者生活劃上圓滿的休止符。

這樣算來，楊允達曾在亞、歐、非三大洲駐點，作為記者則走過四大洲三十多國。他報導過奧運比賽新聞、非洲元首高峰會議、聯合國大會、轟動全球的伊朗國王巴列維暨王后加冕大典。還曾多次分別搭乘直升機、戰鬥機、運輸機、航空母艦、驅逐艦、潛水艇、登陸艇，訪問戰地、報導中外軍事演習和飛彈發射新聞。天天分別以中、英文寫作，稿件不僅為中文報紙所採用，英文稿（用名 Maurus Young）還為韓國、日本、美國等許多國家報紙採用。他撰發的新聞專電、特寫專欄，字數超過一千萬言，非但著作等身，亦足謂文稿堆積如山，這種記錄和國際採訪經驗，在臺海兩岸三地，當屬罕見。

歐華辦報的開拓者

楊允達不但是名記者，而且是歐華辦報的開拓者。1981年，法國僑選立委兼旅法河北同鄉會理事長苑國恩，為了「促進旅法華僑間的友誼，維護中華固有文化，並增進中法兩國民間的友誼及文化交流」，決定創辦《龍報》。由於楊允達是記者，具有編印報紙的實務經驗，於是出任總編輯。

《龍報》是當年法國唯一的中文報刊。1981年8月出版創刊號，全部手抄影印，每兩月出版一次。苑國恩說：「龍是中國的象徵，我中華兒女是龍的傳人。《龍報》的誕生，也象徵了旅法華僑的團結，中華文化的薪火在巴黎點燃，照耀法國和歐洲，永不熄滅。」楊允達作為總編輯，利用週末晚間到苑國恩的傢俱工廠，去編輯報紙。不受任何報酬。因為楊允達感到能為《龍報》服務，也等於為旅法僑胞服務。

　　聯合報創始人王惕吾（1913-1996），生前計畫在法國辦報。1982年春，他從臺北飛抵巴黎，下榻協和拉法耶大酒店，邀楊允達共進午餐，談及決定在巴黎辦報，請楊允達代向苑國恩洽商，購買《龍報》的可能性。當時聯合報系正處於全力擴張的時期。王惕吾的構想是，最佳途徑是花錢買一家現成的中文報，否則就需要找一名可靠的法國「吃牌」人，以那人的名義出面申請，取得出版發行許可證。前者比較省時省事，後者比較麻煩。

　　但是苑國恩一口回絕出售《龍報》。後來才知道，苑國恩屬龍，他認為《龍報》、龍校（僑校）和華商總會（他是會長）是龍頭、龍身和龍尾。三者絕不可分。怎能將龍首出賣，何況《龍報》正在賺錢。

　　王惕吾只好改走「吃牌」人路線。1982年10月10日聯合報系的《歐洲日報》在巴黎創刊，名義上由巴黎一位華人發行，實際上發行人兼社長是王惕吾的長女王效蘭。那時楊允達受王惕吾之托，利用公餘之暇，協助編譯並採訪法國當地新聞。並幫助《歐洲日報》購得抄收翻譯法新社每日新聞稿的權利許可。

　　在《歐洲日報》草創階段，楊允達每天早晨五時起床到報社，把當地法文報章摘要譯出，電傳到臺北《歐洲日報》總編輯，供他編妥後，再經衛星專線把整版傳至巴黎製版印刷。楊允達還幫助該報組訓編譯人員，把《歐洲日報》的採編納入正軌。

王惕吾生前在美國創辦《世界日報》，發行南北美；在泰國曼谷創辦《世界日報》，印銷東南亞；在巴黎創辦《歐洲日報》。其中僅在美國的《世界日報》銷數大，廣告多，能賺錢。而《歐洲日報》雖然孜孜經營，並不賺錢。但是，聯合報系，為了服務僑胞，堅持辦下去，這正是王惕吾「正派辦報」的作風。當年歐華很多文友都是從給《歐洲日報》投稿，走上文學之路的。可惜堅持了二十七年的《歐洲日報》在2009年8月底停刊。

至於《龍報》則早在1996年就因財務周轉不靈而停刊。

雖然楊允達曾幫助創辦的兩家報紙均已不復存在。但楊允達在歐華媒體發展史上的篳路藍縷之功是不可磨滅的。當我們看到今日歐洲各國華媒報紙的蓬勃發展，我們就會想起楊允達開路先鋒的功績。

世界詩人大會主席

上面這些對於一般人來講已經足夠豐富的經歷，還不是楊允達人生最精彩的部分。更令他自豪，並貫穿他一生的主旋律，卻是詩歌。楊允達擁有幾十年的詩意人生經歷。十五歲就開始寫詩，第一首詩《希望》，於1949年7月18日刊載在今日聯合報的前身《全民日報》。1953年他與詩人紀弦（1913-2013）、商禽（1930-2010）、鄭愁予、葉泥、楚戈、羅行、林冷等人在臺北組織現代詩社，成立臺灣詩壇的現代派。六十多年來，無論走到哪裡，他都不停地寫詩。在走上世界詩壇之後，他孜孜不倦地為世界詩歌事業而努力工作，成為世界詩壇上一位舉足輕重的人物，在西方人主導的世界性文學組織中也受到推崇。

楊允達第一次參與世界詩壇活動是在1981年，那年，他出席了在法國里昂舉行的國際筆會，見到了大陸著名作家巴金，葉君健和

2000年獲得諾貝爾文學獎的高行健，高行健當時是巴金的翻譯。

　　1982年秋，臺灣詩人鍾鼎文應邀參加了在列日舉行的比利時國際雙年詩會。這個詩會創立於1951年，會員主要來自比利時、法國、加拿大、北非和西非的法語系國家。這次開會鍾鼎文請精通法語的楊允達陪同一起出席。兩人建立了很好的關係。

　　鍾鼎文（1914-2012）早在大陸時期，已負盛名，曾任復旦教授，《廣西日報》總編輯。他從上世紀六〇年代就開始應邀出席比利時國際雙年詩會。在多次參與雙年詩會中結識了菲律賓詩人余松（Dr Amado M.Yuzon，1906-1979），美國桂冠詩人路洛托（Lou LuTour）和印度詩人斯瑞尼沃斯（Krishna Srinivas）。1969年以他們四人為首發起創辦世界詩人大會，高舉「通過詩歌促進世界友愛與和平」的旗幟，在菲律賓馬尼拉舉行了第一屆世界詩人大會。

　　1985年，鍾鼎文聘請楊允達為顧問，隨他一起出席在希臘舉行的第八屆世界詩人大會。這次會議在希臘科孚島舉行，由馳名世界的詩人，塞內加爾前總統桑戈爾（Léopold Senghor，1906-2001）為主席。桑戈爾1960年擔任新獨立的塞內加爾的首任總統，1980年辭職。他與法國總統蓬皮杜是同學，並被選為法蘭西學院院士，是第一位非洲黑人院士。他以法文寫詩，揚名世界。據楊允達回憶，桑戈爾在開幕式上曾盛讚中華文化，他認為，中國非但擁有五千年悠久歷史，並且在詩歌語言方面歷經幾千年而不衰，現代的中國人仍然能夠直接閱讀兩千年前古人的詩歌作品。這在世界各國中是絕無僅有的。幾千年來留下的中國詩歌是一筆十分珍貴、十分難得的非物質文化遺產。桑戈爾當時已年近八十，但看上去只有六十左右。楊允達問他有何養生之道，桑戈爾說，他深受中國老子的影響，每天素食打坐，力行清心寡欲而已。

　　從1985年起，楊允達就與世界詩人大會結下了不解之緣，幾乎參加了此後舉行的所有詩人大會。楊允達堅持世界詩人大會「以

詩會友，促進世界和平」的宗旨，用詩歌來傳承友誼，足跡遍及臺灣、韓國、墨西哥、印度、埃及、土耳其、日本、澳大利亞、斯洛伐克、外蒙、匈牙利等，涵蓋五大洲。1994年起擔任世界詩人大會秘書長共十五年，在擔任世界詩人大會秘書長期間，做了大量卓有成效的工作，深受擁戴，成為許多國際著名詩人的良師益友。2008年10月在墨西哥舉行的第二十八屆世界詩人大會上，他以全票當選為世界詩人大會主席暨美國世界藝術文化學院院長。

在楊允達擔任秘書長和主席期間，世界詩人大會獲得進一步發展。起初，詩人大會或一兩年，或三四年不定期召開。從1996年第十六屆世界詩人大會開始，每年舉辦一屆。歷屆世界詩人大會已在二十五個國家舉行，2011年在美國威斯康辛州的基諾沙，2012年在以色列的特拉維夫，2013年移師馬來西亞。世界詩人大會得到聯合國教科文組織的認可，其管理機構為世界藝術文化學院，歷屆與會者總數超過五千人，來自五大洲八十多個國家，在世界詩壇產生相當廣泛的影響。

世界詩人大會在各國舉辦時，都受到當地政府的支持和關注。如在印度清奈（Chennai）舉行第二十七屆世界詩人大會時，印度總統、詩人卡拉姆特地從新德里乘飛機前來出席開幕式。楊允達曾分別將他的兩部詩集《火之翼》、《生命之樹》翻譯成中文出版。

楊允達著有詩集六本（包括《允達詩選》、《一壇酒》），散文集六本（包括《又來的時候》、《衣索比亞風情畫》、《彩虹集》、《巴黎夢華錄》、《巴黎摘星集》），詩評理論兩本，翻譯詩集三本。其中《異鄉人吟》和《三重奏》兩本詩集是用中、英、法三種語言所著，他是一位很少見的能用這三種語文同時創作的詩人，曾獲中國文藝協會頒贈「榮譽文藝獎章」，中國新詩學會頒給「詩教獎」。他的詩已經被翻譯成英、法、日、西班牙、斯洛伐克、希臘、蒙古以及韓國等九種文字出版。韓國、外蒙以及印度等

多個國家授予他優等文藝獎章，肯定他在國際詩壇的成就。

　　2010年12月27日楊允達在法國共和國衛隊榮譽廳內，榮獲法國全球眾利聯盟（La Ligue Universelle du Bien Public）頒贈的金質勛章，肯定他幾十年來出任世界詩人大會秘書長暨主席期間，推動以詩會友促進世界和平的成就。法國全球眾利聯盟創立於1465年，本是勃艮第王朝第四代大公勇者查理所創，該聯盟的金質勳章是全世界現存歷史最悠久的勳章。過去的勛章得主名人中，有美國總統甘迺迪、英國首相邱吉爾、法國慈善家皮耶神父（Abbé Pierre，1912-2007）等。楊允達獲獎也是歐華文友的光榮，是中華文化影響擴大的反映。

郭鳳西／黃志鵬
將門眷村才女　歐華作協會長

初次認識郭鳳西大姐，是在2013年夏天舉行的歐華作協柏林年會上，在會友們的擁戴下，她榮膺歐華作協會長。但真正熟悉郭大姐是在同年秋的世華作協大會和世界詩人大會上，連同兩會間的旅遊，文友們共有近兩週時間天天在一起。記得一次在飯桌上閒聊，我說我是西安人，郭大姐說：「我也是西安出生，名字鳳西就是西安之鳳，還有個姐姐是在蘭州生的，叫鳳蘭，那時父親帶兵在西北駐扎」，這一下子拉近了我們的距離。我說我老家其實是在山西晉西北，郭大姐說，她祖籍也是山西，晉北山陰縣，離大同不遠。你說巧不巧，我們的老家相距還不到兩百公里，都出產小米、蕎麵、山藥蛋，真是異國遇鄉親啊。十幾天下來，我大體瞭解了郭大姐的人生軌跡，真的是不平凡。

見證南京屠殺　捍衛祖國西疆

郭鳳西出生於將軍之家。父親郭岐（1905-1993），是員儒將，留下的著作內容詳實，文筆流暢，是極珍貴的歷史資料。僅憑他的一本書，就容納了足夠的材料，把罪大惡極的日本戰犯送上刑場。

郭岐先世務農開油坊，僅足溫飽，但自幼苦學，飽讀詩書，十幾歲就從北國奔赴南疆，考上黃埔軍校四期，與林彪、徐向前都是同學。2011年郭鳳西在廣州參加文會時，特意參觀了黃埔軍校舊

址。在那裡，從電腦上輸入黃埔四期的字樣，馬上就查到父親的名字，心情格外激動。

　　1937年七七事變，中國開始全面抗戰。8月13日，淞滬會戰打響。驕橫的日軍，本來想用一萬五千人，三天就佔領上海。可是遭到我軍頑強抵抗，逐次增兵到九個師團三十四萬人，用了三個月才佔領上海。中國方面，陸續調集六個集團軍七十餘萬人參戰。在國力、武器遠不如人的情況下，血戰死拼，犧牲達三十萬之眾，而日軍戰死亦在六萬以上。此役粉碎了日本「三個月滅亡中國」的夢想，日軍占領上海後不久開始向西進攻，11月底南京保衛戰開始。當時，郭岐為中央軍官學校教導總隊的輜重營中校營長。那時日軍火力實在是太強了。我軍抵抗力已不及在上海，因為絕大多數守城部隊都是從淞滬戰場鏖戰退下來的，一路得不到喘息的機會，武器彈藥也無從補充。13日南京陷落，郭營犧牲慘重，最後化整為零逃生，郭岐緊急中躲進難民區義大利總領館。當時日軍悍將谷壽夫所率的第六師團攻進南京，燒殺搶掠，無惡不作。根據戰後我國國防部審判戰俘軍事法庭，1947年度審字第一號判決書所載，從12日到21日，我被俘軍民遭日軍用機槍掃射，並焚屍滅跡者達十九萬餘人，此外零星屠殺、其屍體經慈善機構收埋者十五萬具。南京城裡城外，被害總數達三十萬人以上。這就是震驚世界的南京大屠殺。

　　郭岐匿身期間，每天聽到死裡逃生者聲淚俱下的泣訴。三個月後他逃出南京，輾轉回到大後方。他將見聞點點滴滴，彙集成文，寫下《陷都血淚錄》（臺灣出版定名《南京大屠殺》），於1938年8月連載於西安的《西京平報》。原件現存中國第二歷史檔案館。

　　抗戰勝利後，1947年3月25日，郭岐將軍應審判戰犯軍事法庭的傳訊，到達法庭所在的南京勵志社。檢察官宣讀谷壽夫的滔天罪狀。那厚厚一本多達五萬餘字的罪狀就是郭岐提供的。這部血淚交

織，讀來令人目裂髮指的真實記錄，就是郭岐困居南京三月對日軍奸淫屠戮暴行的紀實。

在法庭上，郭岐將軍站起身來，橫眉冷對日本戰犯谷壽夫中將（1882-1947），憤怒控訴了日軍罄竹難書的血腥罪行。他有力地駁斥了谷壽夫無賴的謬論。質問，「你是否下過命令，解放軍紀三天？」兩名法警還將中華門外萬人坑內被害者的顱骨用麻袋搬進法庭，這些頭顱底部的刀痕清楚表明，全是被大刀殘忍地砍下的。谷壽夫瞠目結舌，無辭以對，唯有俯首認罪，被軍事法庭判處死刑。4月26日，惡貫滿盈的谷壽夫被押解到雨花臺刑場，執行槍決。南京市萬人空巷，前往現場，刑場上歡聲雷動，拊掌稱快。

郭鳳西大姐告訴我，當時，他父親前往法庭作證是冒著生命風險去的，據說有人以打黑槍威脅。當時還發生過劫獄未遂事件。但郭岐將軍還是不畏風險，前去作證，把谷壽夫送上斷頭臺，為南京被害軍民報了仇。如今南京水西門大街建起了侵華日軍南京大屠殺遇難同胞紀念館，這裡曾是日軍集體屠殺遺址和遇難同胞叢葬地。1985年落成開放，以後又兩次擴建，新館於2007年12月13日南京大屠殺七十週年之際建成開放。郭岐將軍的血淚記錄成為該館的重要史料來源之一。

抗戰即將結束時，郭岐將軍再一次為保衛祖國而戰，這次是在新疆，面對蘇俄支持的叛軍。後來他把與敵軍激戰的史實，寫成《碧血黃沙戰新疆》一書。此書對於研究新疆的現代史，具有第一手史料的重要價值。

沙俄乃至蘇俄，一直有吞並我國新疆的野心。1944年11月7日，蘇駐伊寧領館給當地野心分子發槍。他們發動暴動，舉起反漢族的旗幟，建立東土耳其斯坦國。我方派兵增援，蘇軍乾脆改裝介入。伊犁漢族軍民在堅守八十五天後，全部犧牲。情況萬分危急。1945年元月，郭岐被從甘肅涼州調來，臨危受命，擔任國軍四十五師少

將師長，駐守伊犁地區精河前線。當時面對蘇俄支持的叛軍，固守陣地達半年之久，未使敵騎越雷池一步。敵軍攻勢受阻，乃繞道先進襲塔城，繼而進攻烏蘇。烏蘇是軍部所在地，正是四十五師大後方。當烏蘇吃緊時，9月7日四十五師奉命放棄精河東援烏蘇。經四晝夜血戰，抵烏蘇城西四十里處。結果敵騎先至，烏蘇早在7日已陷敵手。四十五師應援未果，全師被困於無垠的戈壁灘上。在彈盡糧絕、嚴重缺水的情況下，除一團騎兵突圍，大部分渴死於沙漠中，小部作了敵俘。郭將軍九天九夜，循著電線桿的方向突圍，亦幾乎渴死於黃沙戈壁中。就在魂歸鬼門關時，竟被人救活，幾十天後才回來。當時上級以為他已經犧牲，已把他的牌位置入忠烈祠，並給他家裡發放撫恤金。

往事不堪回首，郭岐將軍經常向家人講起當年為國家出生入死的經歷，其愛國情操深深地感染著郭鳳西和所有親友。

從眷村到比利時

1949年，郭鳳西隨父母姊妹遷來臺灣。全家住在臺北一個名叫「明德新村」的眷村。眷村就是百萬撤臺國軍及家屬的臨時住地，數以千計，分布在臺灣各縣市。眷村少數房屋是日式舊房，大部分是五〇年代興建的，條件比較簡陋。臺灣很多知名人士，都是在眷村長大成才的，如李安、侯孝賢、林青霞、鄧麗君、龍應台、蔣孝嚴、胡志強。

郭鳳西也是在眷村成長的佼佼者。當時，郭岐將軍是明德新村軍階最高的長官，進大門一號就是郭家。儘管如此，家中生活條件並不富裕，但卻溫馨開明。郭鳳西從小就知道勤儉吃苦。在臺北名校第一女中初中畢業後，進入臺北商校（今臺北商專）讀高中。最終考進文化大學商學系，學習企業管理。

文化大學全名中國文化大學。它坐落在臺北陽明山一帶的山崗之上，雲山環抱，居高臨下，因而享有臺灣最「高」學府的美譽。不過郭鳳西入校時，並沒有太多的時間玩樂，她必須半工半讀，一邊當店員打工，一邊完成學業。就在文化大學，她認識了未來的丈夫黃志鵬。他在家排行第三，所以有時用「黃三」作筆名。

黃志鵬（1931-2008），山東寧陽人。曾高祖黃恩彤（1801-1883）鴉片戰爭時曾參與簽訂「南京條約」，此後任廣東巡撫交涉收回英軍強占的舟山群島。他目睹國家積弱，四十多歲就對宦途心灰意冷，而告老還鄉。黃志鵬十四歲入伍當兵，二十歲退役就學。在臺灣大學法律系讀書時，認識了郭岐將軍。那時郭將軍已轉任臺大軍訓總教官兼副訓導長，與黃志鵬有師生之誼，其儒將風範，深得學生敬重。畢業後黃志鵬來到文化大學當講師。說來也真是緣分，郭將軍的女兒竟成了他的學生。黃志鵬風度翩翩，學識淵博，兩人很快就沉浸入師生戀，並得到郭老將軍的祝福。

1966年，黃志鵬榮獲獎學金，負笈比利時，來到魯汶大學深造。魯汶（Leuven/Louvain）在布魯塞爾東邊二十五公里，人口八萬，是比利時著名的大學城。坐落在中心廣場的市政廳，玲瓏剔透，已有五百多年歷史。三層樓廈，每層都有十扇尖頂拱形窗，六座八角形角樓，是哥特式建築的傑作。正面滿是放置名人雕像的壁龕，與描述聖經故事的浮雕。魯汶大學幾乎占了半個城區，校舍古色古香，環境十分幽雅。該校歷史可以追溯到六個世紀以前，1425年由羅馬教廷批准創立，為荷比盧低地國家最古老的學府。魯汶大學在世界名校排行榜中一直穩居前百名之列，在比利時學術界擁有絕對的權威。比利時國王繼承人必須要在魯汶大學畢業才行。黃志鵬來到這裡深造，真是如魚得水。他攻讀國際公法，獲碩士學位，擔任過國際法中心研究員。

1968年，郭鳳西剛剛在文化大學畢業，就飛往比利時學法語。

不久即與黃志鵬成家，次年就有了大女兒。幾年後，小女兒又出生。郭鳳西相夫教子，操持家務，打理生意，非常忙碌。為了生計，黃志鵬夫婦在比利時首都布魯塞爾，胼手胝足辦起餐館，幹了十多年。1980年他們創立黃氏汽車貿易公司，並在珠海創辦外貿企業「新晶模具工廠」。最後又開過幾年珠寶店。郭鳳西還取得了「珠寶師」的證書。由於郭鳳西是商學科班出身，事業相當成功，2000年前後他們退休。生活安排有序，過上舒適安逸的日子，有更多的時間從事自己喜愛的運動和旅行。

郭鳳西非常孝順父母。早在1970年，他的父母也來到比利時定居。郭岐老將軍擔任過一段時間的太極拳教練。他住不慣臺灣只分旱季雨季的濕熱氣候，非常喜歡比利時四季分明，與山西類似。他在比利時住了二十多年，直到1993年去世。當時他另住一套房子，就在郭鳳西家附近，天天到女兒家中吃飯。郭鳳西不時給他做山西刀削麵、小米粥、蕎麵等家鄉飯。三代同堂，家庭溫暖可愛，共享天倫之樂。

郭鳳西的家堪稱模範家庭。女兒們也很爭氣。大女兒生在比利時，十七歲高中畢業後，就到臺灣學中文，不久作為優秀僑生進入臺大求學，起先選修外文系，一年後，改啃難度很大的政治系。她每月有優僑生助學金，又教法文貼補，沒有向父母伸手要一分錢，就拿下了學業。畢業後因兼通中英法三種語言，考進世界金融業中頂尖的公司任職，夫君在聯合國糧食組織工作。小女兒與丈夫以及公婆四人都是建築師，堪稱建築世家。在自家飯桌上就能開建築專業討論會。

歐華作協元老

受父親愛書讀書的影響，郭鳳西從小就是「書蟲」。一本在手，外面的聲音，周圍環境的變化都干擾不到她，有人叫也聽不

到。她母親會說：「我們二小姐在看書，耳朵休假」。她讀了數不清的書，但從來沒有想到提筆寫篇文章，覺得那是專家學者做的事。

文學之路始於國外，郭鳳西回憶說：「六〇年代我初到比利時，幾個月後就結束小姐身分。結婚，生女兒，一方面常想家；另一方面一切都覺得新奇；人生的大轉變在短短一年中發生，對一個從沒離開父母身邊的我，的確是較難適應。幸而先生很瞭解我的感覺，幫助我走出心理障礙，寫作也是疏解的好辦法。寫些身邊小事也滿容易。所以寫作比較勤。再就是受到我先生的鼓勵，常把隨手寫的東西加以整理，寄給國內的報刊。文章登出來很有成就感，越發寫得起勁。寫作在這個時期是一個封閉式的天地。自己想、自己寫，最多和他商量一下。文章的發表固然是很大的鼓勵，但寫的工作卻很隨興，並沒有計畫及特殊訓練可言。而看書，尤其是小說才是我的最愛。」

封閉的情況直到九〇年代才發生了根本的改變。倡議成立歐華作協的趙淑俠等人，已經注意到比利時文采飛揚的郭鳳西，幾經輾轉，終於聯繫上了。就這樣，1991年3月郭鳳西參加了在巴黎舉行的歐華作協成立大會，成為創會會員。大家一見如故，交流寫作和生活經驗，從封閉的天地到開放的歡會，郭鳳西走進了另一個歷程。她說這是條五彩繽紛，充滿快樂的路。

郭鳳西早期作品除送往中央日報發表外，還經常向《西德僑報》（德國統一後改名《德國僑報》）投稿。1998年，郭鳳西集結了多年發表過的作品，推出她的第一本文集《旅比書簡》。這本書的出版得到了文友們和作協後盾符兆祥（世華作協創始人、秘書長）的支持，列為《世界華文作家叢書第五冊》。興之所至，再接再厲，她又出版了《歐洲剪影》、《黃金時代的震撼歲月》等書。還寫了《牽手天下行》，是她和夫君合著的。郭鳳西的文章以散文、遊記、雜文、名人傳記為主。總計出版過六本書。歐華作協創

會會長趙淑俠大姐評論說：郭鳳西精於創作小品，文筆輕鬆自如，敘事如行雲流水。

從2001年起，郭鳳西就擔任歐華作協秘書長，長達十二年之久。她作為協會大管家，與副秘書長麥勝梅（勝梅背後還有默默奉獻的許家結）一起，任勞任怨，協助歷任會長處理了大量會務，每次聚會、開會，從報名、安排住宿、活動、收費，甚至小到胸牌、會標一應事務都是他們幾個操心。如今，郭鳳西更上層樓，被推舉為歐華作協會長。

再說說黃志鵬。他在臺灣求學時，就曾用投稿來改善伙食，寫東西經驗豐富。在比利時他最初只是鼓勵郭鳳西寫作，自己主要寫法學文章。但在郭鳳西的影響下，黃志鵬也開始寫書，先後共出版了《汶南黃氏淵源》、《落葉不歸路》等四本書。2004年他加入歐華作協，參加過兩次雙年會，2008年因病去世。

郭鳳西認為，歐洲的文化很細緻、很深遠，有幸生活在其中，應該多寫些身邊事物，不必是大塊文章，通俗的小品也有一定的價值。她每次回臺，和符兆祥餐敘。總聽到他拉開大嗓門說：別總寫些先生、女兒、父母、朋友嘛，讀者看得煩都煩死了，比利時又不是中國，多的事情可以為的，隨便寫些民情風俗不同的地方，也讓讀者清新一下耳目。

這次郭鳳西出手了，她寫文章介紹一個人，一鳴驚人，不僅引起臺灣的轟動，而且傳到大陸和整個華人世界。

最先報導錢秀玲

郭鳳西所寫的文章題為《錢姑媽白蘭芝夫人》。1997年底在《中央日報》發表。沒有預料到該文得了《中央日報》海外文學創作獎，獲得最高的獎金。文友們的賀電紛至沓來。為什麼這篇文章

得到如此巨大的反響呢？原因在於，錢姑媽是「中國的辛德勒」。

辛德勒（1908-1974）是個德國工廠主，二戰中救了很多猶太人，人道主義的善行廣受世界讚揚。錢姑媽也是這樣一個人，她在二戰期間曾救助過幾十名反德戰士。

錢姑媽老一輩華僑都叫她錢小姐，郭鳳西這一代留學生叫她錢姑媽。她本名錢秀玲，1913年出生於江蘇宜興的鄉紳家庭。錢秀玲就讀於蘇州中學，學業一流，有志作中國的居里夫人。1929年她十六歲就隨哥哥一起來到比利時。次年進入魯汶大學化學系，1935年二十二歲就獲得化學博士學位，同年與西方青年白蘭芝醫生結婚。婚後跟丈夫到阿登山區的艾伯蒙（Herbeumont，又譯埃爾伯蒙）行醫。他們在小鎮治病救人，生兒育女，全家成為這一帶最受歡迎的人家。

第二次世界大戰爆發後，德軍於1940年入侵比利時。當地的愛國者們組織地下活動，反抗法西斯。1943年的一天，艾伯蒙全鎮震驚，鎮上一個愛國青年羅杰，被德軍抓去判了死刑。全城的人為他奔走呼號。誰有辦法救他一命？

此時，德國駐比利時的總督為法肯豪森上將（Alexander von Falkenhausen，1878-1966）。他是一個有學養、有品質的職業軍人。1934年到1938年6月做蔣委員長的軍事顧問，整編和訓練部隊，實際上參與了抗日戰爭前期最重大的戰略決策和軍事行動。由於日本的壓力，他被調回德國，派到比利時。當年錢秀玲的堂兄錢卓倫將軍任職國防部，曾經是法肯豪森的工作夥伴。德意日結盟，法肯豪森調回德國時，錢秀玲曾寫信問堂兄：法肯豪森會不會洩露中國的軍事機密？堂兄回信，法肯豪森將軍重信義，決不會出賣中國。

基於這種關係，錢秀玲求見法肯豪森，得到了接待。法肯豪森親切地詢問了她的個人情況，答應向柏林求情。幾天後，羅杰釋放了，全鎮歡喜若狂，錢秀玲成了比國人民的救難英雄。消息不脛而

走，全國各地遇難人的家屬紛紛來請求援手。錢秀玲又多次求見總督，解救了很多人。

1944年盟軍諾曼地（Normandie）登陸，6月7日比利時地下組織在艾高森（Ècaussinnes，又譯艾克辛）鎮謀殺了三個德國軍官。德軍報復，要處決十五位鎮民。這時，法肯豪森已失去柏林的信任，錢秀玲還是硬著頭皮去找他。法肯豪森情緒沮喪，說自己即將被撤職，但他會運用最後的職權來搭救這些人。果然十五人都活著回來。如今該鎮有一條街就用她的名字：白蘭芝錢夫人大街（Rue Madame Perlinghitsien），感念錢秀玲的功績。二戰中，錢秀玲總共救援生還二十五人，憑一弱女子之力，其好心和勇氣實在令人敬佩。戰後比政府頒發給錢秀玲比利時國家感謝勛章（Médaille de la Reconnaissance Nationale），她是華人中，獲此勳章者唯一的一位。

戲劇性的一幕是，現在又輪到錢秀玲來救法肯豪森。他調走後受到蓋世太保監禁。1948年被引渡到比利時接受戰犯審判。這時錢秀玲又挺身而出，為法肯豪森的善行作證。使得他提前獲釋。法肯豪森晚年擔任過德中文化協會會長。

郭鳳西與錢姑媽相熟，被她的事跡深深感動，除了多次採訪本人外，她還走訪相關的大學機構和皇家圖書館，複印了大量資料，甚至還到小鎮去尋找那條錢夫人大街。她先後用了一個多月時間，在掌握詳實資料的基礎上，寫出了這篇情深義重的介紹文章，了結了多年的心願。這篇文章只有九頁篇幅，但它的分量卻超過一本厚書。我查了資料，郭鳳西的文章是關於錢秀玲事蹟最早的中文報導。直到1999年大陸新華社才介紹了錢秀玲的事跡。次年就有編劇來到比利時採訪，據此創作的十六集電視劇《蓋世太保槍口下的中國女人》，由許晴主演，2002年公演，從此錢秀玲的名字在中國家喻戶曉。2008年，錢秀玲去世，享年九十五歲。追根尋源，人們不會忘記郭鳳西發掘報導錢秀玲事蹟的功勞。

中山學校校長

郭鳳西向來謙虛低調，她說：「我雖然寫了幾本書，但從不以『作家』自居，寫東西是打發時間，舒展心情情緒的事。也從沒有以寫作做生活目標、自我標榜。因這樣自由自在，不受限制才能一直保持，油畫、唱歌、跳舞、廚藝，可能花的時間比寫作多。」郭鳳西就是這樣性情開朗，興趣廣泛，愛交朋友，參加社會活動。她長年擔任比京長青會會長和比利時華僑協會副會長。

從2009年起，郭鳳西擔任比利時中山學校校長。這所學校創建於1965年，是比利時最早的華校，如今已有近五十年歷史。郭鳳西在治校和教學方面積累了大量經驗。剛剛卸任不久，她就在世華作協代表大會上，做了《淺談海外中文教育》報告，談了她自己當校長，對於中文教育的經驗和體會，引起與會代表的極大興趣。

郭鳳西作品《歐洲剪影》封底有一段話很精彩，用來作為本文的結語：「鳳西從一個不知人間疾苦、天高地厚的眷村快樂女孩，到獨當一面敢於爭論的退休女人，銀髮外婆族，這是多長的一段生命路程。交了許多中外朋友，看了不少中外好書、足跡踏遍幾大洲、寫過不少文章自娛、辦過一些僑社活動、有一個包容愛護的老公、一雙懂事省心的女兒、四個美麗乖巧的外孫女。最重要的保持著一顆純真的『童心』：多麼幸運的郭鳳西啊！」

麥勝梅／許家結
越南來的德華作家

　　2013年10月的一天，我們歐華作協和美華的十幾位文友，在馬來西亞參加世界詩人大會前夕，抽空到美麗的金馬倫高原旅遊。金馬倫高原是該國著名的山林度假地，山高霧濃，各式別墅、農舍點綴其間，享有「雲中花園」的稱譽。我們遊覽了玫瑰山谷，遊逛了小市場，觀賞了仙人掌花園後，就在相鄰的小咖啡店裡小憩。這時同行的許家結變戲法似地拿出兩盒蛋糕，大家圍著桌子坐下，舉行了一個溫馨的派對。今天恰逢他的愛妻、歐華作協秘書長麥勝梅的生日，真是無巧不成書。在遙遠的馬來西亞她與文友們一起過了一個別開生面的生日派對。大夥分別用英、法、德、西班牙語，中文國語和臺語、客家、上海、四川等方言唱生日歌，祝麥勝梅生日快樂。像這樣用八九種語言、方言慶生日，恐怕是人們一生都難以遇到的喜慶。

　　歐華作協老會長，來自瑞士的朱文輝大哥即興為麥勝梅賦詩一首：

> 麥田飄香剛剛隱逝
> 新的嬗遞便告登場
> 勝過一季的火紅
> 梅瓣
> 讓橫於她眼前的凜寒
> 嘆出三聲無奈
> 冰肌雪骨
> 撐起皎潔的衣裝
> 雅致

> 一步步
> 在人生的伸展臺上
> 淡定留下身影

從越南到德國

　　詩中說她「在人生的伸展臺上，淡定留下身影」，麥勝梅就是這樣，無論遇到什麼驚濤駭浪都能從容淡定，一路走來，扎扎實實，成為歐華文壇頗有成就的女作家。不熟悉她的人，只看文章，肯定不會想到，文筆這樣好的麥勝梅竟是在越南出生長大的。

　　麥勝梅有著不尋常的人生。她祖籍廣東，家族是書香門第。伯祖父曾是清末的秀才。正准備考鄉試（省級考試），希望通過鄉試成為舉人。偏偏一件桃色新聞毀掉了他的一生。有人誣賴他與一寡婦有染，士可殺，不可辱，深受舊時禮教束縛的秀才竟然投水自盡，以表清白。此事鬧得沸沸揚揚。無奈，她的祖父選擇了出走他鄉，移民越南的道路。

　　就這樣麥勝梅出生於越南堤岸（屬於西貢，今胡志明市），為第三代華裔。當時家中已有三個女兒，尚缺男孩，但當祖父知道他又多了一個孫女時，仍然十分高興，給她取了一個名字叫勝梅，意思是要比梅花更嬌艷，更堅強。勝梅的人生的確沒有辜負爺爺的期望。由於書香家庭的薰陶，她在越南的語言環境下卻心系中華，選擇華校讀書，打下了中文的根底。1969年麥勝梅負笈臺灣，在臺北師範大學就讀，刻苦求學，四年拿下教育學學位。也正是在臺灣，麥勝梅才全面地接觸了中華文化。在1973年她追隨先期到達的夫婿來到德國，又在阿亨攻讀社會學，儘管不久有了孩子，但仍然堅持學習，直到碩士畢業。

當時越戰硝煙正濃。中國大陸人民勒緊褲帶，過著艱苦日子，卻傾全國之力支持越南進行反美戰爭，據報導援越費用超過兩百億美元，這是一筆天文數字。換來的卻是白眼狼般的報復。1975年，北越軍隊打進西貢，吞並南越，馬上與中國翻臉為仇。直接遭殃的就是在越南的華僑華裔。麥勝梅的父親，被迫把自己經營幾十年的粉筆廠上交，被越共「共產」。本以為交了工廠，安分守己在廠做個小職員總可以了吧。誰想到越共政權不僅要工廠，還把他們全家送到「新經濟區」去遭罪。所謂新經濟區就是杳無人煙的荒林野嶺，要這些從未幹過農活的人去開發。每天十幾個鐘頭下來，累得骨頭都散架了。吃的又有限，真是生不如死。當時越南數以百萬計的人們（大部分是華人）拋棄家產，投向怒海，冒險乘小船逃走。不少人死在海上，或遭海盜搶掠。僥幸活下來的，逃到鄰國的難民營，等待聯合國分配往世界各國定居，其中分到德國的就有三萬餘人。那個時期麥勝梅心急如焚，每天都關注著越南的消息，忙著申請家庭團聚，好不容易才把父母姊妹共八人從水深火熱之中解救出來，接到德國。麥勝梅不但關心自己的家庭，也關懷著遭受同樣命運的同胞。她在擔任德國聯邦政府翻譯員的時候，不辭辛苦，奔波各地，運用嫻熟的德文、中文和越文知識。不知幫助了多少來自越南的難民。

　　麥勝梅與夫君許家結青梅竹馬，伉儷情深。他們都是越南華人，早在西貢上中學，兩人就在一起讀書。許家結的家境也不錯。他的父親從事眼鏡貿易，不僅事業有成，而且極具政治敏感性。早在1965年看到大批美軍來到南越，他就預感惡戰在即，於是全家移民香港，躲過一場戰亂。許家結和麥勝梅一直保持聯繫，1970年也和麥勝梅一樣，來到臺灣留學。他讀的是醫科。眼看畢業在望，這時發生了驚天變化。中國加入聯合國，尼克森訪問北京。他父親以為大陸軍隊馬上就要攻打臺灣，火速去信要求兒子離臺轉赴德國讀

書。就這樣他1972年來到著名的阿亨技術大學，攻讀物理學。1977年獲得碩士學位。

許家結畢業後，最初留校作助教。1985年，許家結來到韋茨拉爾工作。韋茨拉爾距法蘭克福五六十公里，以光學工業聞名世界。他正是在此地的光學企業卡爾蔡司公司擔任高級工程師，從事望遠鏡研發。全家就在韋茨拉爾安居下來。

許家結是光學專家，主要精力放在工作上，儘管中文造詣頗深，但很少寫作。麥勝梅就鼓勵他動筆。他的第一篇文章《漢諾威的音樂會》（2005年）就出手不凡，以後也走上業餘寫作之路，成為歐華作協會員。這次他們一道來馬來西亞開會。旅途中許家結備下生日蛋糕，給勝梅帶來驚喜，也算得上旅途中的一段浪漫花絮。

寫作之路

麥勝梅早年生活在越南，這樣的中文背景，在起跑線上就慢了一步，很難讓人相信她能成為一位華文作家。但她經過不懈努力，終於成功，光憑這一點就令人刮目相看。

麥勝梅酷愛文學，七〇年代來到德國讀書時，還是一個沒有網路的時代，便大量閱讀，中文書報成為她的精神食糧。她回憶說，就在那時候開始「塗鴉」，閱讀和寫作使她浮躁的心沉澱下來。寫出文字就試著去投稿。1977年就有文章在《西德僑報》刊登。接連不斷有散文、報導見報，使她逐漸在歐洲文壇小有名氣。那時只是她個人摸索的階段，她謙虛地說，純粹是一種盲人摸象的方式，摸到那塊就寫那塊，一路跌跌撞撞地走。

她多麼渴望能有一些志同道合的文友，相互切磋，互相鼓勵。這樣的機會終於盼來了。繼八〇年代著名作家符兆祥推動成立亞洲華文作家協會之後。歐華文壇也開始醞釀成立文學組織，在著名女

作家趙淑俠、呂大明等人不遺餘力推動下，1991年3月，歐華作協在巴黎成立，麥勝梅親臨這一文壇盛典，成為創會會員之一。一群文學愛好者在「以文會友」的號召力下聚集在一起談文論藝，成為麥勝梅文學生涯的一個轉捩點。在以後的日子裡，寫作變成了她生活中的重要課題。

麥勝梅說：「寫作在我來說是一種個人透過生活體驗、閱讀認知和不斷地追尋人生意義的感情表現。在書寫世界裡，儘管關在斗室中，很多時候卻有海闊天空的感覺，因為周遭有用不盡的題材。」

不斷地寫作，不斷地積累。1999年麥勝梅把文章結集出版了《千山萬水話德國》。這本書中不僅有遊記，還有她的家庭生活，她寫的名人小傳，內容十分豐富。該書被納入世界華文作家書叢，為第八本，受到廣大讀者群和海外文學研究者的重視。此書出版後麥勝梅依然筆耕不輟，辛勤寫作，近些年來，歐華協會出版的六七本書中，本本都有她的文章，有的書裡，甚至收有好幾篇。她的遊記《從希臘神話說起》則在香港的《文綜》季刊發表。散文《閔傷》被選入《芳草淒淒——世界華文女作家選集》（花城出版社）。去年，徐徐組織文友們編寫《小鎮德國》一書。麥勝梅寫了《一場舉世聞名的愛情》，介紹歌德名著《少年維特之煩惱》的原汁原味場景地，為該書增色不少。

麥勝梅不僅散文遊記出色（曾獲飛揚徵文佳作獎），還寫微型小說，也喜歡做詩。她的五首詩被選登在中國大陸的唯一大型原創性漢語詩刊《詩歌月刊》（2012年10月刊）上。這次在世界詩人大會上麥勝梅還登臺朗誦了自己的新作《寒舍樓月》。

麥勝梅不僅是作家，而且曾擔任成人教育中文講師，並且是卓有成就的歌德研究者。她家所在的韋茨拉爾，歷史悠久。1772年年輕的歌德來這裡實習法律，熱戀上當地姑娘夏綠蒂·布甫，終因

婚事不成而痛苦。不久以後，他將這次戀愛賦予深刻的社會內容在書信體小說《少年維特的煩惱》中作了妙筆生花的文學加工。書中溫柔少女綠蒂的原型就是夏綠蒂・布甫。她的誕生地綠蒂之家（Lottehaus）已辟為博物館。麥勝梅曾多年擔任該博物館講解員。近水樓臺，使她獲得不少資料。2012年在荷蘭舉行的中西文化文學國際交流研討會上麥勝梅發表了《德國文學的中國情》，深入探討歌德作品中的中國文化影響，引起了與會者的極大興趣。

甘為文友做「嫁衣裳」

　　麥勝梅文靜平和，質樸誠懇，說話辦事有條有理，不光能靜下來寫作，而且也熱心公益，具有卓越的組織能力。籌辦海外華文女作家協會會議就是一例。海外華文女作家協會由美華女作家陳若曦和於梨華等發起籌備，1989年成立，麥勝梅也是會員。2004年在德國巴鴻堡（Bad Homburg）舉行第八屆雙年會。當時趙淑俠擔任會長，但她已移居美國，一切具體會務全靠秘書長麥勝梅一手操持，把上百人的大會辦得井井有條。

　　自從歐華作協成立以來，麥勝梅一直積極參與各項活動。在歐協大家庭的培養鼓勵下，麥勝梅做起編輯工作。2002年她和漢堡作家王雙秀合編了《文學遊》，2004年主編《歐洲華文作家文選》，2008年與前聯合文學雜誌總編輯丘彥明合編《在歐洲天空下》，2010年再次與王雙秀聯手合編《歐洲不再是傳說》。還參與編輯了《迤邐文林二十年》。

　　為了編輯好這些書籍，保證品質。麥勝梅花費了很多心血和時間。她把本來可以用於創作的寶貴時間用來組稿、校對、甚至還要替不會用電腦的文友們打文稿。但她毫無怨言，甘心為協會、為文友們做「嫁衣裳」。當看到一本本書付印，成書，拿在手中，聞著

書香，她感到無比的欣慰。

　　最後也祝她的文學成就更上層樓，告訴大家一個小秘密，麥勝梅正在著手編寫整理，準備出第二本個人專集呢！

王雙秀
寫作編書辦文會

雖然同住在漢堡，但原來我與王雙秀並不熟悉。直到2012年一次偶然的機會，才讓我瞭解到她的學識和熱情。那年5月，海外華文女作家協會前會長，美華著名幽默作家吳玲瑤，透過王雙秀的推介來漢堡中華會館演講。她妙語如珠，讓聽眾笑翻了天，演講非常成功。吳玲瑤是我在前一週荷蘭文會上剛剛認識的文友，於是我和王雙秀都自告奮勇陪同吳玲瑤遊覽漢堡。第二天我們三人先到王雙秀家做客，然後步行到市政廳、老港區。一路上，經過的大小景點，甚至古老民居，王雙秀都講得頭頭是道，如數家珍，哥特式、古典式、乃至Jugendstil（即新藝術風格），廣博的知識讓人驚嘆。後來才知道她是研究藝術史的科班，歐華作協的創會會員，辦過漢堡年會，出過《漢堡散記》，還編輯過好幾本書呢！

從眷村到大學

王雙秀祖籍河北省博野縣。祖父開木材行，家道尚可，曾負責建造當地天主堂。父親抗戰期間參加空軍，擔任機械師。母親是四川人，為大家閨秀。外祖父出身於清末縣官之家，在成都經營綢緞莊，織造的蜀錦早年曾遠銷日本。

1949年大陸劇變。其父母隨空軍遷往臺灣。王雙秀笑著說，她是在媽媽肚子裡飛過臺灣海峽的。就這樣，不久後王雙秀出生於臺中。全家後來又隨軍遷往臺南。

王雙秀的童年在眷村度過。眷村是那一時期安置撤臺軍民的居住區，條件簡陋。出身於木材行家庭的父親因陋就簡，自己打造些傢俱，盡可能把新居布置好一些，日子過得簡樸而溫馨。眷村住戶來自大陸各地。她還記得對過的一位老媽媽，是北京人，常常傍晚坐在門前小凳上洗衣服，王雙秀也搬張小凳坐在她身旁，聽她用軟軟的北京話講故事，講天上的星星，講王母娘娘，聽了不少中國的民間傳說。在學校裡她迷上了看小說，早期翻譯的世界名著看得多，如《飄》以及《戰爭與和平》，以及臺灣的散文大家作品。她記得最清的是《羅蘭小語》。女作家羅蘭（1919年生）的這些小品、散文，文字雋秀，富有思想的火花，那時是女孩子們的最愛。

王雙秀的父親從軍中退役後，到一家天主教堂作總務。這樣王雙秀也有機會較早地接觸西方宗教和文化。母親由於蜀錦家世背景，對於織料的豐富認識，成為早期臺灣毛線（那時的毛線稱為開思米龍，化纖原料）產品的出口設計師。王雙秀在學校是個好學生。一路走來，一帆風順，考上了中國文化大學德文系。

中國文化大學位於臺北陽明山華崗，前望觀音淡水日落，後有七星高岩，一邊為紗帽山，一邊為通往臺北市區的重疊房宇與道路。中國宮廷式華美校舍在華崗平臺上高高低低地隨山勢而矗立其中。在有霧的清晨與黃昏，由山腰處裊裊升起的烟塵，就像是來自於桃花源之鄉，總讓人有今夕何夕的迷惘。琵琶、笛子、鋼琴聲，昆曲遊園驚夢、西洋歌劇費加洛婚禮的練唱聲，在華崗交匯出它獨特的人文氣氛。就連校歌也突出中華文化：「華崗講學，承中原之道統，……振衣千仞崗，濯足萬里流。」王雙秀在校承受於師長的正是這種渾厚的文化道統氣息。

四年畢業後，成績優秀的王雙秀留下來擔任德文系助教。工作三年，其間也在翻譯社做些翻譯。說來也是緣分，求學時，歐華作

協老會長朱文輝是高她一級的學長，那時候就認識。而她當助教時的德文系主任俞叔平教授，則是俞力工老會長的父親。

就這樣在華崗當學生助教前後共七年，王雙秀是帶著記憶中滿眼的「觀音落日，紗帽煙塵，華崗風雨，以及深重的中國文化氣息」下山的，這也是她以後的海外生活的最大精神依恃。

求學寫作在德國

那個時期，出國留學是風潮，於是1977年王雙秀飛到德國，進入漢堡大學西洋藝術史專業研習到博士班。初到漢堡的五年，系統地鑽研了幾千年來西方藝術發展的歷史，寫了不少研究心得，夯實了對西方藝術和文化的掌握。還涉獵哲學和美學，並在人文科學的學術研究方法上下了功夫，後來寫下《科技文明時代的文藝研究觀》和《科學方法與藝術品研究》等具有真知灼見，為有志科研者引路的好文章。

在漢堡大學王雙秀認識了人生的另一半，學富五車的教育系圖書館長施亞蘭。他們後來喜結連理，育有一個可愛聰慧的女兒。寫作動機最大的推手是與先生之間的文化異同的感應而興發。

那時的王雙秀是個大忙人，她有自己獨當一面的商業：從事過進出口貿易，歐式觀光旅遊精品店，後來擔任過顧問諮詢的專案工作，協助推動臺灣風力發電產業，還觸及奈米科技，數位遊戲等。曾連任德北臺商會會長。1997年還擔任德國華人工商婦女協會會長，協助編輯了《企源》雜誌。2001年協助推動德國中文學校聯合會在漢堡成立。王雙秀對僑社活動亦不後人。積極參加漢堡婦女會合唱團，多次出演，還隨團到德累斯頓等地，甚至到丹麥、荷蘭等鄰國演出。

儘管如此，王雙秀還是抽出時間寫作，以編織文字為趣。她醉

心於文學和哲學，讀書、工作之餘都不忘創作。來德不久就投稿。如1980年7月，王雙秀（筆名施仙）在《西德僑報》上發表的《西柏林清涼藝展記》就是膾炙人口的一篇。從那時起，王雙秀就是《西德僑報》及後來的《德國僑報》的主力筆桿之一。經常可以讀到署名「施仙」的王雙秀作品。不少文章更飛出德國，發表在《中央日報》、《中華日報》、《臺灣新生報》以及《歐洲日報》上，不僅有散文，還有雜文與學術評論文章。王雙秀的文章很富思想性、哲學意味濃，文學語言也時尚，很受讀者歡迎。她還熱心報導跨文學會社的活動，漢堡僑社的藝文活動，德國地方的中華文化活動展演等等各項活動，為中西文化交流出力。

　　一次作家接待活動進一步堅定了王雙秀為文學獻身的信念。1983年9月她有幸接待了來漢堡開會的臺北文壇和學界的知名人物，擔任翻譯，亦驚、亦喜、亦好奇地與他們相處了幾日，近距離接觸，受益匪淺。當時林海音（1918-2001）、符兆祥（1939年生）、王洪鈞（1922-2004，新聞學專家）、司馬中原（1933生）等六位作家和學者參加「歐洲著作權人協會」的大會，這幾位可都是臺灣乃至整個華文界頂尖級的文壇高手！如司馬中原出版了以小說為主的作品五十餘種，共數千萬字。他與余光中和趙淑俠同獲2008年世界華文作家協會終身成就獎，這可是少有的榮光。再說林海音，不僅在臺灣婦孺皆知，即使是在大陸，八〇年代有誰沒有看過電影《城南舊事》，那就是根據她的作品改編的啊！短短幾天，她就和王雙秀結下了深厚的友誼。她回臺後在《打個岔》一文中寫道：「……為我們翻譯的王雙秀，她是默默寫作的我國年輕留學生作家。……雙秀和她的德國夫婿施亞蘭在這兩天裡和我們相處非常融洽愉快，也幫了我們不少忙。雙秀為文輕鬆幽默，又因為讀哲學，所以對事物的看法也另有其觀點。……以及其他種種中德文化精神上的差異，她都舉例娓娓道來，有趣又有意義。」你想，一位大師級的名

家對文壇新手有這樣的評價，對於王雙秀來說，該是多麼大的鼓勵和鼓舞。

　　對於文壇後進多有提攜的還有符兆祥大哥（世華作協文友都如此稱呼他）。簡單介紹一下，符兆祥祖籍海南文昌，1939年出生於香港，1951年十二歲時來臺，後投入軍旅，很早就開始寫作生涯，他的作品《故鄉之歌》、《孤星》、《紫色十字架》等成為六、七〇年代海內外華人所追讀的小說。其妻丘秀芷也是名作家，兩人堪稱「文壇絕配」。後來符兆祥因緣際會被派駐南美洲，從事推廣華文教育的工作，視野更為開闊。從此推動海內外華文作家相互交流與發展，成為他畢生最積極投入的工作。

　　符兆祥曾回憶說，「我們有相同的語言，共通的文化，我們應該可以相互瞭解和合作。所以，我開始著手聯絡各地的華文作家。」1981年，符兆祥邀請了亞洲各國熱愛華文文學的朋友，成立了「亞洲華文作家協會」，為世華作協的成立奠定了基礎。以後各大洲的華文作家也以相同的形式聯合起來，成立了各大洲的華文作家協會，其中包括歐華作協，1992年11月共同組成了世華作協。符兆祥擔任秘書長。成立大會在圓山大飯店舉行，王雙秀做為歐華作協代表團的一員，有幸參加目睹了這一令人激動的時刻。

操持漢堡年會

　　趙淑俠在倡導歐華作協時，注意到經常在《西德僑報》發表文章的王雙秀，於是，當1991年歐華作協成立時，王雙秀即以初創會員的身分參加。會員們包括已經馳名文壇和只發表過文章尚未出書，立意要在文學園地一試身手者。會章裡「提攜後進，培植新人」是重要的一條。趙淑俠對她的印象是聰慧而不賣弄、精幹而不囂張，閱讀範圍廣闊，外語能力上乘，對文學創作充滿熱情與高昂

的興趣。這樣的人才，自然是「提攜」、「培植」的好對象。首屆會上，她就當選為理事。

王雙秀1996年深情回憶說：「孤魂野鬼般在海外默默奮鬥寫作好多年以後，五年以前，歐洲出現了個趙淑俠，臺灣坐鎮有符兆祥，經過這兩人登高一呼一應，然後一通通電話，一封封書信，這遍灑在歐洲各處的文昌文曲星們，就像小羊一般，給圈入了羊欄。這一下，在寫事上，算是終於結束了飄蕩的心情，不那麼無依無靠了。不管你是有了名氣或者是無名氣的寫作人，歐洲華文作家協會的名字打出去的時候，也有一份是屬於你的也是屬於他的親切感覺，不是嗎？」

王雙秀在歐華作協裡很受愛戴，文友讚她「慈眉善目，古道熱腸。」1996年在漢堡舉行的第三屆年會，即由她主力籌辦。她的果斷，周密，卓越的辦事能力，亦在這次辦會過程中，得到廣泛的肯定，傾服。會上她被選為秘書長，輔佐新會長朱文輝。後來他們又蟬聯一次，任職到2002年。

出書《漢堡散記》

海外文友們齊心協力，創辦了歐華作協，成立了世華作協。而歐華作協、世華作協不僅成為會員們聯誼、以文會友的團體，也鼓勵支持會員出書，繁榮海外華文創作。符兆祥大哥形象地說，這叫魚幫水，水幫魚。

在世華作協的推動下，成立了世界華文作家出版社，由符兆祥掛帥，籌劃出版一套世華作家叢書系列（簡稱世華叢書或世華文叢）。1997年10月出版第一本書《四海情緣》，作者楊美瓊為菲律賓華人作家。第二本就是王雙秀的《漢堡散記》，1998年1月出版，在歐華文友中一馬當先。

《漢堡散記》是王雙秀的文集。它的書寫時間幾乎持續了十六個年頭。趙淑俠評論說：「《漢堡散記》是一本內容平實、誠懇、人情味濃，題材多樣化，讓閱者讀來親切的書。作者為文的用詞遣句，亦無時下一般商品文學的媚俗、浮誇、嘩眾取寵，或故意找些艱澀冷僻的文字來顯示自身的超俗，由這兒我們可以看出王雙秀對文學的尊重、認真，和嚴謹的寫作態度。」

　　《漢堡散記》分為兩大主章：隨筆和評論。隨筆部分的二十幾篇散文，題材大都圍繞著日常生活，丈夫、女兒，居家日子的閒趣，由她細膩的描寫中，呈現出鮮明的形象。愛朋友重情義。關懷社會，尤其忘不了生長地臺灣。還有幾篇情文並茂的遊記。

　　如果說隨筆部分寫的是親情、愛情、友情、家園之情和山水人情，那麼評論部分寫的就是知識，思想，對文學和藝術的欣賞口味。這部分的文章，如《淺論藝術的天職》、《藝術與人生》，充分表現出她興趣的廣泛和博知。對於一個喜愛藝術和音樂的人來說，歐洲文化像似內涵豐富，雋美多彩的瀚海，潛游期間，有永遠發掘不完的心靈寶藏。王雙秀在音樂和藝術方面的悟性，見解及析理的精闢，除她本身的天分之外，無疑的，與她長期住在歐洲有關，還有在德國先生身邊的耳濡與薰習。

　　王雙秀對美的體悟深刻又真實，但對科學亦有極正面的評價，她認為研究人文科學和社會科學，都離不開「科學方法」，在《研究社會學科之基本步驟》中，做了詳細的闡述。王雙秀甚至還寫文學評論，如《解讀嚴歌苓的小說『扶桑』》，反映出她深厚的文學修養。

　　此書出版過後王雙秀不再熱衷於出書，而專注於網路文學。她開啟了網際書寫，是為網路文學的拓荒者之一，積累的文字不下幾十萬字。主題內容更為多樣化，甚至跨越文學之外，如著墨頗多的關於綠能紅星《推展風力發電產業》的介紹。近年來王雙秀又專注

於佛學佛法研讀。在實證中，祈願鍛煉出圓融圓滿圓通無礙的清靜境界。進入佛教經典初試的她，思路在空與有之間徘徊震盪。佛典研讀中，不斷帶來剎那的驚詫，她在其中獲得了莫大的喜悅與安頓。

聯手編書

特別值得稱道的是王雙秀在為協會做編輯事務的貢獻。早在1996年，歐華作協在漢堡舉行年會時，她就編輯過漢堡年會會刊。2002年又與麥勝梅合編了《文學遊》。後來還參與編輯了《迢遞文林二十年》。

2010年王雙秀再次與麥勝梅聯手合編《歐洲不再是傳說》。王雙秀回憶：「上提，下拉，逗號，句號，分段，切行，與勝梅兩人分別坐在不同城市的房間裡，翻動著眼前印在銀光幕上的文字，是文字掘動著人，還是人要掘動那些跳躍在文字背後的故事呢？在過了許久之後，兩人終於感應到一個中間點，開始一篇篇一字字逐字推敲地念過去，就這樣如旅人般一路前行……」她們在電腦前不知花費了多少時間。然而「從中生出萬般情分，在裡面找到了我們想要的歸宿，並且成功堆砌了歐華旅遊文選——《歐洲不再是傳說》呈現在你眼前如今的模樣。」

書中共有三十七位會友的六十二篇敘情，分中歐篇、西歐篇、南歐篇、北歐篇、東歐篇，堪稱一部「新西遊記」。此遊記描摹得不是光怪陸離、色彩斑斕的神話世界，而是個經過數千年精心打造的人文寶庫。綜觀三十七位作家的紀錄，不見虛無縹緲不實之詞，更沒有雲車仙影的杜撰，而是抱著謙虛誠摯之心，探討這幅畫卷值得我們借鑒的神來之筆。這也不是一部「五國七日遊」雜記，而是眾多作者旅居歐洲數十年的經驗、感觸與研究積澱，也是一部生活

之旅的忠實反映。對讀者來說，能夠透過回環反覆的探討與追蹤，起到唐僧取經的作用。

《歐洲不再是傳說》由臺灣秀威公司出版，2011年出版後受到讀者熱捧。也受到大陸出版界的重視，2014年一月，中文簡體版已在廣東旅遊出版社出版發行。這是一個巨大的成功。

看到這本書的成功，我們不能忘記二位主編的功績。趙淑俠在序言中說：「《歐洲不再是傳說》的兩位主編，麥勝梅和王雙秀，是歐洲華文作家協會成立的第一天，就與我一同耕耘歐洲華文文學這塊新地的夥伴。我還記得她們當時的模樣，大概因為與大家全不相識，又沒出版過書，只發表過些零星作品，都坐在那兒聽別人發言，看上去很『青澀』。歲月飛馳，二十年的時間過去了，她們寫書編書，組織文學活動，出席文學會議，都練成了文壇一將。」這是文壇老前輩給她們的高度評價，對她們辛勤付出的高度讚賞！

俞力工
國際問題評論家

在柏林舉行的歐洲華文作家協會年會（2013）上，我恰好和俞力工大哥同住一間客房。雖然是初次相識，我們一見如故。我喜歡史地，而俞大哥是國際問題專家，談起來很投機。聽他分析世界局勢，頭頭是道，而且對各大洲的形勢都很熟悉，令我十分敬佩。

其父為「中國現代刑偵的開山鼻祖」

這次寫小傳系列，我電話打到維也納。俞力工非常謙虛，談起做學問首先講到父親從小對他的培養。其父俞叔平早年留學奧地利，是當年赴奧學習警政的十人之一。我馬上想起一年多以前在德國電視上看到的一部中奧合拍的電影（2002），《芬妮的微笑》（德語Am anderen Ende der Brücken）。

《芬妮的微笑》由胡玫導演，王志文和尼娜‧普羅爾（Nina Proll）主演，敘說一個感人的故事。1931年的奧地利，十名中國留學生進入維也納學習警政，中國青年馬雲龍與教官的女兒芬妮一見鍾情，暗定終身。馬雲龍學成歸國一年後，寄來船票，芬妮來到了中國，並隨馬雲龍回到他的家鄉，按照當地習俗舉行了婚禮。此後兩人一起經歷了風風雨雨。共產黨掌權後，不久開展鎮壓反革命運動，馬雲龍不能做警官學校教官了，被迫「回鄉務農」。一天，馬雲龍被叫走，「交代歷史問題」。芬妮帶著兩個孩子，頑強獨自謀

生，將自己編好的竹簍和一條奧地利毛毯拿到集市上去賣。文革開始，馬雲龍又被叫走拘禁。冬天芬妮去看望被拘的丈夫。這樣擔驚受怕的日子損害了馬雲龍的健康，1990年去世。當村民們抬著馬雲龍的棺木走出村口時，郵遞員趕來了，拿出一封剛收到的奧地利駐華大使館給馬雲龍的信。信中說：「您的來信收到，如果芬妮確系奧國公民，可以重新申請奧地利國籍」。芬妮拿著信，仿佛看到了五十多年前對面橋頭的迎親花轎……

　　俞力工說，這部電影正是根據真人真事改編的。1930年，浙江省選拔了警官學校十名優秀學生赴奧地利學習警察司法業務。浙江警官學校是朱家驊先生創辦的。朱家驊（1893-1963）曾留德學習，時為浙江民政廳長兼警官學校校長。他同翁文灝是中國第一批地質學博士，後任中山大學校長、浙江省主席、教育部部長、中研院代院長，一生致力於教育和科研。他派留學生到西方，就是為了改進警務工作。俞叔平是他最器重厚愛的學生之一。

　　俞力工發過來十人的照片，他們是金卓民，黃宗羲，華岐昌，汪弼，鄭岩登，黃東升，俞叔平，毛文佐，馬瑞文，杜承榮（即電影中王志文飾演的馬雲龍）。俞力工告訴我，十人中有四人滯留大陸，其中馬瑞文擔任杭州警察局副督察長，投共起義後，被安排為杭州市人民警察學校主任教官、市公安局交通大隊參謀；華岐昌擔任南京警察局總督察長，1950/51左右被槍斃；黃東升著有《德國警察實錄》等三本書，曾任上海黃浦區警察分局長，被發送黑龍江勞改，平反後才返鄉；杜承榮曾任浙江省警察訓練所教育長，被下放農村，1951年宣判管制兩年，直到1979年才摘掉「歷史反革命」的「帽子」，對他還算善待，因為他有個奧地利妻子。這些人在大陸的下場我理解。文革中「公安六條」稱國民黨骨幹（區分部委員以上）、政（保長以上）、軍（連長以上）、警（警長以上）、憲（憲兵以上）和特（特務），簡稱黨政軍警憲特，雖無刑事犯

罪,一律按歷史反革命處理。民國時期搞警政的官員,命運當然可想而知。

留學十人中,赴臺的有六人,其中俞叔平成就最大。俞叔平(1911-1978)出生於浙江諸暨縣。自幼聰穎,在村裡讀私塾,後來進中學,1928年畢業,考上浙江警官學校。1930年畢業後考取官費留學,遠赴奧地利學習警政專業。1933年歸國,任杭州警察局司法科科長幫辦。任期內建立指紋室、實施新交通管理法,初展所學。1934年秋,再度接受官費資助赴奧地利,1938年榮獲維也納大學法學博士學位,為中國第一個警察博士。回國後任重慶中央警校教官。首設刑事警察建制,創立現代科學刑事實驗室,親任主任。抗戰勝利後擔任上海警察局長,兼同濟大學法學院教授,講授刑法。內戰爆發後,政府下令,限期撤銷中共辦事處。當時軍統圖謀借機製造事端,或劫持,或暗殺。作為司法專家的俞叔平,給與中共代表團安全保護。1977年,俞力工前往北京時,統戰部辦公廳主任楊思德當面表示,共產黨不會忘記俞叔平維護上海中共辦事處安全一事。

俞叔平赴臺後,先任司法行政部次長兼刑事司司長職。後短期操律師業務,並擔任臺大法律研究所、東吳大學、警官學校教授,兩度應邀赴德講學。還擔任過文化大學教授兼德文系主任和文學部主任。

俞叔平生平有兩大貢獻。首先,他奠定了中國現代刑偵的科學基礎。我在網上查了一下,大陸有文章對俞叔平進行了高度評價,認為原先說「俞叔平是劊子手,是長期不恰當的宣傳造成的,」其實俞叔平是一位著作等身的學者,為「中國現代刑偵之父」,「中國現代刑偵的開山鼻祖」。是他建立了中國第一個指紋研究所,是他第一個在中國採取法醫偵查技術,對中國的司法理論和司法實踐做出了貢獻。

俞叔平著有《刑事警察的理論與實際》、《刑事警察與刑事偵查》、《刑法分則與大綱》、《法醫學》、《指紋學》、《刑事警察與犯罪調查》、《德國刑事司法制度》、《德國的刑事司法教育與刑事科學》、《行為證人與專家證人之比較研究》、《刑事訴訟法學》、《出版法概論》、《檢查制度新論》、《行政法典芻議》、《刑事法與刑事科學》、《化學兵器與國際公法》（譯作）等專著，資料贍富，析述精當。他曾獲奧地利國家學術勛章。五〇年代初，大陸幾乎所有大學法學院都採用俞叔平編撰的教材，司法院校圖書館裡所能找到的中文司法理論書籍，許多都是俞叔平的著作。直到六〇年代才有所改變。即使是今天，大陸很多司法論文，許多觀點或是論點的出處，都來自俞叔平的著作。

他的第二個貢獻是對臺灣建設的推動。1963年出訪回臺後在《中央日報》發表《遊德觀感》一文，向社會痛陳抱殘守缺，一心反攻大陸而疏忽臺灣建設的時弊；指出應借鑒聯邦德國復興的經驗，迅速發展工商業，掌握新技術，實行民主改革。當時蔣經國正籌劃接班，通過救國團連續安排俞叔平全島進行七十場講演。其「立足於臺灣」的建議深深影響了此後十大建設的出臺與實施。

俞叔平常表示：「生為中國人，要為中華民族爭氣。」生前主張海峽兩岸摒棄前嫌，不計恩怨，共商國是。又說：「雙方都應有一位高瞻遠矚、豁達大度的偉大政治家，始可實現這一願望。」

國際時政評論之路

俞力工1947年出生於上海，兩歲時隨父母遷居臺灣。1964年俞叔平外放維也納，擔任中華民國駐聯合國原子能機構的常任代表。那時，俞力工剛上高中，就前往歐美留學。先後在三藩市州立大

學、維也納大學、西柏林自由大學、海德堡大學、法蘭克福大學的國際政治系、社會學系學習與研究。

在眾多的政治學社會學科目中，俞力工把重點放在地緣政治學（geopolitics）上。此外他對於國際政治學、比較政治學、國際法、政治理論、社會政策等學科也很重視。

早在學生時代，俞力工就關心國家大事和國際形勢。七〇年代初，他還在美國念書時，就積極參加了海外臺灣學生開展的「保釣」運動，即抗議美國把中國領土釣魚島與沖繩群島一起交給日本的示威活動。他初次發表作品，即是刊登在1971年的美國加州灣區保釣刊物《戰報》第一期上：以「對外聯絡員」的身分寫了一篇有關保釣運動發起經過的報導。

俞力工到歐洲後，與其他同學一起在1973年辦起了留學生刊物《歐洲通訊》，他擔任主筆，邊學習，邊寫作，每月都要編寫一兩版文章。

七〇年代，他就非常關心中國大陸的政治經濟發展形勢。他在法蘭克福大學論文的題目就是《評析共產國家經濟體制的理論根據》，文中分析了計畫經濟、官僚體制對經濟發展的絆腳石作用。這篇論文的主要內容1980年在香港《爭鳴》雜誌發表，對大陸剛剛開始的改革開放起到推動作用。

八〇年代初，俞力工就開始專業撰寫時事評論。最初主要投往《歐洲日報》，這是聯合報系在巴黎出版、發行遍布西歐的大報。幾乎每個星期都有一兩篇時事評論文章見報，很快俞力工就成為歐洲讀者熟悉的專欄作家。不久他又開始向香港《大公報》、《文匯報》大量投稿，建立了密切聯繫。還給《中國評論》月刊（1998年創刊，是唯一一家同時在大陸和港澳臺公開銷售的時政雜誌）、《九十年代》等港刊寫稿。1993年前後，他又成為新加坡《聯合早報》的海外作者之一，與曹景行、阮次山等著名媒體評論家同為該

報主筆。2003年起俞力工開始給臺灣大報《中國時報》、《天下》雜誌、《海峽評論》和《立報》寫稿，最忙時每週都發文章。此外他還曾替港澳臺新加坡等地電臺、電視臺以及BBC、美國之音、澳洲衛視等媒體提供聯線採訪服務。

1980年代起，俞力工一度與維也納聯合國機構合作從事翻譯事務，為了工作方便1987年搬到維也納居住。進入九〇年代以來，專業寫作之餘，還短期應邀在臺北世新大學擔任國際政治學教授。

傑出的國際問題評論家

俞力工的國際評論內容非常廣泛，涉及國際政治、國際戰略、民族問題、北約、歐盟、後冷戰時期、經濟、文化衝突、宗教衝突、兩岸關係等各個方面。地域上則涉及歐洲、中東、亞洲、非洲、美洲，幾乎囊括全世界。他近期寫作有一個主線，就是對後冷戰時期以來（1989年以來）的所有重大國際事件都有記載和評論。每個星期，他差不多都要寫一兩篇文章。二三十年下來，發表過的國際時評數以千計。不僅數量驚人，而且品質很高，分析透徹，點到要害，扣住讀者的心弦。其中部分作品編為文集：《後冷戰時期國際縱橫談》，1994年由臺北桂冠書局出版。還有一本《反恐戰爭與文明衝突》，2008年由臺北秀威公司出版。此外，有大量作品貼在精英博客、博聯社、草根網、萬維網網墨文集等網站。題目包羅萬象，如《中東局勢與美國的策略》、《土耳其難圓的夢》、《聯合國必須自我檢討》、《北約組織在敘利亞重施故技》、《話說難民》、《科索沃紛爭的啟示》、《日本就是與德國不一樣》、《先天不足的巴基斯坦》、《全球化、自由化對民主的侵犯》、《蘇丹問題面面觀》、《兩岸問題如何解套》、《大陸的文攻與琉球獨立運動》等等。不論是大陸或臺灣，凡是研究國際問題的，都繞不過

俞力工的文章。他有無數的粉絲，僅其精英博客的點擊量就超過七十萬人次。

歐華作協創會會長趙淑俠從文學角度評論說：「俞力工的作品文風獨特：無以名之的文體，中國，外國，東方，西方，他總在觀察，比較，帶一點批評，提一些意見。我看他對這個世界可真是關懷。他不寫小說（只偶爾寫點微型小說），不寫抒情散文，可又不是論文，雜文。只看他那些文章的題目：《為何要把中國商品妖魔化？》、《同步毀譽是怎樣煉成的》、《淺談一個千古絕問：西方媒體自由嗎》、《西方謀士的理想世界與另一世界的陣痛》、《中國落後的秦漢根源》、《評瑞士的公民投票》、《非洲大湖區災難背後的資源爭奪戰》……瞧他的關懷面有多廣！從秦漢時代的古中國，到今天的非洲大陸，他都有精專的研究和分析，在一篇題為《文化復興與告別朦朧》的文中他說：『筆者必須強調無意否定西方社會近四百年來的成就。以科技為例，尤其到了十九世紀中葉，經過工業革命洗禮的西方世界已經是所向披靡，也正是在此世紀的後五十年，其他文明圈相繼一敗塗地，因此深深讓中國的有識之士領悟到中國不止是國防無力，甚至中國本身的傳統文化裡就缺少力的筋骨（梁啟超首先提出）……如今，中國無論在國防力量、經濟綜合實力，甚至體育領域裡都可躋身強國之林。可當國人自然產生文化走出去的衝動時，頓然發現隨著打倒孔家店、階級鬥爭、不斷革命，一並糟蹋的是整個傳統文化價值，由是面對著孔武有力卻斯文掃地的窘境。於是乎，每個踏出國門的同胞都會懊惱地察覺，全世界不排隊、不規矩、有文化而不尊重、自大而自卑的就只有中國人，而這樣一個扭曲的民族，文化又怎麼走出去？」俞力工的憂患意識可以用重如山來形容。可喜的是他不沮喪、不妄自菲薄，總試著琢磨出良方：

『……古今中外沒有一個社會的長足進步是從一本經書、一個

廟堂裡走出來的，因此必須借鑒西方的文藝復興運動，取長補短、海納百川；最後，筆者既反對把外國的歷史當作自己的歷史，也反對把外國的體制照搬到中國。然而不論國家體制如何建樹，治人手段如何部署，最起碼的要求是，各級、各部會必須由專業界公認專家領導，徹底告別摸石頭過河的朦朧時代。』

這篇文章只是千中取一的範例，但絕對能代表俞力工的所有作品的調子。因此我給他的作品的定位為『陽剛散文』。此外，對一個少年期就遠離故土的人，有這樣的認知與思想，是值得尊敬，也讓我們感動的。」

記得有句形容一位偉人的話：「他的頭腦就像停在軍港裡升火待發的一艘軍艦，準備一接到通知就開向任何思想的海洋。」拿來形容俞力工最合適。不論什麼國際評論題目，他都遊刃有餘。只要報社來電話約稿，他都能提筆就寫，及時發表，最快的在兩小時內就可完稿。這是非常重要的，因為國際時事評論，時效性相當強。他的快筆，非一日之功。首先他有著扎實的政治學根底、廣博的國際知識。其次快速的寫作能力。上小學時，任職臺大法律系的父親，就對他嚴格要求。俞力工記得，那時，每天父親都要出個題目，讓他寫篇命題作文，六年沒有間斷，鍛煉出他流暢、快速的寫作能力，一輩子受益非淺。不容忽視的一點，他還擁有大量的資料積累。俞力工告訴我，以前是分類做卡片，後來有了電腦，就搜集存在電腦裡。他還收藏有大量的圖書，包括三十二卷的《大英百科全書》、二十四卷的《布羅克豪斯百科全書》（最權威的德文百科全書）、馬恩全集、魯迅全集乃至史達林、毛澤東的著作。這樣用起來才能得心應手。

將門出虎子，如果說俞力工的父親俞叔平是「中國現代刑偵的開山鼻祖」，那麼，可以說俞力工是華文世界「傑出的國際問題評論家」。像俞力工這樣幾十年如一日，積累了豐富的經驗和歷史

資料，瞭解相關各方的利益訴求，洞察衝突各方的內部關係，長期從事研究與寫作的國際問題評論家在整個華文世界也是屈指可數的。

為歐華作協出力操心

在歐華作協成立二十年的時候，協會出版了一本紀念文集《迤邐文林二十年》。那時正好是俞力工擔任會長。他為該書寫了一篇序言《異鄉的野楊樹》。文章中說：「二十年前，歐洲華文作家協會初創時，我正搬進一戶蝸居至今的排樓。彼時，後院的無尾巷邊，長著一株約莫一尺高的野楊樹。所謂野，是指它來路不明、乏人照料、形態一般、搖曳卻不生姿，因此竟沒讓常聚在這兒玩耍的孩童把它一腳踹倒。二十年間，一天天看著楊樹茁壯成長……當楊樹攀升至二十尺高時，炎夏烈日已經穿不透濃密的枝葉……二十年後，歐華作協也在默默耕耘中開花結果，一冊冊單行本，一部部集體文選相繼問市；注入的新血不斷添枝加葉，無聲無息擴大到十七個歐洲國都。時光荏苒，與之對襯的是十來位創始會員，鬢髮斑白，體力日衰，卻時時感到歐華作協這棵大樹春意依舊盎然。它曾經是株隨風飄落在歐亞大陸另一端的文化幼苗，幾經掙扎和努力，二十度春花秋月卻使它落葉繽紛、陡峭崢嶸。」

這篇序言說得真好，真生動，但說得太謙虛，歐華作協不是一株乏人照料的野楊樹，她正是在趙淑俠、莫索爾、俞力工、朱文輝、郭鳳西幾位會長前赴後繼領導下，像悉心照料的幼苗，茁壯成長起來的。其中，俞力工也付出了很大的心力。

俞力工早在八〇年代已是享譽歐洲的專欄作家。因此，趙淑俠等人設想籌辦歐華作協時，就已聯繫上俞力工，雖然他因事沒能參加1991年在巴黎舉行的成立大會，但公認是創會元老之一。

俞力工長期擔任歐華作協理事，並連續任三屆會長（2004-2011）。擔任會長期間，推行「以書養會」的方針（「以書養會」方針由李永華副會長倡議），策劃出書，發動全體會員寫作，出版了歐華各類文集共五本。包括《歐洲華文作家微型小說選──對窗六百八十格》上下冊、歐華作協紀念文集《洄瀾文林二十年》、旅遊文集《歐洲不再是傳說》、《東張西望，看歐洲家庭教育》。他不僅為每一本書寫了序言，而且還積極參與了每本書的寫作。現在這幾本歐華文集都已問世。

池元蓮
雙語作家　文化先鋒

> 在馬來西亞舉辦的世華作協大會（2013）上，發給每人兩本大書，一本是論文集，另一本是《第九屆世界華文作家協會會員代表大會作品集》，刊登了每位代表所寫的一篇「千字文」。當我翻閱這本作品集時，一下子就被一篇文章吸引住了。文章題目叫《祖緣》，作者池元蓮。池元蓮大姐正是我們歐華作協的文友啊！隨後在乘大巴旅遊的活動中，我有意和池大姐坐在一起，聊起這篇文章，進而聊起她的家世、求學、寫作。幾天下來，一位優秀海外女作家的人生軌跡，就在我的腦海裡逐漸清晰起來……

醫學世家

《祖緣》這篇文章說的是清末的一場瘟疫。1910年，東北爆發了俗稱黑死病的瘟疫，蔓延猖獗，而且死亡率極高，因而舉國震驚，人人惶惶不可終日。這時一位名叫伍連德的醫生臨危受命，接下了消滅瘟疫的重擔。伍連德（1879–1960）出生於馬來半島的檳城，是第二代華僑。他二十四歲獲得英國劍橋大學醫學博士學位，1907年舉家回國，成為中國近代防疫的先驅。他被任命為全權總醫官後，帶隊深入疫區。經過調查，他提出了三個辦法：即服藥治療，隔斷疫區和火化屍體。經過了幾個月的努力，這場使人為之色變的瘟疫，終於被撲滅了。這是一項轟動世界的成就，要知道，

十四世紀爆發過一次黑死病，曾斷送了歐洲三分之一的人口。1911年，萬國防疫會議在奉天（今瀋陽）舉行，這是在中國召開的第一次國際性科學會議。各國科學家公推伍連德主持會議，他詳細介紹了中國的防疫經驗，他的成就受到了世界醫學界的公認。1935年伍連德因肺鼠疫防治的傑出成就被提名為諾獎候選人，由於諾獎候選人的保密期為五十年，直到2007年諾貝爾基金會網站才透露這一消息。事實上，他是中國歷史上走近諾貝爾獎的第一人。

說了半天，伍連德抗疫與池家有什麼關係呢？太有關係了。紅花也得綠葉扶啊！當時伍連德要組隊前往東北，竟難找到陪同的醫官。別說清末偌大的中國有幾億人，西醫卻少得可憐。廣州有個「博濟醫學堂」，是中國第一間西醫學校，為美國教會所創。池大姐的祖父池耀廷1894年畢業於該校，是中國第一代西醫，也是孫中山的先後同學。當時清廷急電廣東，徵聘西醫，池耀廷毅然應徵，是北上的九名醫官之一。他隨同伍連德一起在冰天雪地中奮鬥了半年，一場塗炭生靈的肺鼠疫才得以平息。「奉天省城防疫事務成績報告書」就是池耀廷撰寫的。池大姐說，當年她祖父與出生於馬來半島的伍連德與恐怖的肺鼠疫並肩戰鬥，勝利而回，那是一段歷史緣。因而，她與馬來西亞有一段「祖緣」，這次趁開會的機會，在馬來西亞的土地上做一個精神性的「祖緣」尋覓，結果就寫下了這篇感人的文章。

池元蓮的父親池正（1901-1978）聰穎過人，繼承祖業學醫，1922留學德國、後轉奧地利，1928年獲維也納大學醫學博士文憑。1930年代被邀出任廣州警察醫院內科主任，當年統治廣東、有南天王之稱的軍閥陳濟棠，以及李宗仁、胡漢民……等兩廣軍政界人士都是他的病人。他還陪同陳濟棠赴歐洲考察，並在船上結識了蔣緯國。

抗戰爆發後，日軍南侵。池正認為日本人不敢染指英國人的殖民地香港，於是帶著全家離開廣州到香港避難。就這樣，池元蓮出

生於香港。可是，日軍並沒有放過香港，太平洋戰爭爆發後不久，就把它占領了。在抗戰接近尾聲時，全家又搬回廣州，池元蓮在此度過了四年歲月。1949年，內戰的炮聲逼近廣州。她父母把一切連根拔起，帶著四個子女踏上逃難之路，再度來到香港。

大量難民湧入，使小小的香港人口激增，從二戰後的六十多萬一下子增加到兩百多萬。從此時開始，香港邁步走向「東方之珠」的繁華前程。但是當年有很多人只是把香港當作是候鳥歇腳的地方，先停下來喘一口氣，觀望風雲的變化，然後再移民他方……不久，朝鮮戰爭爆發，美國宣布派第七艦隊巡邏臺灣海峽，臺灣是安全之地了。於是，他們全家六口人在1952年遷居臺灣。

求學三大洲

池元蓮在臺北一住就是九年。她考進了1950年代臺灣最優秀的兩間女中之一：臺北第二女子中學。她滿懷深情地回憶說：「從初二到高中畢業的五年中，我接受了一段異常嚴格的教育，不但替我奠下了堅厚的中文根基，而且養成了我做學問時精神集中專一、不因困難而罷的紀律。以後我到歐洲、美國去念書，工作，無論競爭多激烈，我也不覺得吃力，從容對付。故此，我一生感謝那一段爐火純青的中學教育」。當時，池元蓮的中學同學們幾乎全是來自大陸各省的女孩子。在那些歲月裡，她學會了說國語，也習慣了吃中國東西南北各省的地方菜。

1957年，池元蓮以高分考進臺灣大學外文系，學習英語專業。那時，父親知道女兒的前途已有著落，便遷回香港去住。池元蓮則搬入臺大宿舍。只有每年暑假，才乘輪船回香港探親度假。這樣，從十七歲開始，池元蓮便有機會培養起在生活起居和精神上的獨立能力。臺大求學的四年是一段愉快無憂的日子：純潔的快樂，純潔

的友情。在那一屆外文系的同學中，後來出了好幾位知名的海外華文作家，如白先勇、李歐梵，陳若曦……池元蓮也是其中的佼佼者。

　　池元蓮臺大剛畢業，就遇上了好運。她的父親是留德奧瑞同學會的會長，與香港德國領事館來往密切，消息靈通，知道西德政府（當時東西德尚未統一）給予香港五名獎學金，只有臺大和香港大學畢業生才有資格參加考試。池元蓮是符合條件的。於是趕緊惡補德語，果然被錄取了。

　　1962年，池元蓮飛到德國南部的文化名城慕尼黑。她的同學是來自世界各地、國籍不同的人士。學校是培養海外德語教師的，除了教德語和德國文學以外，還重視培養學生們對德國文化的深入瞭解。經常發票讓他們去聽歌劇、看戲劇。每個月必安排時間，讓他們去作幾天文化旅遊，到名勝之地去考察那裡的建築物及歷史背景。三年下來，池元蓮足跡踏遍德奧兩國的大城小鎮，西歐的名城勝地。她學會了說流利的德語，寫通暢的德文，也愛上了唱德國的民歌。

　　可是，池元蓮無意長留德國，她還有再往前飛的計畫。於是先回到香港。當時，德國電視臺剛好在香港開設遠東分站，池元蓮便成為電視臺的助手，工作很有意思，薪水也相當高。她開始存錢，準備到美國留學。

　　1966年，池元蓮已存了一筆錢，又拿到了獎學金，如願進入美西名校柏克萊大學（Berkeley）深造。柏克萊大學當年被評為美國學術水準最高的十大名校冠軍，為學術精華的集中地，又是當年學生運動的發源地。柏克萊研究院對研究生的錄取非常嚴格，每一百個申請者中只挑選成績最優秀的前六名，由此可見池元蓮實力非凡。

　　我們知道美東名校首推哈佛、耶魯等八大常春藤盟校，而美西能與之分庭抗禮的要數斯坦福大學和柏克萊。

柏克萊大學那風華洋溢的校園，使池元蓮仿佛走進了一所輝煌的殿堂，殿堂的中間是一席豐盛無比的精神筵席：學問、智慧、才華、青春、希望、生氣、活力、氣魄等都在上面，隨她享用。那時，越戰正進行得如火如荼；中國則門戶緊閉，刮著文化大革命的旋風。中美兩國沒有邦交，彼此敵視。在這種情況下，研究神秘的中國成為美國學術界的一門「專業」，柏克萊大學是其中的領先者。池元蓮拿到國際政治碩士學位後，就被該校的國際研究所僱為東方研究專員，她的教授上司是美國總統的外交顧問之一。

池元蓮評價說：「在柏克萊度過的那四年，是我人生最快樂的時光，猶如一隻飛鷹，展開平衡的翅膀，在空中翱翔。那四載的精神筵席給我留下光輝如鑽石般的回憶，而且還送了我一條終生有用的金鑰匙，使我日後懂得怎樣獨立地追求學問，解決學術問題。」

定居丹麥展文才

1969年12月，池元蓮飛到美人魚的故鄉——丹麥，與丹麥男士奧維‧嘉士麥（Ove Karsmark）結婚。他們的婚禮，就在濱海小城赫爾辛格（Helsingør）聳立海邊的凱隆堡（Kronborg Slot，莎劇《哈姆雷特》故事發生地）教堂裡舉行。池元蓮成為第一個在丹麥本土與丹麥人結婚的華人女子。

池元蓮和奧維是在一艘大郵船上邂逅的。那時她正從歐洲回香港，他們在船上朝夕相處，無話不談，度過了浪漫的一個月，萌發了愛情的幼芽。這樣的羅曼史是今天只有十多小時的飛機行程所無法體驗的。他們鴻雁傳書，保持來往，愛情經過四年多的考驗，終於結合成夫妻。

在丹麥，池元蓮長年擔任丹麥政府翻譯員及丹麥外交部中文教師。她曾無數次到中國大陸旅行，親眼看到改革開放以來的巨大變

化，經常在丹麥主流媒體報導中國的情況，為丹中友好做了大量的工作。

　　他們結婚四十年，在丹麥這片國富民安、生活素質優越、富有童話氣氛的國土上耕耘了一個美麗的中西婚姻花園，也像一雙比翼鳥那樣時常飛到世界各地旅遊。池元蓮對丈夫的評語是：他是一個真真正正的紳士，對妻子非常珍愛，四十年如一日。2010年，奧維因病去世，池元蓮依照他最後的願望，把他的骨灰撒入大海。這一切已經寫成《丹麥之戀》。

　　這本書並不是池元蓮的第一本書。她的寫作其實是從定居丹麥之後就開始的。當年北歐人對中國的一切陌生，促使池元蓮在主流報章上發表有關中國歷史、文化的文章。這就需要用英文，好在她自幼學習英文，是臺大外文系的高材生，後來又到美國留學，英文基礎十分厚實。她的文章被丹麥最大的日報結集出版，在主流社會很有影響。池元蓮用英文寫報導東方的文章中，以「China's Road to Mao」最受當地注意。就是因為這篇文章，打動了中國駐丹麥大使館的心，准許池元蓮1978年作為最早的一批華僑回中國大陸進行個人旅遊，一去六個星期，一人從北京、西安、洛陽、南京、上海、廣州走了一趟，看到了書本中讀到的中國，印象深刻，是她一生最有意義的旅遊之一。以後她多次再回到中國大陸，感覺就不同了。

　　文章被丹麥最大的日報結集出版這件事，給了池元蓮很大的鼓勵。於是，她開始從事英文寫作。第一本英文長篇小說《A Shadow of Spring》（中文譯名：春之影）被美國的印第安那大學選為學生課外讀本。從此，她陶醉於英文寫作之河中，隨波而去，長達二十年的光陰。1989年她的英文短篇小說集《The Dark Secret and Other Strange Tales》（黑色秘密及其它奇異故事）在新加坡出版。

　　1990年是池元蓮寫作的轉捩點。這年她到美國探親，看到一份在美國出版的華文報紙，驚喜地發現在其副刊上有華文作家的文

章。池元蓮很有感觸，她說：「與之相比，丹麥是個文化沙漠！同時，我也產生了惆悵感，自覺在歐洲的歲月裡，與華文文化飄離太遠了。於是，下決心回歸華文寫作。」從那時起，池元蓮的寫作之河轉了個大彎，流入華文的海灣。在工作之餘，她向海外華文報紙、雜誌投稿。第一本出版的中文書是：《歐洲另類風情──北歐五國》。該書極受歡迎，被讀者稱為「北歐的聖經」。接著又出版了《北歐繽紛》，《鑽石人生》（與新加坡的張露合著）等書。池元蓮的這些書都以散文形式寫出，文詞優美而平實，都很暢銷。

　　2001年又是決定性的一年。一天，池元蓮在哥本哈根接到一封來信，是美國著名性學阮芳賦教授寄來的。阮教授1959年在北京大學醫學院畢業，1991年在美成為華人第一個性學方面的哲學博士。他讀過池元蓮的一本女性文學作品，立刻決定邀她撰寫性學書籍。池元蓮把阮教授的邀約看作是寫作的挑戰，決定把性科學、性哲學、性心理學、性教育等寫成文學。結果，她寫出了《中學生性教育：家長讀本》、《性革命的新浪潮：北歐性現狀紀實》、《多元的女性》、《性、愛、婚全面剖析》等作品。這一系列書被看作是知識、智慧和經歷的結晶創作，被北京的中國人民大學、香港中文大學及臺灣多間大學的圖書館收藏；被碩士和博士研究生作為論文研究參考；被學校推薦為讀本。特別是《兩性風暴》一書更是熱賣和熱載，2007年出版以來，不斷重複被大陸各大網站轉載、連載，僅在《新浪網》的連載總點擊量就高達兩百萬。可以說，這一系列性學文學讀物是池元蓮最出人意表，也最有貢獻的作品。

　　目前，池元蓮已回返純文學創作，著手寫一系列幻想性的奇異短篇故事。第一篇《身上有紅痣的男人》已經在北美華文作家協會網站2013年11月號刊出。她的英文詩作也不錯，在馬來西亞舉行的世界詩人大會上，她用英文朗誦了自己的作品。那抑揚頓挫、柔和動聽的英語，不知迷倒了多少詩歌愛好者。

池元蓮曾在陸港臺三地生活、亞歐美三洲求學、又在丹麥長期居住，會普通話（國語）、廣東話、英語、德語和丹麥語。直到現在每天還要讀幾十頁英文書籍。她既瞭解中國，又有廣闊的國際視野，很寬的知識面，善於用中英雙語寫作。作品內涵豐富，文辭優美，擁有廣大的讀者群和社會影響。由於池元蓮的著作具有突破性的建樹，2009年《華人世界》雜誌（中國文聯主辦）把她和其他十一名有成就的歐美華裔女科學家、教育家、電視節目主持人、國際演員一起推選為歐美華裔女「文化先鋒」。

　　2014年，池元蓮的新作《丹麥之戀》在臺灣出版。此書描述池元蓮四十年的中西婚姻，由始至終，是池元蓮自己在她所出版的十多本著作中最滿意的一本。

　　回顧幾十年的寫作生涯，池元蓮感慨良多。她說，年輕的時候，雖然愛好文學，但並沒有當作家的興趣。長大後，她把生命力集中在「活」人生之上：讀書、做事、求學問，包括玩在內都集中精神、全力以赴地去做。「認真活人生」成了她的座右銘，這句座右銘伴她走遍天涯，替她爭取到多彩多色的人生經歷，成為她寫作的源泉和動力。

　　池元蓮說：「在我一生所做過的工作中，最能給予我成就感的是我的書本創作。書本也有其生命，我的書本是我的精神孩子。我希望這些精神孩子們會像鳥兒一樣，飛得高高的、飛得遠遠的。」

譚綠屏
畫壇文壇常青樹

2013年10月15日至17日，世華作協第九屆代表大會在馬來西亞首都吉隆玻召開，歐華作協派出十五人與會。在德華文友中，文壇元老譚綠屏最引人注目。她在會上做了「讓德華文學邁入國際學研的視野」的論文報告。其實譚綠屏不僅僅是資深作家，而且也是德國畫壇著名的華人畫家，有著富於傳奇色彩的經歷。

命運坎坷自強不息

　　譚綠屏的童年和少年是幸福的。她出生於南京，正如她說，是「揚子江的魚」。父親譚勇，母親華采真都是我國畫壇泰斗徐悲鴻的嫡傳高徒。早在抗戰期間，他們就進入中央大學（今南京大學）藝術系就讀，那時學校已內遷到重慶。藝術系名家薈萃，譚勇在徐悲鴻等名師的全面指導下，苦練成才，還當上了徐悲鴻的助教。華采真也以優異成績畢業。五〇年代院系調整，他們都在南京師範學院（今南京師大）教授美術，尤以國畫見長。譚綠屏生長在這樣的家庭，家學淵源非常深厚。耳濡目染，接觸的都是繪畫。於是從小就愛上了美術，繪畫作品多次獲獎，被認為是繪畫天才兒童。1966年她考取了先舉招考的南京藝術學院美術系。可是就在那一年夏天，晴天霹靂，炸碎了幻想的美夢。毀滅文化的「文化革命」爆發了。在那無章可循的混亂年代裡，什麼怪事都可能發生。家被抄，

藏畫被燒毀，父母被關進「牛棚」，成為「牛鬼蛇神」。更荒謬的是，考試制度被完全取消、作廢，大學幾年不招生，還不如烽火連天的抗戰時期。譚綠屏與同屆的許多考生一樣，被下放到到農村插隊。譚綠屏毅然走向那一貧如洗，滿目荒涼的蘇北農村。在洪澤湖邊的農村整整幹了八年，才病退回城。經歷了無數磨難的譚綠屏，始終沒有擱下手中的畫筆，加倍苦修繪畫，終於成長為職業畫家。並成為南京市美協文革後發展的第一批新會員。

那時，譚綠屏擔任江蘇省旅遊品銷售公司外賓部現場畫師。能根據外賓要求，當場揮毫作畫，真是胸有成竹，一氣呵成，一張白紙頓時變成一幅山水、花鳥或人物畫。出色的畫技不知迷倒了多少國際友人。

畫壇文壇放異彩

1984年，譚綠屏隻身來到德國，學習西方藝術。一文錢沒有，一句話不懂，兩個箱子塞滿了筆墨紙硯，文房四寶，卻連換洗的衣服都沒有一件。像當年迫不得已下鄉一樣，「洋插隊」也是一切從零開始。卡爾斯魯厄的水彩畫教授要她先去學德文。要生活，要打工，只好來到漢堡闖蕩。開始在中餐館幹了整整一年。每月集中的兩個雙休日，譚綠屏就在借居的小閣樓裡盡心揮毫。一年多過去了，她甚至不知道漢堡的市中心在哪裡。初時，她以傳統的技法表現女性的柔美及人物的氣質風度。但生活的艱辛，又磨礪出她剛陽豪放的畫風。用簡潔而富張力的線條，流動而具變化的造型，跳躍而有節奏的釁影，融印章、書法、繪畫於一體，表現心靈的震撼。一年後，譚綠屏掌握了一些德文，就忙著籌辦起第一次畫展。譚綠屏在繼承悲鴻大師的筆墨基礎上，結合西方繪畫的技巧，探索出自己的立意與造型。她的作品，尤其是畫馬，深得悲鴻大師神

韻，在德國美術界引起很大反響。四年後，譚綠屏有了自己安穩的家。

1992年譚綠屏在漢堡一家大型地毯商場做美術裝潢師的工作。當時中德貿易正處於飛速發展的階段。該商場銷售大廳裡安裝了一座大紅柱子盤金龍的中式宮廷門樓，用來裝飾中國地毯銷售區。譚綠屏的任務是，為門樓的內牆創作一幅巨大的壁畫。在沒有參考資料，沒有任何準備的情況下，她一口應了下來，鐵了心要經受這一考驗。每天都搬梯子爬上爬下，在高牆上仰頭作畫，畫進中國園林，畫進對祖國的深情厚愛。其中的艱辛，可比米開朗基羅為梵蒂岡創作天頂畫。所不同的是，譚綠屏是個弱女子。整整三個星期，壁畫終於完工。每天都有大量的顧客駐足觀看。有人稱之為「Peking Carten」（北京花園）。就連漢堡市長福舍勞（Vorscherau）都發來賀信向畫家致敬。

自從《歐洲新報》創刊以來，每年新年首版都少不了譚綠屏的畫作，以慶賀新春，給大家帶來歡樂和喜慶。早在1994年，她的畫作就獲得國際水墨大展楓葉獎。2005年江蘇省《花鳥畫研究》月報刊載了譚綠屏的個人專版。2007年她榮獲天津與德國明斯特電臺中德十大團體聯合舉辦的《關愛老人，關注老人》海內外大型徵文畫類一等獎。2008年臺灣《世界論壇報》為譚綠屏刊出了「書畫名家」整版。她的七幅畫作還入選北京奧運會禮品畫冊《中國風》。

譚綠屏來到德國後，一方面繼續作畫，另一方面在文學領域嶄露頭角。她「把遠離故土積壓心頭、無處宣洩的情感化成文字」。1986年譚綠屏寄出第一篇作品，就被《歐洲日報》選用，分多日連載。文學與繪畫是相通的，不斷的寫作，發揮出了她潛在的文學能量。像奇蹟般，譚綠屏的第三篇稿件《櫥》在海內外眾多的寫作者中脫穎而出，榮獲1990年臺北《中央日報》文學獎，由兩岸聞名的大詩人余光中親自授獎。從此譚綠屏文思如泉湧，一發不可收拾，

作品一篇篇問世，登上德國和海峽兩岸的各種報刊，引起了廣大文友和海內外華文文學研究者的重視。1992年，譚綠屏成為歐華作協會員，這是改革開放以來走出國門的大陸新移民中的第一位。2002年譚綠屏出版了文集《揚子江的魚，易北河的水》。她在散文和微型小說方面造詣最深，成就突出。早在2002年馬尼拉舉行的世界微型小說研究會成立大會上，文壇聲名鵲起的譚綠屏就被推選為歐洲理事，開始在德國乃至歐洲發動推廣微型小說的創作，兩次為《香港文學》的微型小說專刊組稿。她的微型小說入選「2005年世界華語文學精選」。2011年微型小說《天上多一顆我畫的星——畫之殤》獲第九屆中國全國微型小說年度評選三等獎，同年其散文《德國三兄弟和他們的中國太太》在新疆舉行的第二屆海內外華人作家筆會上獲得《當代華文愛情親情散文大典》二等獎。而譚綠屏的散文《賣炭翁，悠遊歐洲歌漢堡》同時為海峽兩岸所推崇，這篇2000年4月28日披刊於臺灣《人間福報》的優秀散文，又被收入暨南大學出版社2009年出版的《海外華文文學讀本》散文卷。

2012年譚綠屏雙喜臨門。一方面，她在《歐洲新報》的徵文大賽中，勇奪魁首。獲得國航獎勵的中國公務艙往返機票一張（價值約三千歐元），獲獎作品為《吸毒的小天鵝》。另一方面，5月份的《歐華導報》專門為譚綠屏發了專輯，這在德華文壇是少有的榮譽，也是對她幾十年來默默耕耘，寫作繪畫不凡成就的肯定。

譚綠屏說：「我心中有兩座山，一座畫山，一座文山。當畫筆不夠表達時，就借用文筆，當文筆不夠表達時，又回到畫筆」。就這樣，她多年來馳騁於畫壇文壇之間，成為美術界和文學界的常青樹。譚綠屏說：「生命之於我，已有雙倍的意義。」

鼓勵提攜後進，推動文化交流

譚綠屏熱心中西文化交流，多年來一直擔任德中文化交流協會主席。多方應邀舉辦畫展和「中國畫的欣賞」專題講演。在譚綠屏的影響下，不少金髮碧眼的外國人也迷上了毛筆，愛上了中國的水墨畫。譚綠屏從拿毛筆開始教起，告訴他們中國畫不僅是一種藝術，也是一種修身養性的東方哲學。其中有位學生叫卡特琳（Dr. Kathrin Guenther），是生物學博士，喜愛中國文化，師從譚綠屏近二十年，現在她畫的梅蘭竹菊在當地已小有名氣了。還有位學生叫沙特（Hans-Wilhelm Schate）師從譚綠屏十多年，主攻中國書法，已能開班教基礎書法；他努力學中文，在譚綠屏鼓勵指導下寫出中文文章《我的書法情緣》，發表在文心網，並做過一些中譯德文字翻譯。

作為歐華作協資深會員，譚綠屏不忘提攜後進，善於發現新人予以鼓勵，介紹給歐華作協和文心社，為海外華文文學的興盛，寫作隊伍的壯大，貢獻了自己的力量。

在易北河畔生活了近三十年，譚綠屏心裡依然記掛著揚子江的水，她說：「我每年都要回南京看看，這裡有我藝術和生活的根。」2005年譚綠屏在江蘇省美術館舉辦了個人畫展，南京市作協為她舉辦了個人作品座談會，畫壇文壇雙豐收。她在創作之餘，還積極回饋家鄉，為南京和德國的文化交流穿針引線。2007年譚綠屏曾組織德國畫家十五人到南京舉辦畫展，2010年又組織南京畫家四人到德國舉辦畫展，在兩國美術界反映強烈，獲得各方面的好評。譚綠屏對自己的定位不僅僅是畫家作家，更是一個在異國宣傳中華文化的使者。「看到越來越多的德國學生熱衷於讀唐詩，畫山水，非常欣慰」譚綠屏如是說，這是她在繪畫寫作之外的人生價值。

莫索爾
資深記者　西華僑領

> 　　莫索爾為資深國際新聞記者，西班牙著名僑領，曾任歐華作協會長，是德高望重的老前輩。他年過八旬聲音洪亮，聽力良好，記憶特別清晰，簡直就是一部活歷史。與他談話，學到很多東西。

蔣夫人培育的遺校學生

　　莫索爾1933年出生於江蘇南京。父親莫鈞號治平，1902年生，二十餘歲時回應國民革命浪潮，投筆從戎，進入黃埔軍校，四期畢業。積極參與北伐和抗日戰爭，積勞成疾，不幸於1943年病逝於湖南洪橋。去世時官階陸軍上校。母親張一敏，1912年生，曾任小學教員。1949年後，海峽兩岸斷絕來往，即再無消息，生死未卜。直到1990年初，莫索爾與妹妹莫曼麗取得聯繫，才知母親已於1967年去世，年僅五十多歲。莫索爾感嘆：「嗚呼！樹欲靜而風不止，子欲養而親不在，此亂世之悲劇，豈本人一人之傷痛。」

　　莫索爾自幼頗知自勵，努力向學。抗戰中他在貴陽、重慶上小學。抗戰勝利後作為軍人遺族進入南京遺族學校就讀。他特別尊崇創校和領導校務的蔣夫人宋美齡。

　　遺族學校全名「國民革命軍遺族學校」，1928年在南京創立，目的是讓在戰爭中犧牲的軍人，其遺族能受到妥善的照顧和良好的教育。當時的許多黨政要員，包括宋慶齡、宋美齡，都是校董，並

由蔣介石親任校長。1937年日本侵華戰爭全面爆發，南京淪陷，遺族學校被迫停辦。但學生仍然得到了很好的安置。在大後方貴州銅仁繼續讀書。八年抗日，我國軍隊浴血奮戰，僅犧牲的將軍就有兩百多名。1945年抗戰勝利後，遺族學校又在南京複校，收容抗日戰爭中為國捐軀的軍人後裔。校址仍在中山陵附近的環境優美的四方城（明孝陵神功聖德碑碑亭俗稱四方城）一帶，蔣公依然擔任校長，蔣夫人為主席校董，實際督導校務。莫索爾就是那時入校的。當時學校有五百多名學生。

蔣夫人在國務倥傯中，時常來學校探望。因為她直接督導遺校校務，與學生的接觸很多，常常來校巡視環境，在飯廳與學生共餐，或請名家來校參觀演講。在週末讓學生輪流去凱歌堂做禮拜，唱聖歌。在那動亂不安的戰後時期，這一群失怙的孤苦青少年，在遺校衣食無虞，師資優良，個個努力向學。蔣夫人視他們為自己的孩子，而同學們則視她為親人，稱她蔣媽媽，兩者之間已經有一種親情。

無論是在南京遺族學校期間，或是以後該校播遷到臺灣，學生在師大附中寄讀時，蔣夫人對她一手拉拔長大的學生的生活與前途，均極關切。1958年，遺校創立三十週年，蔣夫人特別在陽明山與全體學生聚會，蔣公亦親來致訓，諄諄勉勵，十分溫馨，令莫索爾至今難忘。

學生逐漸長大，分散各地，工作在不同單位，蔣夫人在婦聯會或其他場所，只要知道有遺校學生，均會特別接見。1969年莫索爾從西班牙返臺參加國民黨第十屆全國代表大會，另一位同學亦從加拿大返國與會。當蔣夫人知道有兩位遺校學生參加大會時，特別安排在士林官邸接見莫索爾兩人，垂詢在海外的生活，並叮囑在各方面報效國家。

遺校同學對蔣夫人的感念是赤子之心的親情表現，校友們會常在適當時間派代表向蔣夫人請安。蔣夫人晚年隱居紐約，已不大接

見訪客，但是每年遺校組團前往紐約拜見蔣夫人。她從不拒絕，並以精美茶點招待同學。

　　蔣夫人逝世後，遺校同學亦常去她的墓地鞠躬默哀。而校友會出版的《遺校校友通訊》幾乎每期都以蔣夫人的玉照為封面。莫索爾在該刊79期（2012）撰文《永遠的感念，遺校學生難忘蔣夫人養育之恩》，情深意切，感人至深。

　　遺族學校已走入歷史。但它的創立及走過的歷程值得回顧。南京四方城的舊校址仍在，雖然已轉作他用，而蔣夫人扶持遺族學校的成長與對該校的照顧更不容忘記，就在這一信念之下，幾位遺校學生2010年做了一件具有歷史意義的事，那就是在南京舉辦「宋美齡與國民革命軍遺族學校文物展」。這一長期展覽由在南京的遺校前期學生楊榮慶以及在紐約的後期同學，心臟科醫生向厚祿合力籌劃，並得到許多其他同學的協力支持。二人協力接洽場地以及各方面的展出交涉，向厚祿並提供大量有關文物與照片。展覽場地在南京原總統府（現為南京近代史博物館）。展出內容彰顯以下幾項：蔣氏夫婦的大愛情操，創辦遺族學校，撫育烈士後裔；蔣夫人的功績，包括她設立「戰時兒童保育總會」，搶救收容淪陷區難童三四萬人，兩次在美國國會以及各州演講奔走，爭取美國對我國抗日的同情和援助；並介紹英勇抗日陣亡將士的事跡，遺校傑出校友的成就等等。

　　讀者也許會問，這個有關蔣氏夫婦的展覽如何能在南京舉辦？年高九十的楊榮慶給出了答案。他說：「近一時期大陸的一些專家與學者，掀起對民國時期黨政要員的重新評價熱潮，他們不避政治風浪，發表論述，有探索求真的務實精神，值得讚揚與尊重。」又指出：「這項展覽正是這陣浪潮的一個亮點，專家們一致認為是大陸迄今為止、數十年來不曾有過的唯一介紹宋美齡的展覽，意義非凡，堪稱劃時代之舉。」難怪展覽造成轟動，參觀者絡繹不絕。

事實上，宋美齡是我國建立共和以來，第一夫人中間學歷最高，對國家民族貢獻最大的一位。她出生於1897年，逝於2003年，一生跨越了三個世紀。十一歲就與姐姐宋慶齡一起飄洋過海，在美國讀書及成長，後進入威斯里安學院，及麻薩諸塞州威爾斯利大學（Wellesley），主修英國文學，完成高等教育。她1932年擔任中國航空委員會秘書長，任內推動組建、擴充空軍，被譽為「空軍之母」，積極為抗戰做準備。她與夫君共同參加《開羅會議》，取得光復臺灣的歷史性成果。她在美國國會兩場演說，成為美國歷史中第一位在國會殿堂裡演講的亞洲女性。她的外交活動為民族救亡做出了實質的貢獻，而且促使美國取消了施行六十一年的排華法律，使中國人也能合法移民美國。抗戰期間美國給與中國的援助達十五億美元，對處於艱難抗日時期的中國猶如雪中送炭。在爭取美援的過程中，宋美齡功不可沒。

莫索爾有幸在蔣夫人領導的遺族學校求學成長，是他最大的幸福，奠定了他一生事業發展的基礎。

臺灣歲月

1948年底，莫索爾尚在遺族學校讀初二，由於戰局的變化，該校南遷，不願走的學生被家屬領回，但莫索爾的母親遠在貴陽，無法照料，於是他隨遺校先到杭州，後落居廣州，最後來到臺灣。赴臺遺校學生約三百人，分在臺北師院附中寄讀。在附中莫索爾體弱生病輟學住院治療。1951年病愈後重回附中讀高一，而遺校同學早已分發至臺灣各地工、農、師範學校或軍校就讀。一年後，莫索爾高中尚未畢業，就以同等學力參加臺大入學考試，當時考國文、英文、數學和常識（各科綜合）四科。錄取分為兩百分，莫索爾考了一百九十三分，三科都很好，但數學僅六分。眼看功虧一簣，但臺

大校長傅斯年（原北大校長，歷史學家）為了照顧文科優秀生，規定國文、英文分加倍再加上常識分達三百分者即可錄取，莫索爾按此法算為三百零六分，得以考入臺大外文系。至今莫索爾感念愛惜人才的傅斯年校長。

大學生活是快樂的。幾個老同學常常在課外相聚，吃個小館，常去的臺大附近羅斯福路某巷口一位四川人開的小館子「壽而康」，那裡的蹄花面想起來還令他垂涎。

1956年夏莫索爾剛從臺大畢業，得知中央日報招考校對，報名考試被錄取，開始去上班，中央日報總編輯錢震（1912生，現已去世，美國密蘇里大學新聞系畢業的前輩）在辦公室召見，鼓勵好好做，「努力工作將來就可以坐到我的位子」。校對的工作就是看印出的大樣有無錯誤，是最基本的工作，而且中央日報還鼓勵校對如果找出錯別字發給獎金。但校對需值夜班，下班時已凌晨四點，回到宿舍天都快亮了。幹了兩天吃不消，他決定辭職不幹，莫索爾回憶當時有點心高氣傲，對校對這個工作並不滿意，卻不知道這是新聞工作的第一課。打電話給總編說身體吃不消決定辭職，錢震在電話裡連說兩遍「太讓我失望了！」如果當時不離開，莫索爾的人生可能是另一番境界。

1956年，莫索爾考入政大新聞研究所就讀。住在研究生宿舍，幾個志同道合談得來的同學朝夕相處，或讀書、或娛樂，是求學階段最愉快的一段日子。1959年春他在政大新聞研究所碩士畢業後，進入一家廣播電臺任編輯。那年秋天，中央廣播電臺招考編譯，莫索爾考入。在大陸部新聞組工作，任務就是編寫每小時的正點新聞，大約兩千字。有時改寫報上的新聞，有時翻譯外電，由於時到必播所以常常趕時間，而且除了凌晨幾小時，其他時間全天播音，所以他們分三組輪流工作。

莫索爾喜歡看電影，聽古典音樂，當年在臺大讀書時，常常

去聽社團舉辦的唱片欣賞會。那時物質條件差，聽正式的音樂會是妄想，也很少有。能夠聽唱片就是一大享受，如果能到「田園」咖啡廳去泡一個下午，點聽自己喜歡的名曲，就更心滿意足了。他在編譯之際，為新生報撰寫影評，並在此報發表連載《西洋音樂史話》。喜歡音樂的習慣一直保持至今，他在西班牙常聽交響樂團的演出，如貝多芬和布拉姆斯的小提琴協奏曲。

駐西記者　服務僑胞

1962年夏，西班牙東方書院贈送我國五個獎學金名額，自教育部招考。本來莫索爾想去美國留學，一時拿不到簽證。於是參加考試，考取了這個獎學金，於當年年底啟程坐飛機到香港，乘輪船漂洋過海，幾乎一個月才到法國馬賽，再乘火車來西班牙。1963年初到達馬德里。

剛來西班牙語言不通，好在莫索爾是外文系科班，英文、法文基礎雄厚，參加西班牙語言班進步很快。當時他住在東方書院，這實際上是一個與教會有聯繫的國際學生宿舍。為了學好西班牙語，一位名叫蕭繼變的學長聯繫來幾位西班牙女大學生，與他們這些新生聯誼，經常在一起喝咖啡、聊天，出遊，其中一位藥學系的西班牙姑娘後來成了莫索爾的妻子。

次年莫索爾進入馬德里大學文學院博士班就讀，他選定論文題目，比較西班牙中世紀英雄熙德（1043-1099）和我國抗金名將岳飛（1103-1142）。熙德（El Cid Campeador）是西班牙歷史上家喻戶曉的民族英雄。由於他驍勇善戰，連他的敵人也尊重他。經過傳說的渲染，他便成為一位融合勇氣與人性的英雄武士的典範，變成故事和歌曲爭相傳頌咏讚的民間英雄。由於他的事跡而產生了史詩《熙德之歌》，就像希臘文學始於荷馬史詩《伊利亞特》，法國以《羅

蘭之歌》拉開詩歌的序幕一樣，西班牙的文學史即由《熙德之歌》揭開了第一頁。

正當莫索爾沉浸在西班牙歷史和文學之時，中央通訊社急需西語人才從事新聞工作。1966年莫索爾應聘擔任中央社駐馬德里記者，後升任特派員。那時每天都要發新聞稿，報導西班牙動態、使領館外交活動、僑社活動等。每週還要寫一篇關於西班牙政治經濟形勢的分析文章，長1500到2000字。他擔任此職一直到1987年，二十多年間經歷了佛朗哥威權統治，佛朗哥去世，胡安·卡洛斯一世國王登基，議會民主制確立，經濟起飛，加入歐盟等一系列變化。僑胞也有最初的兩千多人增加到萬人以上。如今西班牙華人更多達二十多萬，其中馬德里就有六七萬。

1987年莫索爾由中央社派往阿根廷擔任特派員，一住三年。這裡工作更忙。阿根廷當時已有好幾萬華人，有僑校，舉辦徵文比賽，甚至舉辦選美活動，佛教乃至一貫道都在阿根廷扎下根基。僑社的活動、阿根廷政局的變化，他都要報導。

1988年莫索爾的岳父去世，藥房由妻子接手經營，女兒也在西班牙，兩地分居不便，於是1990年莫索爾提前自中央社退休，返回西班牙。他轉而擔任中央日報駐歐撰述，工作彈性較大。至今不時撰寫歐洲政情分析評論。間或為中副、臺港及歐洲報刊寫稿，如文藝評述、文學報導、雜文及敘述性散文。

莫索爾久居歐陸，除工作外，積極參與僑社活動，成為西班牙著名僑領。他秉持「深信惟有以誠信，無私之心始能竟功」的人生觀，深得僑胞信任和愛戴。他長期擔任國建會西班牙分會會長。國建會會全名「國家建設研究會」，由蔣經國1972年首次召開，邀請海內外專家學者對政治、經濟、貿易、文化、教育各項問題，提供建言，並將結論定為政策，加以實施。1981年莫索爾曾赴臺與會。這種邀請頂尖學者專家集思廣益，為國家大事提出方針的會議，是

個好辦法，但李登輝上臺後於1995年停辦。現在國建會各分會已成為各國僑胞學人的聯誼組織。莫索爾還擔任西班牙和平民主聯盟理事長。並於1990年代長期主持馬德里華僑服務社工作，服務留學生，聯繫僑胞。

歐華作協老會長

　　莫索爾是1995年加入歐華作協的。他長期從事新聞寫作，寫國際評論，寫雜文，能用中、英、西班牙文寫文章，有很高的文學造詣。他深有體會地說：「新聞寫作與文學寫作最大的不同，我想一個是『無我』，一個是『有我』，有我就有私，新聞報導最忌的就是有私。而文學寫作，尤其是抒情的文學，沒有我，就沒有真實感，沒有血，沒有肉，徒具軀殼，文筆的華麗並不能掩飾內涵的空虛。」

　　2002年歐華作協蘇黎世年會上莫索爾被選為歐華作協會長。他殫精竭慮為發展會務操勞，2003年9月19日至21日在德國南部新天鵝堡，舉行了歐華作協第五屆第二次理監事會大會，共有會員二十八人出席。這次會議由莫索爾主持，成果之一，就是籌備出版了《歐洲華文作家文選》（麥勝梅主編），莫索爾在序言中寫道：「文章之道首在真誠，論述敘事，是事實之真，抒情感懷是感情之真，不顛倒黑白，忌無病呻吟，都是至誠。歐華作協文友來自不同地區，散居歐洲各個國家，但都受過良好的教育與文化素養。更長期吸吮過中華文化之滋補。我們在領先世界之歐洲文化薰陶之下，接觸不同的人物、語言、風俗習慣，自然而然產生一種迥異，或者說融合精練的文化特質。這些特質以真誠的態度表現出來，我想是這本文選最大的特色。這本文選收集了三十多位文友的作品，有詩、散文、短篇小說、論述、報導、遊記等，亦反映出我們文友寫作的多

樣性。文友們寫作的範圍極廣，從偵探推理、抒情憶舊、時事報導、專題論述、旅遊文學到宗教、甚至體育運動的題材都有。文選是一個選樣，但多少代表我們歐華作協的陣容，以及大家勤於耕耘，對寫作的堅持。」

謝盛友
參政破冰者　當選市議員

> 2014年3月16日巴伐利亞州舉行地方選舉。德國華人著名人士，歐華作協副會長謝盛友（You Xie，曾用名謝友，筆名西方朔、華驊）以基社盟最高票當選班貝格市（Bamberg）議員。

反響熱烈　意義重大

　　謝盛友高票當選市議員的消息傳來，德國乃至歐洲華人華僑一片歡騰，備受鼓舞。德國著名僑領，《華商報》總編修海濤激動地說，到目前為止，還沒有華人進入市議會，謝盛友在德國破天荒！奧地利廣播電視「中國脈動」欄目主持人常暉祝賀謝盛友一馬當先，宏圖偉志，為歐洲華人從政，以更好地融入主流，爭取權益，鋪下了重要的路基，當額手稱頌！德高望重的歐華作協創會會長趙淑俠更讚譽說，盛友弟，你是歐洲華人參政的破冰者，是我們的驕傲，歐華的史冊上將長存你的名字！

　　謝盛友參政的消息的確值得大書特書。過去只聽說美國華人參政，而且往往是第二代。因此謝盛友參政議政，不僅實現了他自己的夢想，也鼓舞了德國、乃至歐洲的廣大華人。通過參加黨派活動，參政議政，熟悉德國的黨派運作和議會運作，所積累的經驗，對於未來中國進一步深化政治改革，也會有一定的借鑒作用和參考價值。

德國的城市分三類,第一類是柏林、漢堡和不來梅,與州平級,相當於中國的直轄市(臺灣叫院轄市),第二類是縣級市,德語Kreisfreie Stadt,與縣平級,屬於某個州,如慕尼黑。第三類是縣轄市,如縣城(Kreisstadt),實際上是城鎮。班貝格為縣級市,七萬多人口,不算大城市,但行政上與慕尼黑、法蘭克福平級。麻雀雖小,五臟俱全。一樣設有市議會,代表人民監督政府。市議會共有四十四個議員(Stadtrat)。這次大選九個黨派提出三百六十七位候選人,平均八九個候選人競逐一個席位,競選之激烈,可想而知。選舉結果,謝盛友所在的党基社盟獲十二席,為市議會第一大黨。其中謝盛友得票最高,達一萬多票,票數之多甚至超過該市的基社盟黨主席和幾位資深議員。

選舉結果一揭曉,就引起了主流社會和媒體的極大轟動。一個黃面孔的華人,第一次參選就獲得勝利,而且獲得該黨票數第一的成就。這簡直是當地選舉的Sensation(頭號新聞)。巴伐利亞副州長Markus Söder親自向謝盛友祝賀。包括德國發行量最大的圖片報(Bild Zeitung)在內,德國幾乎所有報刊,電視廣播電臺都加以報導,謝盛友每天都被德國媒體「圍攻」,探尋謝盛友一炮而紅的秘密。

作家老闆媒體人

謝盛友確非等閒之輩。他1958年出生在海南文昌縣,為晉代軍事家謝安的五十六代孫。文昌今天是中國新建的航太基地,歷史上出過宋家三姐妹(宋靄齡、宋慶齡、宋美齡)。謝盛友爺爺的堂妹謝飛是文革打倒的國家主席劉少奇的第三任妻子。謝盛友因父親的國民黨員身分在毛澤東當政時吃盡苦頭。高中畢業,回到農村修地球。過著貧窮單調的日子,看不到前途在哪裡。他總結說,五○年

代末六〇年代初降臨到這個世界的人，生來就挨餓，上學就停課，畢業就下鄉，回城就待業。

毛澤東死後，中國迎來了改革開放的時代。恢復了高考招生制度。謝盛友把高考看成改變命運的唯一出路，全力以赴，刻苦攻讀，榮膺海南島外語類的高考狀元。考進廣州中山大學德國語言文學專業，這奠定了他大半生與德國文化和社會的淵源。妻子張申華，是他德語專業的同窗。

1988年謝盛友來到德國南部的巴伐利亞州。一邊打工一邊上學，奮鬥了五年，從班貝格大學拿到新聞學碩士學位，副科社會學。從1993-1996年，謝盛友天天坐火車到四十公里開外的埃爾蘭根大學，研究西方法制史。1996年謝盛友在班貝格創立了華友速食連鎖店，後來又發展為華友集團，過上安定的生活。

白天，謝盛友是笑容可掬的餐館老闆，以愛心預備美食，溫暖食客們饑腸轆轆的肚腑；夜晚，他有一支擲地有聲的好筆，在字裡行間，他訴說，他挑戰，他感懷，他立意。

在追求金錢的同時，謝盛友始終沒有忘記自己是一個學者，更是一個在異鄉異地的中國人。他的腦子和他的思考並沒有被金錢和汗水而堵塞和淹沒，相反的是更加激勵了他對家事、國事、天下事的思索和寫作。已出版的文集計有《微言德國》、《老闆心得》、《人在德國》、《感受德國》、《故鄉明月》以及中德雙語版《Als Chinese in Bamberg，留德歲月＋班貝格歷史文化概況》。謝盛友的思考和寫作側重新聞自由、信仰自由、司法獨立、道德重建、公民社會和兩岸關係。謝盛友在九〇年代就以針對農民工的問題發表文章，引起深圳市領導的重視。他是海內外第一個為農民工問題大聲疾呼的人。在中國大陸，他被《南方週刊》入選為2010年度百位華人公共知識分子，由此可見其影響。

記得曾有人說過，如果你想害誰，就勸他去辦刊物。謝盛友認

為：「我們這代人是期盼中國新聞自由的，但是，我們不能被動地等待，我們要主動『磨練』」。他是德國新聞學專業的科班，非常清楚辦刊物的艱難。但無論如何，他都要親自體驗一下德國的新聞自由，實現自己辦刊物的夢想。

1996年謝盛友創建華友出版社，1998年開始籌備，1999年創立和出版紙媒月刊，起初名為《環歐資訊》，後來改名《本月刊European Chinese News》。

《本月刊》一共六十頁，五十頁文字，每期大約十萬字，其他十頁為廣告版面。《本月刊》的專欄包括：本期專題、熱點追踪、中華掃描、歐陸掃描、天下華人、社會生活（刊登隨筆、小說、散文、雜文等）、人物春秋、保健養生、法律資訊、財經焦點、讀者服務等。內容貼近德華歐華的需求，很受讀者的歡迎。

但歐洲華人讀者數量畢竟有限，刊物做大不容易。出版發行一期大約需要一萬歐元，常常造成虧損。原因之一是讀者結構發生了變化，現在的年輕人喜歡上網閱讀，不認為紙媒是商品，不願意花錢訂購或購買雜誌。2011年底，《本月刊》決定停止定期出版。前後出了十二年，一百二十多期。《本月刊》堅持出版發行如此之久，無論如何，已在歐華媒體史上，特別是在德華媒體史上留下了濃重的一筆。

很多人讀過謝盛友所辦的中文雜誌。但較少有人知道謝盛友還為德國主流媒體寫專欄。德國施普林格圖書報業出版集團2012年1月6日發布了一個立項研究《書寫德國新聞史的人》的綱要，列入研究綱要的除了報業大王施普林格外，還包括近代活字印刷術的發明人谷登堡，德國作家畢希納，《明鏡》週刊創始人奧格斯坦，德國總統高克牧師，德國《圖片報》總編迪克曼等二十人。值得華人驕傲的是，謝盛友也名列其中。謝盛友為什麼能名列榜中呢？當然這與他辦雜誌的事蹟有關，與他純熟高超的德語水準有關，然而最主要

的原因是：謝盛友為德國負有盛名的專欄作家，多年來一直用德語為德國主流媒體寫作，擁有廣大和高層次的讀者群。

謝盛友是一個有獨立人格、自由思想、熟悉中德兩國文化背景，具有廣闊的國際視野的學者。因此他的作品受到德國人，特別是想要瞭解東方的人們的喜愛和重視。謝盛友曾任班貝格大學經濟系客座教授、巴伐利亞工商會顧問，也是由於德國人看重他的專業知識和良好的德語表達能力。

目前謝盛友主要為兩家德國大報寫專欄。

一家是Die Tagespost Katholische Zeitung für Politik，Gesellschaft und Kultur，即每日郵報，這是關於政治、社會和文化方面的天主教報紙。在德國，天主教與新教平分秋色，大約百分之三十的人口信奉天主教，不久前剛退位的教皇就是德國人，由此可見每日郵報的影響力。

另一家大報是Bayernkurier–Deusche Wochenzeitung für Politik，Wirtschaft und Kultur，即巴伐利亞信使報，這是一份關於政治、經濟和文化的週報，為基社盟的機關報。由於基社盟在巴伐利亞州長期執政五十多年，如今又是聯邦的執政黨之一，在內閣有好幾個部長席位，所以該報也是具有全國性影響的高層次大報。

要為德文高端報章寫文章，既要有學術水準，又要能寫漂亮的德文，能達到這樣水準的華人實在有限，而謝盛友卻能，他是德華知識界的精英和驕傲！

走上參政之路

2013年4月20日，謝盛友以最高票當選為班貝格市的基社盟（CSU）黨委委員，邁開了從政的一大步。這也是德國華人參政的一大步，難能可貴的是，謝盛友是在旅德第一代華人中第一個參與

主流黨派政治，進入領導層的。融入主流社會，參政議政，這是謝盛友長久以來的一個夢想，如今終於圓了這個夢。

　　基社盟在班貝格擁有五百五十名黨員。當天參加選舉的有兩百二十黨員，謝盛友獲得最高票一百四十一票，市黨主席才獲得一百二十九票，屈居第二。

　　基社盟全稱基督教社會聯盟，是德國巴伐利亞州的一個政黨。在聯邦議會該黨和其姐妹黨基民盟共同組成一個黨團。黨的宗旨是為公民謀事，給社會各種人從事政治的機會，創造良好的國家財政、福利、勞動崗位，注重家庭和教育、藝術和文化、環保、農業保護和消費者利益，以及全民的安全。

　　2012年謝盛友才加入基社盟，入黨一年多，就躋身由十幾人組成的市黨委。他說：「這裡的奧秘就在於，我始終堅持一個做人準則：Frage nicht was deine neue Heimat für dich tun kann，sondern was du für deine neue Heimat tun kannst！（不要問你的新家鄉為你做了什麼，而要問你為你的新家鄉做了什麼）。二十多年前初到德國時，我什麼都沒有，如今我什麼都不缺，是應該感恩的。我同時非常感謝我的太太張申華和兒子，一個和睦的家庭在政治競選中永遠是加分的。」

　　謝盛友在班貝格生活學習工作已超過四分之一世紀，他熱心公益事業，在2013年聯邦大選時，他作為義工每天都要抽出幾小時為基社盟輔選。2004年他創建班貝格中文學校，後來還為兩母校中山大學和班貝格大學牽線搭橋，建立了校際聯繫。他在當地知名度非常高，已入編《班貝格人物志》（Person Bamberg），德國電視臺也曾多次採訪過他。法蘭克福彙報和班貝格地方報都為謝盛友出過專版。可以說，在班貝格，沒有人不認識這個來自東方的成功人士。廣泛的人脈和很高的知名度，也是謝盛友當選的重要原因。

　　在電話採訪中謝盛友告訴筆者，2013年7月他獲得基社盟黨內提名，成為市議員候選人。拉開了競選的序幕。這多半年來，他每天

抽出半天時間參加與競選有關的工作。10月份，基社盟召開兩次閉門會議確定了班貝格施政綱領（Bambergplan）。今年一二月選舉進入了動員時期（Motivieren），三月份更進入了白熱化階段（Heisse Phase）。忙得裡外不著家，店裡生意也顧不上，全靠妻子打理。這多半年來，他曾多次舉行報告會，宣講自己的參政理念，對市政工作的看法。在市中心各類活動擺攤進行競選。發表各類文章。與各階層的選民見面，宣傳政見。在他的速食店和橋頭幾個地方，掛起了印有謝盛友頭像的競選廣告。

他還準備了一萬封給選民的信（全市有三·五萬戶，五·八萬選民）。這些信靠郵寄太貴。就自己挨家挨戶分發。其中選前最後一個星期天，即3月9日，他和妻子兩人從早上九點一直分發信件忙到晚上九點，整整十二個小時，累得骨頭都散了架。

功夫不負有心人。謝盛友本來就很出名，通過各種競選活動，知名度就更高了。他以自己熱情和誠懇，良好的德語，務實的政見，贏得了市民的喜愛。一些不常出門的老人都趕往投票站為謝盛友投下神聖的一票。原來他在黨內候選名單排名第二十九位，但最終謝盛友卻以基社盟最高票當選，被德國媒體驚嘆為選票之王（Stimmenkönig）。主流媒體紛紛以Vom Imbiss ins Rathaus（從速食店選進市議會）為題進行報導。

我向謝盛友提問，當選市議員，今後打算怎麼做。謝盛友回答說，德國聯邦議員任期四年，州議員任期五年，而市議員任期六年。市議員不是專職政治家，每週開兩次會，每月至少要開八次會，討論市政各方面的問題。每個議員都要參加一兩個專門委員會，如有關城市建設、財政等等。他準備參加與家庭有關的委員會，注意力放到教育、養老等諸方面的問題。學習參政議政，瞭解並熟悉市議會的運作，做一名為選民辦實事的市議員。

張筱雲
《德國僑報》頂樑柱

張筱雲是歐華作協的優秀會員，2007年就盛年早逝。但我還是要把她寫進小傳系列，因為歐華作協像一個大家庭，每一個兄弟姐妹我們都不能忘記。而且她擔任過多年《德國僑報》的總編，對繁榮歐華文壇做過貢獻。她的事蹟作為歐華文壇歷史的一部分，應當記錄下來。

眷村小鎮出鳳凰

張筱雲1962年出生於臺南市。父親原籍吉林，是撤臺的軍人，娶當地小姐為妻。申請退役後，謀得一份在中學教書的工作。學校在臺東縣，於是全家遷往太平洋岸的小漁港成功鎮。從此，一家人在淳樸寧靜的鎮上安定下來。

張筱雲寫過一篇文章《珊珊》（見《德國僑報》220期，1993年12月），其中提到了自己的童年：「小時候，家住臺東鄉下。當時，由於交通不便，臺東在全省各縣市中，屬落後偏遠地區，民風也特別保守閉塞。小鎮居民，除部分原住民外，大半是本省籍。

定居臺東之前，我們一直住『山前』。小學三年級那年，父親卸任軍職，轉業從事教育工作，並被分配至遙遠的臺東，才居家遷移至此。

記得剛轉入鎮上小學那年，曾造成學校不小的轟動。不僅，

由於我來自文明的西部，更有異於常人的是，我是全校唯一不會講『閩南語』的外省仔。

自小，因父親屬職業軍人，我們一直住在眷村。眷村成員大半來自內地，南腔北調，各省方言都有，唯獨『閩南語』算是冷門，不被列入通行語言之一。在這種環境下長大，不會說『閩南語』似乎也很平常。沒想到，在小鎮居然因此被視為異類，飽受排斥嘲弄，幼小心靈蒙上陰影。

直到後來，學校嚴格執行『說國語運動』，我又在多項演講、朗誦比賽中表現優異，才算總讓我有揚眉吐氣的機會。」

這裡提到的山前，就是臺灣開發最早的西部平原。相比較，臺東開發最晚。張筱雲自幼在眷村成長。眷村是臺灣特有文化，1949年來到臺灣的外省人中，軍人占了很大的比例，政府為了安置軍人和家屬，於是蓋起了眷村。眷村低矮的房屋，狹窄的巷道，集中了數百戶來自不同省市的家庭。眷村裡一戶挨著一戶的日常生活，誰家罵孩子，夫妻吵架，都聽得到，加上各省生活習俗不同，卻集中在小小的村子裡，南北口音交雜，酸甜鹹辣的飯菜香味飄揚在空氣中，形成一種特殊的文化。這種特有的環境，成長其中的孩子也有獨特的氣質。

張筱雲在眷村長大，後來離開眷村有了自己的生活，雖然旅德多年，但是，她身上保持獨特的爽朗氣質、廣闊的氣味。老會長朱文輝讚曰：「在我眼中她是本協會的『豪姐型』文友。她的個性與為人——爽朗、快人快語、古道熱腸、辦起事來如疾風掃葉，魄力十足，頗有女中豪傑的氣勢。」

張筱雲幼時家境清苦。她在《珊珊》一文中回憶：「母親生育四個子女，父親是教員，收入不豐，她必需想辦法辛勤工作，賺外快，以補貼家用。孩子多，又年幼，再加上家務繁瑣，重重壓力，導致她耐心全失，脾氣暴躁，子女稍有不遜，便惡言相向，家法伺

候。當時，我身為老大，除了必須分擔家務，還得負責照顧年幼的弟弟們。對九歲的小女孩來說，似乎是沉重的負擔。」

有壓力，就有動力，張筱雲在校努力，成績優異，在學校拿了第二名。而且很有自立精神。幾年後，稍長大，便迫不及待擺脫家的束縛，遠赴外地求學。從此便一直隻身在外，很少留守父母身邊。高中是在臺南上的，在那裡念了兩年高中，最後一年申請退學，以同等學力考上東吳大學。

學音樂　做記者

八〇年代張筱雲離開臺灣來到德國，負笈慕尼黑大學繼續學業，專攻音樂學。剛到德國時，什麼都不懂，由於德文沒把握，盡量少開口，她成天往中國人堆裡跑，結果半年下來，「中文愈練愈好，德文沒長進」。眼看這樣下去不行，張筱雲開始調整戰略，主動出擊，除了沒事跟德國同學混，還到百貨公司打工站櫃臺，接觸各路德國人馬，最後連老公也是在德國認識的德國人（醫生）。就像很多留學生一樣，張筱雲也是留學就留了下來。在德國成家立業。

張筱雲不但關心自己，關心家庭，而且關懷社會，在慕尼黑大學讀書期間，她曾出任臺灣同學會會長。她還擔任過西德華僑協會理事。

生活在德國的張筱雲，主要職業是教授鋼琴，文友們都讚嘆，她鋼琴彈得好極了。她把音樂知識深入淺出地寫成書《樂迷賞樂》（臺灣三民書局出版），讓音樂外行讀了也獲益匪淺。張筱雲認為，如果說建築是凝固的音樂，那麼音樂可說是拆開的建築，每一個拆開的部分都有一定的形式，有必須遵守的遊戲規則，它展現的是一種秩序之美。音樂反映時代，而作曲家、詮釋者、愛樂者三者之間跨時空的對話，綿延音樂生命的流傳。

在讀書的時候，張筱雲就喜歡寫作，文章散見多家報刊。之後，她與臺灣三民書局合作，撰寫《歐洲古典音樂欣賞》。不久擔任《中國時報》系旗下雜誌之一《新潮Art China》的海外特約。1999年，張筱雲接下《中國時報》特約記者一職，除國際新聞外，每禮拜定期為《中國時報》副刊「開卷」版寫稿，報導德國出版界動態。她還是《歐洲日報》的特約記者，「中華網」（china.com）專欄作家，《國語日報》「世界文學櫥窗」的專欄作者。張筱雲經常自嘲笑：不知何時，自己竟成了不學無術、樣樣通、樣樣鬆的「雜牌軍」。其實，她做記者很出色，曾獲2001年世界僑聯總會頒發「華文著述新聞報導獎」。早在1999年她就被接受為德國記者俱樂部（Presseclub）會員，2001年甚至當選為德國記者協會（BJV）期刊組理事。

閒不住的張筱雲還翻譯了諾貝爾文學獎得主葛拉斯（Guenter Grass）的《消逝的德國人》（Die Deutschen sterben aus），2003年由臺北時報出版社出版。《消逝的德國人》是葛拉斯夫婦和導演福克·史藍道夫1979年訪問東南亞之前、當時、之後，所寫的散文劇本，可惜一直沒能拍成電影。內容敘述一對來自北德、在自民黨、社民黨相當活躍的教師夫婦前往亞洲遊歷的見聞與思索，表達了作者對於東南亞的貧苦、當時德國施特勞斯對抗施密特選戰的看法，以及對德國人口減少、科技迅速發展、核子威脅日益增加的徬徨及失望。對於不看葛拉斯作品的讀者，這本專業書和散文，同時還差點拍成電影的混合體，無疑是充滿軟性、睿智、譏諷、幽默，適合作為入門的書。讀者可從中得到完整的文學大師葛拉斯印象，包括他寫作時如何構思，布局。

張筱雲還專門到北德採訪過葛拉斯，寫成《訪諾貝爾文學獎得主》，刊登在《中國時報》上，《歐洲華文作家文選》也收錄了這篇訪問記。

《德國僑報》總編輯

在所有工作中，張筱雲花費精力做多，用力最勤的是擔任《德國僑報》總編輯，長達十年之久。

提起《德國僑報》，要大書特書，它的前身《西德僑報》是歐洲華媒的先驅，與歐華作協也有著密切的關係。

早年，歐洲沒有華文報紙，隨著華僑的逐漸增加，看不到中文的確是生活中的大缺陷。基於事實需要，兩岸三地的報業集團都動腦筋在歐洲辦報。香港《星島日報·歐洲刊》於1975年創刊。中國新聞社發行的中文報《歐洲時報》1983年創刊，臺灣聯合報系的《歐洲日報》創刊於1982年。由於歐洲地廣國家多，郵費昂貴，這些報紙的分布範圍並不廣，除巴黎、倫敦等大城，並非隨處可買到，而且是後來的事。在三報未出現以前，那段漫長的歐洲華文文學洪荒時代是怎樣過的？

那時西德華僑協會會長叫徐能（1928-2013），住在慕尼黑。徐能並未受過高深文化訓練，他的職業是商人，經營餐館（廣州酒家）生意十分成功。因他對留學生們非常照顧，從日常接觸中知道遠離鄉土的同胞需要什麼，便與留學生合作，辦了一份月刊式的雜誌，以西德華僑協會名義發行，他本人負責籌款，學生們掌理編務，免費贈送僑胞。因當時的德國分東西德，雜誌取名《西德僑報》，1972年7月創刊號面世，是為歐洲創辦最早、最久的華文刊物。我1980年來到西德求學，從朋友處看到這份刊物，當時是德國唯一的一份中文雜誌，先是借著看，後來就自己訂閱多年。《西德僑報》不僅為僑胞們提供了精神食糧，歐華早期會員有不少人也是在這個發表園地，練筆寫文，成長起來的。

《西德僑報》採用連續編號，從第1期開始，第2期，第3期……。我手頭保存了近百本，放在閣樓上。寫小傳需要材料，抱

下來翻閱。保存最早的是第140期，時間為民國74年2月，也就是1985年二月，從創刊到此時共一百五十二個月，可以看出當時基本是月刊，個別有雙月合刊的。

《西德僑報》，像普通書本一般大小，每本九十四頁，內容有「僑情報道」、「遊學走廊」、「時事評論」等欄目，有時還有專論，而文藝創作占著大半篇幅。文章水準不輸於報紙副刊，可讀性甚高，最大特點是鋼板油印，全靠手抄。娟秀的蠅頭小字看了令人心痛，得費什麼樣的功夫！表現出的精神令人感動。總編換過幾次。那時的編輯們都很年輕，是一群極優秀的青年學子，後來在社會上也表現出色。如蘇永欽，現在臺灣擔任司法院副院長兼大法官。

趙淑俠大姐八〇年代就供過稿支持《西德僑報》。那些年輕的編輯們說：因付不起稿費。名家都不肯給稿。趙淑俠安慰他們說：將來你們會自己培植出名家。萬萬想不到，後來歐華作協的「班底」，果然是當年《西德僑報》的主要撰稿人。

從第200期（1990年7月）起，《西德僑報》改為雙月刊，當期刊登了黃文采的詞：

《調記滿江紅，賀西德僑報發行屆200期》

報慶剛過，今又屆佳期二百。想當年，學人三五，壯志澎湃。筆路藍縷初創日，同心合力親訪採。非專才，編寫兩艱難，真無奈。

滄桑變，人事改，園圃嫩，同灌溉。看全書手抄，學生是賴。警世鴻文容少見，開章盡有名篇在。更殷商巨賈共輸漿，多慷慨。

這首詩詞道盡了辦《西德僑報》的艱辛。從205期（1991年7月）開始，改為電腦排版，終於告別了刻筆蠟紙和油印的時代。兩德統一後，從224期（1994年7月）起《西德僑報》更名為《德國僑報》。

從第225期（1994年9月）起，張筱雲接掌《德國僑報》，擔任總編輯，長達十年之久。她在《歐華作協特刊‧文學遊》中介紹：《德國僑報》為雙月刊，每期發行兩千本，採用郵寄方式，以德國為主，另有四百本寄往臺灣，美國、歐洲其他國家。讀者為華僑，留學生，中餐館業者等。

張筱雲擔任《德國僑報》的總編輯後。逐漸注意僑居當地的政治、社會、法律、經濟各方面狀況，把《德國僑報》辦得風生水起。

張筱雲喜愛文學，又是歐華作協會員，還當過副會長，延攬了不少文友為《德國僑報》供稿。這樣《德國僑報》更像一個平臺，它不僅為德華，而且為其他國家的歐華文友們提供了展示才華的機會。當年她義不容辭地一肩挑起《德國僑報》的編務，自己辛苦，為的就是給歐洲揮筆耕耘的文友們提供一塊可以經營自己作品的綠園。

我隨便翻閱了幾期《德國僑報》，俞力工（奧）的政論《俄羅斯的處境和普京的機運》（255期），池元蓮（丹）的雜文《是海盜還是海上霸王》（236期），林奇梅（英）的散文《盛情難卻別離時》（257期），于采薇的遊記《愛爾蘭之旅》（257期），邱秀玉的詩篇《感懷祖國》（257期），龔慧真的人物特寫《理想主義的長跑者——車慧文》（246期），黃鶴升的小說連載《大陸淘金記》（253期），乃至譚綠屏的封面畫《春江水暖鴨先知》（236期）赫然在目。有時候一期刊物大半作者都是歐華作協的文友。《德國僑報》真是文友們展示文采的大平臺，辛勤筆耕的好園地。

突然，眼睛一亮，第234期上有我的短文《巴伐利亞邦名勝》，一下子勾起了我的回憶，記得當時還收到了張筱雲的來信鼓勵，後來又發了我的兩篇遊記《休養勝地——巴登－巴登》（239期）和《學術之都——哥廷根》。還登過兩篇介紹漢堡圖書館和二十四卷本布羅克豪斯大百科全書的文章。可惜我當時忙於寫列國風土大觀系列的書。沒有堅持投稿，否則與會友們也許早就聯繫上了。

我從未見到張筱雲，但她是我心目中很敬重的文化人。我想，能當總編輯，做頂樑柱，一定是個經驗豐富的老筆桿。這次寫小傳才知道，張筱雲當時僅三十多歲，能承擔這樣的重任，真是不容易。

　　可惜頂樑柱撐不住天塌，沒有資金來源，再好的總編也無能為力。2004年8月，《德國僑報》出版最後一期，第270期。麥勝梅在該期發表《僑報，能替你做什麼？》讀起來感人至深：「記得到德國沒多久，《德國僑報》便成了我貼心刊物，我喜歡手上拿著僑報一冊，坐在陽臺上，邊吃早餐邊翻閱僑報，每次閱讀它，總是心悅神往，熟悉的文字，熟悉的作者，熟悉的腔調，不經翻譯或詮解全都溝通了，我可以暫時忘了念起來感覺到彆扭的德文，從閱讀中得到一種筆墨難形容的滿足和歸宿感，僑報就如此在不知不覺中成為我生活的一部分，日前主編張筱雲小姐來電，告訴我僑報將要停刊，消息一傳來，驚惶，惋惜和憤怒的心情一直跟隨著我，讓我招架不住！」

　　麥勝梅道出了我們這一代人的心聲。雖有心支持，卻無力回天。《德國僑報》終因財源無繼停刊。張筱雲在《少小離家老大回》的文中說。「《德國僑報》雖已停刊，但走過一段值得稱道的辛酸歷史，僑界永遠不會忘記。」其實永遠不會忘記《德國僑報》的豈只是僑界，歐洲華文文學的作家群，也會永遠記得。三十幾年的漫長歲月裡，這份僑報提供了一塊給文學作者練筆發揮的園地，這群人成了今天歐華文壇的中流砥柱。徐能曾說自己是一個沒有高深文化的平凡人，他卻做了許多有高深文化的人也做不到的不平凡的事。功德無量。我們也要紀念為《德國僑報》默默奉獻的編輯們，特別是主持編務長達十年的總編張筱雲。

　　張筱雲英年早逝，在世僅四十六歲，令人惋惜。但她一生花開絢爛，活得充實，做了很多事情，她永遠活在大家心中。最後以邱

秀玉文友的一首七律表達我們的哀思：

《追念張筱雲文友》
天妒英才莫奈何，人生變幻詭雲多。
勤耕劍筆披星月，撰寫豪章衍海河。
離棄蘭臺心鬱結，夢回幼子淚婆娑。
懷思婧倩哀愁湧，瀟灑塵緣留影波。

黃雨欣
作家校長影評家

認識黃雨欣是在去年（2013）南德林道的一次文會上，返程時坐火車恰好和她坐在一起，她那活潑可愛的小女兒在途中給大家帶來不少歡樂。我們聊起了文學，聊起了家世，聊得可開心，短短兩個多小時不知不覺就過去了。車到奧格斯堡，她回柏林，大家換車，相互告別，但她人生中那些動人的故事卻一直縈系在我的腦海。

人性的光輝

黃雨欣出生於東北長春市。父親早年是軍人，母親是醫生。他們的婚姻很有戲劇性，但也反映了那個時代所謂「階級成分論」帶給人們的傷害和無奈。先說她母親，漂亮聰明，出身於富商家庭，幼時是錦衣玉食的大戶小姐。外公為長春最大的食品廠老闆，家庭生活條件十分優裕。但外公去世後，黃雨欣的大舅繼承了家業，黃雨欣的外婆（原是外公的二房）和大舅年級相仿，在這個家已沒有立足之地，只好帶著兩個年幼的孩子——也就是雨欣的媽媽和小舅投奔在農村的娘家親戚，她們娘仨過起了窘迫的日子。然而塞翁失馬，焉知非福。五〇年代，黃雨欣的大舅被定為資本家，成了眾人唾棄的剝削階級，家產全部被充公不說，平時養尊處優的舅媽和姨媽們都必須到食品廠裡做最低賤的雜工，接受從前自家夥計們的苛責改造。舅媽和二姨心理承受不了這樣強大的落差，先後以慘烈的

方式「自絕於人民」，而雨欣媽因為身在農村，僥幸躲過了一劫。那個時代，升學、提幹、參軍、入黨，什麼都要講階級成分，把人劃為三六九等，堪比印度的種姓制度。所謂剝削階級子女被剝奪了上大學的權利，學習成績再好，表現再好，政審也通不過。而雨欣媽隱瞞出身，作為農村貧苦姑娘進了吉林軍醫大學（即白求恩醫科大學）。並以優異成績順利畢業。

黃雨欣的父親自幼飽讀詩書，為了逃避包辦婚姻，十幾歲就投筆從戎，作為當時部隊少有的文化人，升遷很快，那時正在遼寧錦州駐防，不到三十已是營級幹部。按說錦州與長春相隔千里，兩人天南地北，難以碰面！可巧的是，她父親的一位戰友娶了雨欣媽的閨秘。雨欣媽陪伴女友來錦州完婚，在婚禮上黃雨欣的父親第一次見到這位美麗大方的伴娘，驚為天人，十分心儀。閒談中知道她出身農村，軍醫畢業，這正是黃雨欣父親理想中的伴侶啊！那時她父親風華正茂，英俊帥氣，追求他的女孩不會少，但成分好的女孩學歷低，想找個漂亮的有文化而又成分好的對象不容易。他父親執著地去追求，乘車不遠千里來到長春求婚。雨欣媽很受感動就答應了。她還有個想法，自己階級成分不好，有這樣一個紅色軍官罩著自己，保護自己也不錯啊！

1963年他們結了婚。但聚少離多。因為雨欣媽在長春工作，雨欣的父親只有逢探親假才能從錦州回來團聚。又過了幾年，雨欣出生了，但父親因軍務在身，竟未能回來看女兒一眼。不久，雨欣父親趕回來了，但卻是怒氣衝衝而來的。原來，部隊上準備提拔他為團長，提拔前先把他的所有親戚政治面貌都調查了一遍，結果發現雨欣的媽媽出身於資本家。這在當時可是隱瞞階級成分的大事呀！部隊領導找他父親談話，告訴他想要升遷就必須和這個成分不好的女人離婚，否則就不能提拔。他父親感到自己被妻子欺騙了，於是氣呼呼地到長春與妻子算賬。但當他看到出生不久的女兒，紅撲撲

的小臉蛋，好可愛。要是父母離異，將來對女兒的成長是多麼的不利。再想一想，妻子雖然出生在那樣的家庭，但她自己並沒有剝削過人做過壞事啊！她隱瞞家庭情況，充其量也只是在「階級成分決定論」的情況下，保護自己的無奈之舉！想到這裡，他心軟了，寧願放棄提拔的機會，也要保持家庭的完整。

好人有好報，黃雨欣的父親在部隊上一直未能升遷，但文革後轉業到一家研究所，連升兩級，最後以地師級待遇離休。家庭也是幸福的，兒女孝順，享受著天倫之樂。這是後話，不提。

喜愛文學　放棄學醫

有這樣鐵骨柔腸的父親，漂亮聰穎的母親，黃雨欣茁壯成長，品學兼優，各科成績都很出色。她尤其喜愛文學，高考填志願時，自作主張地填了清一色的中文系。但飽受文字獄驚嚇的父母卻極力遏制她的文學夢。高考志願表剛遞到老師手上，性情剛烈的母親就追到學校，不由分說篡改了女兒的理想，一巴掌將女兒那「膩膩歪歪給社會添亂」（其母原話）的文學夢擊醒，並執意讓女兒承襲她那「無限崇高的救死扶傷」的醫學事業。就這樣，只得按照父母的願望，黃雨欣考進了白求恩醫科大學。她母親就是在這座學校畢業的。如今雨欣也進入該校學習，全家都興高采烈。

然而，在這裡學醫，黃雨欣並不開心。就讀的第一學期，她就出現了心理障礙。生化試驗課上。當身著白衣的老師，帶著同樣身著白衣的學生們解剖小白鼠，那是一隻多麼活潑的小生靈啊，只見那一對對無瑕的小眼珠閃著紅寶石般晶瑩的光，雨欣無論如何不忍下手。無辜的小生靈們，當然不會由於雨欣的懦弱和「矯情」（老師語）而逃脫這一劫，當它們的胸膛被一把把手術刀劃開時，那鮮活的小心臟還在一鼓一鼓地跳躍著，老師在上面通上電極，讓同學

們記錄示波儀上的曲線和資料，當時雨欣的筆記本和大腦都是一樣空白，只有眼淚無聲地滾滾落下……

接下來的實驗課上，是在手術刀下瑟瑟發抖的大白兔還有憤怒狂吠的大柴狗……黃雨欣意識到，在白衣天使神聖的光環下竟是不容回避的殘酷現實，這完全超出了她的心理承受力，她開始向父母哭鬧著退學，不成功，就索性逃課去圖書館如饑似渴地啃讀文學名著以逃避現實。

對黃雨欣來說，更恐怖的是人體解剖課。她怕看見那伏在白布單下的僵屍，怕看到他們被刺鼻的福馬林浸泡得呲牙咧嘴的猙獰面孔。兩節課下來，她連驚嚇加上體質藥物過敏，整個臉發腫。望著原本眉清目秀的她在鏡子裡變得如此慘不忍睹，她內心竟是一陣解脫後的輕鬆。看來白衣天使因過敏的體質肯定是當不成了。就這樣，黃雨欣改換了專業，她的新專業是醫學資訊學，屬於理工科。雖然仍在醫科大學，但她名正言順地遠離了手術刀和消毒水。在這個嶄新的專業領域，黃雨欣有幸接觸到當時神秘鮮見的電腦。那時練就的基本功讓她至今受益非淺。1988年畢業後，黃雨欣在眾多應聘者中脫穎而出，進入吉林大學經濟管理學院，從事教學管理工作。

四部作品見功力

1992年底黃雨欣隨同博士後的丈夫出國來到歐洲，在海外的經歷竟喚醒了她一度沉睡的文字情結，她像魯迅、郭沫若一樣棄醫最終走上了文學之路。最初是一封封家書不知被哪個朋友「出賣」給報刊，繼而被多方轉載，後來漸漸地就省了寫書信的筆墨，索性將人在他鄉的心境感觸直接書諸報端，讓關心她的親朋好友一同流覽。

黃雨欣1993年旅居希臘時開始發表作品，定居柏林後，一篇篇作品更是從她筆下湧出，到世紀之交就已在海內外發表文章百餘篇，以散文隨筆為主，許多作品曾被《青年文摘》、《海外文摘》、《鳳凰週刊》、《世界博覽》等雜誌刊載，並在雅虎、歐覽傳媒、德國熱線等中文網站廣為流傳。進入新世紀後，黃雨欣又開始創作反映海外中國人求學、求生存等內容的小說。

　　2003年9月，黃雨欣的第一部作品散文專集《菩提雨》經由中國青年出版社正式出版。這本書出版後，她並沒有鬆口氣，相反寫作的勁頭更大了。2009年黃雨欣把自己的幾百篇作品歸類精選，一口氣又出版了三本專輯，分別是小說卷《人在天涯》、散文卷《三百六十分多面人》、隨筆卷《歐風亞韻》。

　　歐華作協創會會長趙淑俠評論說：「黃雨欣的寫作基調仿佛是隨心所欲，散文內容多為平時所聞所見所感，至於小說，借她自己的話說：『靈感是被身邊有太多的真實事件所觸發，不寫出來就有要被憋瘋的感覺，中國人在國外生活太不容易了，每個人就是一本厚重的小說。』這話說得不錯。小說集《人在天涯》中的十篇小說，都可稱為『一本厚重的小說』，她只是把故事和人物濃縮了。黃雨欣寫小說筆調鋒利，揮灑自如，豪爽而無絲毫閨秀氣。她的小說不悲也不喜，而是無奈。特別是中篇小說《異鄉無異客》，把當今一些『生命探險家』的欲念，茫然，焦慮與無奈寫得很透。希望黃雨欣繼續寫小說，她會成為一個小說家。」

　　黃雨欣深有體會地說：「支撐我筆下美人如玉劍如虹的，是對生活的熱愛，是面對生活所產生的飽滿激情。任何時候，只要心中存有對生活的熱愛，就會有源源不斷的激情噴湧而出。如此說，愛和激情，才是我寫作的原動力！」她不僅勤奮多產，而且品質很高，作品頻頻獲獎。短篇小說《都是鴨子惹的禍》獲得德國萬寶龍杯大賽一等獎，短篇小說《萬聖節的精靈》獲得德國凱撒杯大賽特

別獎，遊記《嶗山新道》獲得德國龍行天下徵文大賽三等獎，短篇小說《如花心經》獲得全國微型短篇小說大賽優秀獎，小說《給維勒夫婦當助手的日子》獲得第一屆飛揚杯大賽三等獎。

　　黃雨欣的文學作品中，影視評論堪稱獨門一絕。她是一個電影迷，坦誠在傳播中國文化之餘喜歡寄情山水、博覽群書、觀摩大片以及看肥皂劇。無論多忙，每年的柏林電影節她都一定會參加。電影節期間，是她一年裡最興奮的時光。每當她看完一部電影，不管見到誰，她都拉著人家大談這部電影，然後就一定會寫出一篇文章談她的感受。寫多了，電影節就邀請她當特約記者。她從1999年起擔任柏林電影節的特邀記者，到現在已經十幾年了。她曾近距離地接觸過無數國際上知名的紅星和名導，在見證許多娛樂新秀竄起的同時，也目睹了影壇巨星的沉浮起落，正所謂人生如戲，戲如人生，並由此記錄下對電影工作者們銀幕創作的感想。在黃雨欣的隨筆卷《歐風亞韻》中有一半多內容是影視評論，莫言、張藝謀、鞏俐、范冰冰、陳凱歌都曾是她的採訪對象。內容豐富多彩可想而知。即使在中國的影評界，連續十幾年採訪國際電影節的評論家，恐怕也極其少有。

　　2000年黃雨欣就被吸收為歐華作協會員。她熱心會務，多次被選為協會理事，2013年更被推舉為協會副秘書長。黃雨欣也是海外華文女作家協會會員。她堅守文學領地，不要一分酬勞，為華媒報紙長期擔任一個版面的文字編輯。黃雨欣還熱心公益，積極參加柏林婦女聯誼會活動，擔任多年副會長兼宣傳部長。在蜚聲柏林的中國腰鼓隊和中國民族服裝表演隊裡，總能看見雨欣和聯誼會姐妹們矯健的身姿。四川地震後，聯誼會專門成立了「愛心基金」，專門用於國內的捐助。聯誼會開展的很多活動都滲透著黃雨欣的心血。

雨欣中文學校

黃雨欣在德國生活這麼多年，從未中斷過筆耕，不知不覺走上了文學創作的道路。她還有一個殷殷的心願，就是在德國辦一個具有自己特色的中文學校，既能發揮自己的語言特長又能傳播中國文化，還能自食其力在他鄉立足生存，真可謂一舉多得。許多生長在海外的華僑子弟，雖然長著黑眼珠黃皮膚，卻是滿口的洋腔調，說起中文來更是怪調百出，有的在思維上乾脆就與母語文化斷層了，看到這些黃雨欣更有一種強烈的弘揚祖國文化的使命感。

確切說，黃雨欣的第一個學生是她大女兒李自妍，孩子剛滿一歲就來到德國，完全是在異國環境下長大的。雖然她並沒有為女兒定時定點刻意地安排中文課，但在日常生活中卻是利用一切機會不動聲色地向她灌輸，久而久之，這種潛移默化的影響使女兒在不知不覺中對學習中文產生了濃厚的興趣。長期以往，她女兒不僅僅學會了中國語言，對中國文化也有了初步的認識。目前，她女兒是柏林技術大學建築工程專業學生，週末課餘時間擔任德國規模最大的中文學校「華德學校」中文老師。這是德國「僑二代」中唯一的一位。

女兒的成績使黃雨欣有了信心，便滋生一個強烈的願望：開辦自己的中文學校，當一名特殊的教育者，為華裔子弟傳播中國文化知識。為了這個目標，2005年夏天，她專門飛回中國，整整一個月，每天到北京語言大學如饑似渴地進修漢語教學課程。經過一百多個學時的苦讀，終於修成正果，以優異的成績順利通過結業考試。這本沉甸甸的漢語教學證書不僅是對她一個月揮汗苦讀的證明，更是對她多年來透過勤奮筆耕、積累文化知識，牢固語言基礎的肯定。

黃雨欣剛一回到柏林，學生就主動上門了。她乾脆以自己的名字命名，開辦了雨欣中文學校。黃雨欣的學校規模不算大，但卻是

德國最好的華校之一。目前總共不超過二十名學生，上課時間分散在星期一到星期六，以下午學生放學的時間為主，學生的學習程度基本保持了與國內同齡孩子不相上下。授課方式是一對一或一對二（這裡的二多為一家庭的兄弟姐妹），本著因材施教，寓教於樂的特色教學方法，成效很顯著。

黃鶴升
歐華文壇的哲人

2013年在柏林舉行的歐華作協雙年會上，我結識了一位文友，在馬來西亞舉行的世華作協大會上，再次相遇，相談甚歡。這位文友自謙是文壇三無人員：無學歷，無頭銜，無所稱謂的遊牧民寫手。但他分析事物，頭腦精密，思想深邃，話不多卻能抓住要害。他就是出過兩部哲學大作的學者，歐華作協會員黃鶴升。

一路坎坷的偏才

1957年，在海南島儋州的一個村莊裡，有個嬰兒呱呱出生。其父依照客家人的傳統，帶上犧牲和香火，到伯公山上敬拜，感謝上蒼賜子，求伯公保佑。剛到山上，見到一隻黃鶴從伯公山升起。於是孩子就叫黃鶴升。黃鶴升的父親小學畢業，也讀過些書。因客家人的「鶴」與「學」同音，就為孩子起官名為「黃學升」，更顯高雅有文質。

黃鶴升感慨：冥冥之中，似乎有一命運左右著他的人生。「黃鶴」與「黃學」一直伴隨著他的成長。「黃鶴」使人聯想到「黃鶴一去不復返」的名句，標誌著他一生的漂泊。而「黃學」說明國學，即古黃色的學問，早就在他心中埋下了種子。

黃鶴升讀小學二年級時，毛澤東發動的文革開始了。那時根本沒有書讀，每天就以《毛澤東語錄》作為課本識字。當時老師叫

學生背「老三篇」，也就是毛澤東的《為人民服務》、《紀念白求恩》和《愚公移山》三篇文章，好幾千字，黃鶴升只用三天時間就背下了。記憶力之好，由此可見一斑。小學四年級，他就開始大量閱讀，五年級就知道普希金、萊蒙托夫和托爾斯泰的名字了。當時流行「讀書無用論」，愛讀書的學生受排斥。黃鶴升被揭發看愛情小說而被校方罰去挑大糞澆甘蔗。那時當局號召「學制要縮短」，初中二年，高中二年，沒學到多少知識，沒有畢業證書，他就被打發回農村。在村裡勞動一年才當上一名民辦教師，每月工資十三元人民幣。雖說有了份工作，但那種人生的渺茫、孤獨渺茫的心情還是揮之不去。那時，黃鶴升寫了不少傷痕詩，看了不少書，在文學上很有收穫。

1977年，中國恢復高考制度。一連兩年，黃鶴升都沒考上，這才發現自己偏科，文學功底扎實，文科基礎雄厚，但數理化知識幾乎等於零，根本對付不了高考的難題。同事們嘲笑：「看你這個黃鶴怎麼升吧？」

高考制度，比推薦方式好百倍，平心而論，是個公平的選拔制度。但也有缺陷，就是對偏才不利。回想民國時期，各大學往往不拘一格選人才，一些偏才得以脫穎而出。舉幾個例子。1917年，羅家倫報考北大，恰逢胡適判卷，作文打了滿分，但數學只是零分。校長蔡元培力排眾議，破格錄取羅家倫。羅家倫後來成五四風雲人物，民主與科學新文化運動的旗手，傳誦一時的五四宣言，便是他的手筆。十二年後已是清華大學校長的羅家倫在招生中遇到了錢鍾書。錢國文特優，英文滿分，但數學只有十五分。羅家倫大筆一勾，破格錄取。錢鍾書後來學貫古今，兼修中外，贏得國學泰斗之譽。類似的例子還有國學大師季羨林（數學百分制考了四分），史學家吳晗（數學零分，國文英文滿分）和文學家朱自清。

但在文革結束，剛剛恢復高考的處境下，偏才很難脫穎而出。

無奈，黃鶴升只能退而求其次，考入廣東省政法幹部學校讀書。在這裡他讀到大陸的法律課程，尤其是讀到馬克思的唯物辯證法，弄懂了馬克思主義的哲學，這算他的一大收穫。畢業後黃鶴升被分配回到縣城公安局，做所謂「反間諜」工作，因縣城多年就沒有發現過國民黨的特務和間諜，他整日無所事事。幾年後，又考入江南某學院上學去了。第一年是學習文化基礎課，學校設有一門形式邏輯學，他認認真真地學，把這門課拿下，為哲學興趣打下一個基礎。

到了第二年，準備學習專業知識的時候，鬼使神差，黃鶴升突然逃學不去，走上一條不歸路。原來有位香港朋友邀請他去做生意辦出版社，這正是黃鶴升的興趣所在。與朋友下海一年多，風光得多了。他們辦出版社，出版雜誌。黃鶴升擔任總編輯，得心應手，好不快意。但好景不長。六四之後，他又一次出走，1990年初到泰國，在曼谷做了幾個月的中文報紙編輯，同年六月來到德國。

九〇年代，中國流行著這樣的順口溜：「出生在饑餓年代（大躍進造成的大饑荒），成長在動亂年代（文革期間一片混亂，沒有書讀），工作在調整年代（資歷不夠，不能升遷），結婚在計畫年代（只能生一胎），下崗在改革時代（正值壯年被裁下崗）」，這正是對黃鶴升這一代人悲慘命運的真實寫照。

苦研哲學出碩果

1990年黃鶴升來到德國，當時一無所有，前途茫茫，一切從零開始。他先後在柏林、漢堡、基爾、奧斯納布呂克等地學習工作。也就是在北德，他遇到了生命中的另一半鄧靜嫻。鄧靜嫻是越南華人，十幾歲來德國，又在德國接受高等教育，既有中國傳統家庭教育的滋潤，又受德國文化的滋養。她在奧斯納布呂克高等經濟學院讀書二年，因嫁黃先生而自願休學，可見黃鶴升在夫人心中的分量。

而後兩人一起來到巴伐利亞創業。就在新天鵝堡（Neuschwanstein）腳下住了下來。新天鵝堡位於阿爾卑斯山前地帶，距小城菲森（Füssen）兩公里，美景天成，環境幽雅，為德國最熱門的旅遊點之一。黃鶴升夫婦選擇這裡創業，經營餐館和旅店「聚寶樓」，過上衣食無憂的生活。

店主黃鶴升就在這山青水秀，天高雲淡之處隱居，於採菊東籬下，悠然見南山之餘，潛心研究他喜愛的哲學。而賢慧能幹的老闆娘則打理生意，相夫教子。對黃先生的寂寞研究寫作，無怨無求，全力支持。就在新天鵝堡下，黃鶴升開始閱讀康德、叔本華、尼采、胡塞爾（1859-1938）和薩特。一邊思考一邊做筆記，每天只讀幾頁紙，讀得雖慢，但五六年下來，收穫很大，尤其是康德的《純粹理性批判》給了他極大的啟發。結合他對國學的研究，苦讀冥思，厚積薄發，黃鶴升的兩部哲學大作相繼問世。

他的第一部哲學著作題為《孔孟之道判釋》，獲得臺灣僑聯總會文化基金會2009年的「人文科學論著獎」。這本書從四書五經入手，對孔孟之道進行判釋，指出孔孟之道的天下文化性質，並對仁義禮智信進行分析，對儒學進行一次全新的檢討和批判，企圖還原孔孟之道的本來面目。大陸的國學網刊載了該書的一部分「中國封建制度略考」（一萬多字）。臺灣的文化大學選用該書為教學參考。清華大學和中國人民大學圖書館也收藏了該書。

另一部是《老莊道無哲學探釋》（原名《通往天人合一之路》），亦獲得該會的「人文科學學術論著佳作獎。」談到這部書，黃鶴升痛感：「二十世紀西哲東掃，那個由希臘人開創的理性哲學橫掃中華文化，而由此哲學生出的科學精神，更是銳不可當，中華文化哲學逐變成小媳婦兒顧影自憐，失去了它應有的光彩。」他又寫道：「中華哲學，真的就那麼無能無用嗎？真的就低人一等嗎？『生於儒，退於道，遁於釋。』這條中華哲學大道，是有別於

西方思辨哲學的，也是有別於西方神秘主義哲學的。孔子的學說『極高明』而『致精微』，是人道之至極，而不用思的哲學，老莊的『道無』更是玄妙，其哲學……已抵達哲學的最高境界。」他的書正是要發揚光大中華文化哲學的傳統。

美國世界藝術文化學院院長、世界詩人大會主席，歐華作協創會元老楊允達先生說：「《老莊道無哲學探釋》的作者黃鶴升先生博學深思、有創見。這本書不是用思想去讀的，而是用心去讀的。」

有專家評論：「這是一本思想發掘得很深，知識面開拓得很廣的哲學專著。它雖然處處透出了一個新字，但他涉及到的舊知識，特別是歐洲古典哲學、德國近代哲學、中國古代哲學，和要閱讀中國古代哲學所必備的古漢學基礎，是很容易令人望而卻步的。」也就是說，讀懂這本書都不容易，想想看，寫這樣的書就更不容易了，需要多大的功力。僅書後所列的參考書就有四十六種，幾乎都是哲學經典，黃鶴升全研讀過。《老莊道無哲學探釋》這部書問世後受到了海內外學術界的高度重視，在黃花崗雜誌連載近兩年之久。

這兩部大作記錄了作者的思想探索，折射出文革一代的人生和思想歷程，也展現了中華文化的博大精深。推崇極高明而致精微的孔子和更玄妙的老莊。

我敬佩有學識的人，敬佩獨立思考精神。我國春秋戰國時期，諸子百家競起，思想最為活躍。但自從漢代罷黜百家，獨尊儒術以來，思想界就陷入萬馬齊喑的境地。歐洲經文藝復興，啟蒙運動，思想解放，領先世界。而中國直到鴉片戰爭挨打後才清醒過來。今天，中國缺乏的仍然是有真知灼見，有獨創精神的學者。而黃鶴升提出自己的理論，成一家之說，這本身就是難能可貴的。

博學多才

　　黃鶴升是個文科偏才，但在文科範圍內，又是博學多才。國學根底非常深厚。他寫過小說，著有短篇小說集《圈圈怪誕》。不少作品發表在香港、臺灣等海外中文報刊及網站。他也寫詩、散文和雜文。在歐華作協所出的《東張西望　看歐洲家庭教育》一書中收有他的兩篇文章《歐洲華人家庭教育與中國傳統文化》和《先設規矩，後成方圓》。在《歐洲綠生活》一書中收錄了他的文章《我在德國感受環保》。

　　我特別喜歡黃鶴升的雜文，觀點明晰，文筆犀利，直擊要害，有魯迅的風格。例如他的文章，《從古騰貝格博士論文抄襲事件看中國知識界》就是這樣。此抄襲事件引起德國知識界一片討伐之聲，最終迫使國防部長古騰貝格落臺。有人說，民主國家也不是一樣有腐敗，其言下之意，就是說中國出現一些學術腐敗，也就不足為怪了。這種論調在中國很普遍。而黃鶴升分析說，民主社會不是萬能周全的，它照樣有罪惡的事情發生。只是它與專制獨裁制度不同的是，它有一套預防犯罪機制以及事情發生後如何得到公正的處置。這就是新聞自由，司法獨立，行政中立的民主社會所起到的功能。民主社會不是十全十美，而是說它大體能維持社會的正義。這篇文章在國內被多次轉載，受到網友的追捧。

高麗娟
土華文化橋樑

　　在歐華作協柏林年會（2013）上，我認識了高麗娟，只知道她來自土耳其，是臺大中文系科班，當選為歐華作協理事。讀過一些資料後，又在電話裡採訪，才瞭解到高麗娟有著豐富的經歷，她的人生反映著時代的變遷……她是「土耳其通」，堪稱溝通土耳其和中華文化的橋梁，還寫下許許多多富有知識性和文采的作品。

從覺民到覺醒

　　高麗娟祖籍福建安溪，遠祖在鄭成功時代就渡海來到臺灣。她出生在臺北市木柵。父親原是木匠，開傢俱行，後來經營木器批發貿易。家中有二子四女，謀生不易，但他把子女的學習抓得很緊，個個都受過高等教育，高麗娟更是佼佼者，在學校所獲的各類獎狀掛滿了她家一面牆。她高中考入臺灣名校中山女中，即原來的北二女中。一直擔任班長。同級的另一班長是臺灣電視媒體有名的評論家陳文茜。

　　七〇年代臺灣放映一部抗日諜報電影《揚子江風雲》，主演李麗華，劇情描述地下情報員「長江一號」和同志們在湖北監利出生入死執行「死橋計畫」，力阻日軍掃除長江水雷障礙，力保「長江一八〇里封鎖線」的真實故事。很多學生都為劇情所感動，願作為國獻身的諜報員。高麗娟也不例外，她甚至拉著一位同學，報考

先期招生的警官大學。接著她們又參加了大學聯考，那位同學同時被警官大學和政大土耳其語專業錄取，不知該如何選擇，高麗娟建議說，土耳其語有什麼用，學當警官好了。結果那位同學選學了警政，後來做到典獄長。而高麗娟幾年後卻遠嫁土耳其，一輩子與土耳其打交道，想起來真有些好笑。不知道是否上天冥冥之中早有安排。

高麗娟在大學聯考中成績優異，1976年進入臺大中文系讀書。大學時代，別的女生談情說愛，她卻逆向而行，嚴重關切國事。抱著黨即是國，國即是黨的黨國觀念，大一就加入了國民黨，大二被吸收為「覺民學會」會員。

覺民學會以林覺民命名。林是黃花崗七十二烈士之一，就義時年僅二十四歲。在起義前他寫下遺書給妻子陳意映：「意映卿卿如晤：吾今以此書與汝永別矣！吾作此書時，尚是世中一人；汝看此書時，吾已成陰間一鬼」，「吾至愛汝，吾居九泉之下，遙聞汝哭聲，當哭相和也」。這封遺書，情切切，意綿綿，感動了幾代中國人。烈士的鮮血沒有白流，半年後，辛亥革命爆發，推翻滿清王朝，建立了亞洲第一個共和國。

覺民學會是國民黨在臺大的精英學生社團，以林覺民的獻身精神為榜樣，因而得名。這是馬英九等人在保釣運動後，有感於學生運動需要「有效」引導……而結合校園黨部人力成立的社團。主要作用在於瞭解大學師生的思想動向，每逢選舉，以文宣支援黨部，爭取或協助會員成為學生領袖。學會組織不公開，觀察傑出學生的表現，經過多人提名，審核，評價，約談，先送往幹部訓練營培訓一週。加入學會要宣誓，相當神秘。每屆吸收會員七十多人。當時一個系裡，幾百學生，才有一兩個會員。那時，高麗娟很自豪成為覺民會員：「我要先天下之憂而憂，我要先覺覺民。」

高麗娟身為覺民會員，在忠誠考核上算是忠貞之士，自然受到情報機關調查局的青睞。當時鄉土文學論戰風生水起，而臺大教授

齊益壽鼓吹鄉土文學，常跟王拓、陳映真、黃春明等人聚會，被調查局盯上。高麗娟寫的短篇小說很受齊教授的欣賞，於是，調查局希望高麗娟打入他們的圈子。當美國斷交時，她還跟著調查局幹員追蹤守候他們。但後來高麗娟推卻了追蹤齊益壽的任務，因為她看他們都只是想以文學來關懷鄉土社會的書生，根本「為害不大」，而且一個欣賞她的教授也不會壞到哪裡去。

大四時，調查局派高麗娟到立法委員康寧祥家做家教，輔導他女兒的功課，實際上是臥底，瞭解康寧祥的活動。康寧祥臺北市人，1938年生，1961年中興大學商學系畢業，早年當過教師、推銷員等，1969年以無黨派身分當選臺北市議員。1972年當選為立法委員。他創辦了《八十年代》、《亞洲人》、《暖流》等雜誌，是黨外的核心人物。那時還是戒嚴時期，不能另行組黨，在野反對勢力，均以「黨外」稱呼，一向受到國民黨的注意。高麗娟很興奮：「直搗黨外核心人物的家固然很『危險』，可我會空手道，大四又選修柔道，平常打籃球的凶悍有目共睹，真出事，我自信能跑得很快，即使被識破身分，也有打出重圍的本事，說真的，當時真以為自己是深入『虎穴』（後來知道老康還真屬虎），頗有壯士臨易水，風蕭蕭兮的情懷。」

有趣的是，高麗娟在康寧祥家裡表現不錯，絲毫沒有受到康寧祥的懷疑，相反康寧祥延攬她進入自己的競選班子。她賣力地幫康寧祥寫競選大字報，搞文宣。1980年康寧祥繼續當選立委。

康寧祥讀過高麗娟的小說，非常欣賞她的文筆，推薦她去《八十年代》雜誌社工作。這正好是個機會，打入黨外媒體。調查局很快指示同意。她在雜誌社擔任編輯校對一年半，每期都悄悄把雜誌的稿件影印下來，讓調查局在出版前就知道內容。做這些事她心頭裡七上八下強自鎮定，但是內心在掙扎。因為高麗娟深入康寧祥家庭和雜誌社，觀其行聽其言，陪同採訪、處理稿件，她發現，

所謂的陰謀分子，其實是好人，是為臺灣好的人。「怎麼這個國民黨眼中釘是那麼親切率直的人，就跟我鄰家的叔伯們一樣！」她覺得：自己是「沒有臉的長江一號」，「長江一號」面對的是侵略者日本人，而自己面對的卻是根本目的要救臺灣的同胞。處於國民黨調查局與黨外民主雜誌創辦人之間的高麗娟，成為「那個暗夜蜷縮在沙發裡，為處在夾縫中無法自拔而無聲落淚的怯懦少女。」

那時臺灣正處於民主轉型的前夜，國民黨的威權統治已搖搖欲墜，但仍然掌握著影響人們命運的權力和資源，公開與體制決裂風險太大。高麗娟的人生就這樣走到岔口。前後左右險象環生，她找不到合情合理且安全的容身之處。高麗娟決定遠走他鄉，離開這是非之地。她接受了土耳其留學生歐凱的求婚，將自己連根拔起，飛離臺灣。

赴土耳其前夕，雜誌社辦晚宴聚會送行。老康也擺了兩桌為她餞行，另一攤送行酒宴的主人則是調查局長阮成章。

遠嫁土耳其

在《八十年代》雜誌社工作時，高麗娟認識了正在政大中文研究所念碩士的土耳其留學生歐凱（Bülent Okay）。本來她選擇念中文系無非是中國文化意識濃厚，這下碰到雅好中國文化的外籍人士，不免產生傳道授業，捨我其誰的使命。於是，她在編輯雜誌之餘，常奔波於政大圖書館和校園之間，陪伴著歐凱度過撰寫論文的最後一年。日久生情，高麗娟選擇嫁到異國，跟一個知她惜她的漢學家生活，並肩負起傳播博大精深的中華文化的使命。

1982年高麗娟嫁到土耳其。當時整個安卡拉只有一名中央社記者、兩名臺灣留學生，中國大使館人員出門還是雙人行。雖然脫離了華人圈子，但高麗娟並不寂寞。她求學任教，進入大學工作，並

在國際廣播電臺兼職，生活充實而幸福。

她與先生歐凱有共同的志向和愛好。歐凱是浸潤中華文化很深的土耳其人。他在土耳其漢學畢業後，1977年來到臺灣攻讀碩士，四年後以論文《中土原始神話比較研究》取得學位，返國任教安卡拉大學漢學專業，長期擔任安大東語系主任。高麗娟有這樣一位志同道合，在事業上相互扶持的夫君，生活美滿可想而知。

她夫君來自一個開明的家庭，她公公是師專校長、安卡拉教育局長，婆婆是小學教師，在社會上很受尊敬。高麗娟深諳入境隨俗之道，很快融入了當地社會。她與公婆相處融洽，婆婆對她比小姑子還親；與小姑妯娌間的往來，則是她在異域最感溫馨的活動。高麗娟育有一女一男，均大學畢業，事業有成。兒子在德國大眾汽車工作，女兒則是耶魯碩士，那可是培養出五位美國總統的學府。高麗娟探望女兒時，還參觀了當年克林頓和希拉蕊邂逅的耶魯法學院圖書館。

高麗娟所住的安卡拉是土耳其的首都，是一座生活單純的公務員城市。高麗娟平時做研究教學，在大學裡和年輕人廝混，總是一身便裝；但到廣播電臺時與公務員來往，則是一身女強人的上班族打扮。

回到家後，她又和一般土耳其婦女一樣，從泡菜到餃子皮，從蛋糕比薩到包子，全都是自己做。打掃衛生則由每週固定的清潔婦打理，從地毯的洗塵到洗玻璃窗戶，所有工作包辦，價錢約和她週末兼職一日所得相抵。土耳其人重視清潔衛生，所以吃入肚子的食物講求自製。住的清潔要費體力，便講求專業，請專人打掃。高麗娟認為「勞心換勞力，各適其才，各取所需」，入境隨俗，倒覺得生活品質挺合人性。

土耳其社會融合東西方文化，人情味濃，卻也挺講究西方生活格調。安卡拉多公教人員，一般應酬以家庭互訪為主。而茶點必定

是女主人親手製作的糕餅點心，飯菜更是拿手好菜。而茶杯碗盤，奉茶上菜就講究西式的品味禮節。既有英國人喝下午茶的習慣，也有伊斯蘭社會把齋、請吃開齋飯的習俗。

高麗娟在當地也結交了一大把土耳其手帕交，部分已成莫逆之交。因為大家住得近，平日互相照顧。每個月，大家會輪流在一人家中舉辦茶會，主人準備茶點，客人則帶來會款，在喝茶聊天、話家常之後，才繳會款給主人。這是一項有人情味的社交活動，可存私房錢又可聯絡感情，因此是土耳其婦女間流行的活動。

1989年安卡拉設了臺北文化經濟辦事處，逢年過節的聚餐人數，終於有了二三十人。安卡拉臺灣婦女會的每月聚餐，提供了高麗娟和同胞交換圖書、讀書心得和生活體驗的機會。

2007年高麗娟正式退休（土耳其婦女工作滿二十年就可申請）。她退休後，在大學裡兼幾堂課，為廣播電臺寫點稿件，把更多的時間用於讀書寫作，日子過得有滋有味。

土耳其和中華文化的橋樑

高麗娟遠嫁土耳其，本為離開是非之地。沒想到，失之東隅，收之桑榆，她在土耳其恰似如魚得水，充分發揮了自己的才能，起到土中文化交流的雙向橋梁作用。一方面向土耳其介紹中華文化，另一方面向華語世界介紹土耳其的方方面面。前者通過在安卡拉大學當老師來做，後者通過在土耳其國際廣播電臺任職實現。

高麗娟剛到土耳其不久，就進入安卡拉大學文史地學院東語系讀書，並在該系漢學組擔任助教。憑著當年聯考訓練出來的堅毅不拔的個性，1988年她拿下安大文學碩士學位。1995年完稿博士論文「十一世紀維吾爾黑汗王朝時的經典《福樂智慧》與論語思想比較研究」，後因故申請休學。同年通過資格檢定轉任專職教師。

高麗娟在《土耳其的漢學研究》一文介紹，土耳其歷史上對中國瞭解甚少，奧斯曼帝國期間（1299-1922）有關中國的知識只有少數遊記，如阿里・艾克巴爾（Ali Ekber）1516年寫出的《中國遊記》，記述了他在明朝旅行的見聞。1923年土耳其共和國成立後，國父凱末爾為了激勵民族自信心，倡導研究土耳其民族史。在研究時，學者們意識到運用中文史料的必要（土族祖先即突厥人）。於是1935年，安大設立了漢學系，請一位德國漢學家當主任。當時漢學研究宗旨是：運用中國史料，考證土耳其民族的早期歷史和文化。漢學系主要是培養會讀中國歷史文獻的學者。

　　安大是全國唯一擁有漢學系的大學。最初每年只收四五名學生，進入八〇年代，隨著中國改革開放和中土經貿文化往來的發展，漢學系學生明顯增多。自1983年起擴增為二十五名（後來又擴大到三十五名）。正在這時候，高麗娟加入了漢學教師的行列。當時只有四五位，以漢語為母語的就她一個，棟梁作用可想而知。就這樣她長期在安大傳播介紹中華語文，教授中文幾十年，教出上千名學生來。她和丈夫的學生，已遍布土耳其各相關機構，可謂桃李遍天下。如今土耳其的漢學研究已經不限於突厥史料的研究，而逐漸擴展到與中國有關的各領域。現在常有學生帶著老婆（老公）、孩子來探望她，高麗娟笑說：「我已經成為師奶級的祖字輩啦！」

　　高麗娟不光教學，還從事研究。1991年發表土耳其文論文《墨家及其組織》（安大文史地學院年刊），1992年發表《唐代短篇小說探微》（日出文學雜誌季刊），1993年寫出《遼史評介》（東方年刊）。此外她還用中文寫出《土耳其的漢學研究》（1993，國立教育資料館館訊）和《漢學研究在土耳其》（1994，中阿文經）。近年來，土耳其教授中文的大學增多。高麗娟又在警察大學兼任中文教師。

人在海外，中文教師的工作使她跟中國文化官員、教授、留學生的交往成為理所當然。她勤學簡體字、現代漢語句型，把原本最愛的中國文學、語言，做為一種語言教學專業的工具來看待。協助土中之間剛起步的文化交流事務，第一份大學交流協定，是她幫助草擬的；交換教授、學生的種種文件是她幫助翻譯的；1984年中國副外長宮達非來訪學院時，做中文教學示範的是高麗娟；中國文化週的活動也是她策劃安排的。有趣的是宮達非的兒子宮小生2009年擔任駐土耳其大使，高麗娟也得以認識。1993年，她還到北京參加過中文教師講習營。

　　高麗娟向華文世界介紹土耳其，是通過廣播工作實現的。八〇年代初，土耳其黨爭激烈，議會經一百多輪選舉，也未能選出新總統。這時軍方接管政權，軍事強人艾夫倫上臺執政，收拾殘局，試圖重建文人政府。為了爭取聯合國常任理事國中國的支援，艾夫倫出訪北京。然後土耳其廣播電視公司國際電臺成立了華語組。當高麗娟1982年剛到安卡拉時，成立不久的電臺正缺人手。她第二天就進入這個華語組報到。這正是老公歐凱的心細，他擔心高麗娟一閒就會想臺灣，於是早就替她安排了工作。

　　原本廣播電臺要她成為正式職員。然而高麗娟覺得，朝九晚五的公務員，不適合自己的個性，能在大學研究漢學教中文，再好不過，於是念完碩士，當起專任教師。但課餘高麗娟仍舊兼職電臺的工作，因電臺華語組需要大學的支援，而翻譯新聞，介紹土耳其文化政經風土人情的節目，可以增長見聞。

　　擔任華語節目編譯與主持人，對高麗娟是個不小的挑戰。她回憶說：「我這個平日講話臺灣腔濃厚的人，就被迫卷起舌頭，在麥克風前，字正腔圓地念起廣播稿。」但是她喜歡上了這份工作。特別是寫稿介紹土耳其。例如為期一年每週播出一集的《絲路的兩端》系列，她目前已寫了九集。我們知道，絲綢之路起於西安，遙

遙萬里，溝通中西，土耳其的伊斯坦布爾（古代為東羅馬帝國首都，稱君士坦丁堡）正是終點。讀者對土耳其的絲路歷史、遺跡乃至現狀很感興趣。在這一系列中她介紹了突厥與土耳其的歷史聯繫，連接歐亞的海底隧道，土耳其的音樂舞蹈史詩《火舞》，古代《胡旋舞》，中國舞獅子與絲路，土耳其高鐵建設、安卡拉地鐵用上中國列車、莫言訪問土耳其諾獎得主帕慕克等等。內容廣泛，豐富多彩，談古說今，引人入勝。像這樣的廣播稿，高麗娟譯、寫過上千篇。難怪高麗娟經常收到聽眾的來信。她為自己的工作自豪，很有成就感。

在土耳其，高麗娟參加中國大使館文化參贊夫婦的宴請，這使臺灣島上某些視中國大陸為蛇蠍的人無法理解：曾是國民黨調查局的工作人員，也曾是民進黨執政前黨外雜誌的工作人員，二十多年後，在海外，竟然能和對岸的政治宿敵同起同坐。但高麗娟處之泰然，這是超脫政治的文化交流。「土華文化橋樑和使者」的讚譽，高麗娟當之無愧。

參加歐華　作品噴湧

2002年高麗娟獲悉在瑞士將舉行歐華作協年會，文友蔡文琪說，「你也可以海外中文教師的身分列席，何況你有雜誌編輯的經歷，甚至可申請加入。」於是，她5月份隨朋友前來參加歐華作協和蘇黎世大學中文系合辦的年會。會上發言介紹土耳其的華文教育。大家一下子注意到這位來自歐亞交接處的臺灣才女，相信這位中文系科班的能力。在高麗娟沒有出席的會員大會上，她被推薦入會，來自歐洲各地的會員討論表決之後，高麗娟成為歐華作協的會員。高麗娟回憶說：「當我被告知的時候，還驚訝地表示我不是作家啊！朋友回答，那你就開始寫作，想辦法成為作家吧！」

其實，高麗娟是謙虛，她在臺大時就寫出具有鄉土文學特色的短篇小說《頭銜》和《老桐仔之歌》，受到齊教授和康寧祥的稱讚，而且處女作《頭銜》，還登上《暖流》雜誌創刊號，已經印出，高麗娟還拿到了樣刊，只可惜那期雜誌卻被禁止發行。在土耳其，她也幾乎天天為大學、為廣播寫稿，只是純文學作品少一點而已。既然「歐華作協的文友接納了我，鼓勵了我，遺世靜居土耳其的我才認真投稿。」高麗娟如是說。

她寫道：「家山萬里夢依稀，回首向來處，故鄉依舊在呼喚我，於是二十多年後重拾文筆，至少通過這支筆和故鄉建立些聯繫，以慰鄉愁……」日久他鄉是故鄉，土耳其恐怕將取代臺灣，成高麗娟心靈的歸屬。雖然如此，和許多海外僑胞一樣，身在異鄉，心向祖國，所以，關切的心並不曾因距離的遙遠而稍有鬆減，因此她執筆為文，寫下一篇又一篇的報導及感言，如涓涓流水，流向「鮭魚溯溪」最初的原鄉──臺灣。

就這樣高麗娟燃起寫作欲望，為《中國時報》特約撰述。三年間發表作品六十多篇。除《中國時報》外，還發表在《德國僑報》、《蘋果日報》、《歐洲日報》、《光華雜誌》等報刊。她的文章分析中東時政，介紹土耳其風土，如《安卡拉的冬天很文藝》、《土耳其澡堂的初體驗》、《肚皮舞最適合女生塑身》等，很有特色，寫出了土耳其的「浮世繪」。2005年9月她以《走過黑海的女人》一文，榮獲香港主辦的世界華文旅遊文學徵文獎入圍獎。

《德國僑報》總編、歐華會員張筱雲評論：「人如其文，看麗娟的文章絕對不無聊，生動活潑的文筆來自她個性裡開朗豪爽的特質，再加上，土耳其住了二十多年，深深融入當地社會，稱她是『土耳其通』毫不為過，她過去的臺灣朋友，二十多年後再度重逢時，甚至驚訝地表示：『你怎麼變得那麼像土耳其人?!』可見她與

土國緣深，『八字』、水土契合，難怪要如魚得水，根據當地長期觀察與瞭解，寫出來的報導，『貨真價實』，不打折扣。」

2006年，高麗娟出書了！名叫《土耳其隨筆》，這是安卡拉大學為她出書，打算給漢語學生的高級閱讀參考書。歐華會友顏敏如在序言中讚道：「阿娟在這兒取得了學位，也在這兒貢獻所得。有時真為臺灣叫屈，缺了個可以和學生有良好互動的師友，卻更為土耳其學生慶幸，有個在功課上教導他們，在生活上共歡笑、同哭泣的臺灣老師。阿娟除了為人師，她還寫字。她寫抒情散文、寫促狹小品、寫土耳其的民情風俗與社會情況，也寫小亞細亞的政情報導。她有能力把小篇章的結構調理得完整而均勻，她的文字有如潺潺流水，清澈流暢，而當她一旦寫上自己內心的思慮熬煎時，就像等待打開連環套的俄羅斯娃娃那般，讀者便要焦急地探索，最後會是什麼樣細緻精緻的呈現。……阿娟是與國際接軌的耕耘者之一，她正在書寫一段華人在安卡拉無法複製的歷史。」

高麗娟還要寫一本書，寫一本回憶經歷、剖析自己的書。這本書2008年由玉山社出版，書名《從覺民到覺醒》。她寫這本書，是想展現個人生命歷程中與臺灣社會息息相關的一段成長掙扎，想寫下1980年代臺灣社會不為人知的一面。

不少人年輕時代都有過一些不堪回首的經歷，很多是時代造成的，非個人的過失。例如1999年德國諾貝爾文學獎得主葛拉斯在年屆八十時，寫下自白回憶錄《剝洋蔥》。回憶就像剝洋蔥，層層剝落間，淚濕衣襟。他寫出了一段讀者未知的事實：他十七歲入伍曾被編入黨衛軍。黨衛軍又稱黑衫軍，是納粹一個龐大的組織。1944年全德有八十多萬黨衛軍。葛拉斯參加黨衛軍後未發過一槍，後來受傷被俘。他寫出這段經歷後，曾經引起轟動，有人說三道四，但更多的人表示理解。德國一位教授說：這是一次給人印象非常深刻，非常感人的行為，一個老人想把桌子清理乾淨。還有一位作家

評說：「作為作家，也作為道德準繩，葛拉斯在我眼裡仍然是位英雄。」

高麗娟在我心目中也是英雄。她比葛拉斯更勇敢，沒有等到八十高齡再回顧，而是在中年就揭開了那些幾乎不為人知的往事。高麗娟說：「我也曾不堪回首，於是不思不想，無情地把自己埋葬在異域人生裡，可是二十多年之後，平地一聲雷，終究是要回首，自以為人到中年，已經豪情到能夠一任風吹雨打。」

我認真閱讀了《從覺民到覺醒》這本書。以我的看法，覺民學會雖然有點神秘，其實是臺大的精英社團，會員都是有理想的青年，以林覺民為榜樣，一腔熱血，為國為民，精神是好的。他們後來也大都在各自的專業領域做出了成就。國民黨通過覺民學會，培養自己的新生代，也無可非議。只是覺民學會可以利用國民黨的執政地位，多搞一些活動而已，這在那個黨政不分的年代，也是常見的事，不必過於苛責。

至於調查局的事，做臥底，刺探反對黨的情況，這是威權政治、一黨專制的慣常做法，打著時代的烙印。高麗娟在臥底的過程中，逐漸瞭解了黨外人士的真實情況，逐漸覺醒起來。書中反映了這一心路歷程，更讓我增加了對高麗娟的敬佩。她沒有昧著良心做什麼壞事，事實上她的臥底反倒起了保護的作用。她為康寧祥的再度當選出過力。她在雜誌社期間，《八十年代》沒有一期被查禁。當年《八十年代》的一位編輯陳浩不但對她沒有成見，還為該書寫了序。高麗娟講出這些幾乎無人知曉的舊事，更表明「君子坦蕩蕩」，嚴於剖析自己。一位朋友鼓勵她說：「依我看來，沒有足夠的道德勇氣與正直純樸，不會像你有這種感覺和認知，不會像你敢面對、剖析並寫下來，在部落格（大陸叫博客）挨罵還願意出書。」

相信經過政黨輪替，臺灣民主制度已基本成形。今後不大可能會再出現類似的事，權當作個歷史紀錄。可貴的是，高麗娟不願

意用此事來介入臺灣兩黨政治，本來該書已於2004年完稿，當時臺灣選戰如火如荼，如果立即出版，這些往事可以作為狠狠打擊國民黨的重磅炸彈。但高麗娟沒有這樣做，一直等幾年後才出版。事實上，國民黨這個「百年老店」經過轉型，早已脫胎換骨，沒有必要用這些陳年舊事去打擊。高麗娟說：「只是一個當年有機緣穿梭在國民黨和黨外之間的女知識青年。在當年那種環境中有太多人是這種身分，我不過是對此特別在意與認真的一個，因為兩邊都有我欣賞的人，也都有我鄙夷的人，到了最後，抽身而出，好像才是全身而退之計，於是我就飛到他方……」

高麗娟是幸福的，她的人生計畫原本是「在大學或中學教教課，課餘從事研究、寫作、旅行，從小就夢想著帶著一支筆，讓我這雙眼睛看盡人間風物，用我的筆直抒胸臆，道盡世間滄桑，上山下海也上下古今。」這一計畫基本上是實現了。最後以高麗娟的一首詩《生命之歌》作為結語：

> 向早春的絢麗，
> 高唱一首生命的凱歌，
> 是我少年的輕狂。
> 向無限的時間，
> 證明一種存在的意義，
> 是我中年的掙扎。
> 對向晚的夕陽，
> 吐露一生真摯的眷戀，
> 是我暮年的夢想。

林凱瑜
波蘭的中華文化使者

> 　　對於小傳的事，林凱瑜一再謙虛，說她主要在做漢語教學，寫作較少，不值得介紹。而我認為在文學方面，當然不可能人人都是大師，畢竟諾貝爾文學獎每年才評出一位。但世間有大樹，有灌木，也有小草，才構成這絢麗多彩的大千世界。想一想，一大片沙礫或是疊疊層層的卵石，有一棵小草頑強地從中冒了出來，雖然幼嫩，卻是生機勃勃……這是多好的意境啊！而且每個人在人生過程中，都有自己的亮點，不是嗎？果然，經過四次電話採訪，我逐漸瞭解了林凱瑜的人生軌跡，很有特色很精彩：她親歷了波蘭的政經劇變，她熱忱地傳播中華文化，促進波華經貿交流，她辛勤地耕耘在華文園地，做了許許多多的事情……

日本邂逅波蘭人

　　林凱瑜生於臺中，長在臺北。父親做電子產品貿易，與日本有很多業務來往。林凱瑜上學時對數理化不感興趣，但喜歡文學，特別是古典文學，還在中學就已讀過《紅樓夢》、《西廂記》、《鏡花緣》。她還特別喜歡看平劇（大陸叫京劇），那優美的唱腔、身段、表演至今難忘。她還說讀過日本名著《源氏物語》的漢譯本，我吃了一驚，這部書是日本小說史上里程碑式的作品，也是世界文學史上最早的長篇小說，由女作家紫式部（約978-1016，也就是我國的北宋時代）創作，堪稱「日本的紅樓夢」。聽說篇幅長，很難

讀哩！她說這是因為父親要送她去日本讀書，所以引起了對日本文學的興趣。她父親認為在臺灣考大學不易，也許送女兒到日本讀個大學，喝點洋墨水回臺比較容易找工作，或者幫父親做事，接父親的班。所以1985年林凱瑜還在上高中，就先去了大阪的關西語言學校就讀，一年後參加日本聯考，考上了私立的立命館大學的日本文學系。全班五十名學生，只有她和兩個韓國女孩是外國人。

這所大學位於日本文化古城京都，地處左京區半山腰下。學校裡有不少臺灣、中國大陸、韓國、美國、歐洲留學生。大陸學生最辛苦，一下課就趕著去打工，臺灣學生很悠閒，常常一下課就先去吃飯聊天，再回宿舍看書。當時林凱瑜讀得比較累，根本無心去欣賞或參加這一類活動。一年級就得讀古文言，看整本的小說然後寫心得報告，連日本學生都有問題，更何況一個外國人，常常躲到宿舍裡偷哭。學習的日子就在讀讀哭哭裡過下去，直到1986年底，林凱瑜在國際學生宿舍的聖誕舞會上認識了一位波蘭人，才快樂起來。通過一段時間的交往，他們相愛了。

這位波蘭人是該國科研單位公派出來的青年才俊，在京都大學與教授做研究。那時他只剩半年了，時間一到就得返回波蘭。這期間他買了機票給在波蘭的媽媽，請她來京都玩兩個星期。林凱瑜與未來的婆婆見了面，彼此語言雖不通只能比手劃腳地溝通著，但她們卻「聊」得很愉快。林凱瑜覺得，這是一位慈祥的婆婆。

林凱瑜飛回臺灣見父母，提出要跟波蘭人結婚之事。遭到父母親戚們的極力反對。他們的說法是：波蘭是個共產國家，沒有自由生活，沒有自由言論，吃不飽穿不暖，大家都要從那兒逃出來，你卻要逃進去，真傻啊！

但愛情的力量是巨大的，林凱瑜一心一意要跟著去波蘭，她聽不進父母等所有人的話。她請父親跟她去日本見她未來的婆婆，當她父親看到友善的婆婆後，終於接受了女兒的選擇，條件是這對新

人得在臺灣辦婚禮。

　　林凱瑜的眼力真不錯，婚後二十多年來生活很幸福。老公一直在研究所做環保科研工作，兩個兒子都考上了大學，老大學建築，老二學生物。而林凱瑜則把精力投入到漢語教學、傳播中華文化中，對生活和工作都很滿意。她回顧說，這些年裡，日子沒有白過。

親歷波蘭的變化

　　不過最初林凱瑜對波蘭很失望，她熬了兩年多苦日子，直到1989年波蘭和平過渡、實現民主化才苦盡甜來。1987年7月林凱瑜在臺北結婚後，就隨夫君飛來華沙，那時候華沙很灰暗，即使是在7月的艷陽天也令人感到陰暗寒冷，人們穿著顏色單調的衣服，面上很少笑容，路上跑的車很少，大多是很小的Marucha，被戲稱為火柴盒小汽車。這種車有多小？舉個實例吧，有一次林凱瑜夫婦用這種小車去機場接一位美國教授，他身高一‧八八米，很瘦，坐進小車後，他得彎腰駝背，雙腳得縮到胸前，一路上還得忍受路面凹凸不平的顛簸跳動，下車時他差點直不起腰，伸不出腳哩！當時就只有這種小小車，1989年波蘭經濟開放後，這種小車就停止生產了。

　　不管是無形的政治壓力，還是有形的經濟壓力，都令遠從富裕的臺灣而來的林凱瑜感到生活的無助。當時電視只有兩個國營頻道，能看到的只是帶著墨鏡的黨國首腦雅魯澤爾斯基對著人民精神喊話，要不就是放映一些集中營大屠殺的片子，好似在告誡波蘭子民，不聽政黨的話，就是這般下場，看得林凱瑜天天做惡夢，好想念臺灣那些又笑又鬧的綜藝節目。晚上十點鐘以後最好不要出門，因路上有警察攔路查證件，各大小商店都在晚上六點關門。

林凱瑜揶揄說：「鐵幕裡的生活就是不讓人民得到滿足，這樣人民就沒時間造反，天天為吃飽飯煩惱，哪來的時間體力造反啊！」

當時華沙市裡的所有商店都是國營的，店裡貨源缺乏得很厲害，大多空空如也，沒貨品，要不就是一些粗糙的塑膠品（大陸叫塑料）。到百貨公司去，那真叫人欲哭無淚：第一、二樓賣的是大人小孩的塑膠鞋，只一種顏色，也只一種款式，三樓賣的是很爛的、有瑕疵的塑膠、木料家庭用具。衣服也沒什麼變化，樣式、顏色都很呆板，顧客沒有別的選擇。沒有超級市場或是自選商場，買東西都得告訴店員，經由她拿給顧客，拿幾次就煩了。

林凱瑜記憶猶新：「有次買蘋果，我很客氣地請她挑好的給我，當她稱重時我看到一粒壞的，忙告訴她可不可以換，她馬上變臉，把所有袋中的蘋果全倒回去，說『你不要，就沒有，下一位。』顧客在這個國家是沒有地位的。」

那時，排隊買東西是家常便飯，常常一站就是一兩個小時，能買到東西就算幸運了，更倒楣的是，站得腿酸背痛，浪費大半天光陰，好不容易輪到自己，店員竟面無表情地說東西賣完了。明天請早。生活上大大小小的日常用品如衛生紙，衛生棉，香皂，牙膏，牙刷，針線等，都不是天天能買到的，那麼食物如牛奶，肉類，糖就更難了。就說買肉吧！它分豬肉票、雞肉票和牛肉票，這之中又分帶骨的票、無骨的票，這麼多票常把林凱瑜搞得昏頭轉向，也因此常被店員多剪了票去（這肉票是定量的，被多剪了，自己就少了肉吃）。也常排了老半天買不到肉，那這一天家中就無肉可吃了。這樣的情形時常發生。如果此地有豐富的青菜類可買，那無肉的日子是可以過的，但事實並不如此，菜色少得可憐！加上沒肉的日子就得挨餓！怎麼辦呢？在臺灣的老爸不忍心女兒受苦寄一點錢，林凱瑜得以到只能用外幣購買東西的外匯商店。她也開始學著走後

門，價格很高，又有風險，當時走後門是違法的事，可是人人都如此做。

林凱瑜記得：「1988年我們收到外子的德國朋友寄來的聖誕禮物，就是這些日常用品，我感動得直哭，有生以來頭一次覺得這些不起眼的小東西是那麼的重要，我從來都不知道沒有針線是這麼難過日子的！」

這種國家壟斷的體制使人們養成了做多做少一樣的工作態度，反正就是那麼點工資嘛。走到華沙街頭，最常見的就是五六個修路工人站著看一個工人在修路，還一起指手畫腳地告訴那個工人哪裡沒做好，難怪他們修一條路得花三四年時間。他們也常常把公司裡的貨品比如燈泡，螺絲，鐵絲，石灰，油漆等東西帶回家使用，不是共產嗎？

第二次世界大戰後，波蘭落到蘇聯掌控之中。因政治經濟等諸多問題，波蘭爆發過三次危機。1956年波茲南工人罷工示威，與軍警發生衝突，造成傷亡，是為「波茲南事件」。1970年，格但斯克等地發生罷工和流血衝突。1980年因物價上漲，引發各地工人罷工，戰立了以瓦文薩為首的團結工會。

林凱瑜剛到波蘭時，正是團結工會受壓的時期。雖然遭到鎮壓，但不屈不撓，1989年8月團結工會用不流血的鬥爭取得政權，波蘭開始實行多黨制議會民主，實行市場經濟。正式與西歐接上軌。2004年，波蘭加入歐盟。林凱瑜有幸親歷了波蘭在鐵幕時期（二年多）和民主自由時期的生活，以及其間的一切變化。兩者有天壤之別。

波蘭實現民主政治以來，鼓勵外商投資，建廠，設立私人商店，變化巨大。隨著抑制經濟的舊制度的崩潰，林凱瑜感到，突然商店裡什麼都有了，食品日用品不再匱乏。商品琳瑯滿目，令人眼花繚亂。現在華沙發展得像極了臺北市的西門町，有百貨公司，有

像誠品書店那樣的大書店，有大商場，加電影院，有超級市場，有酒吧，迪斯科廳，有麥當勞，肯德雞，有各個國家的飯館，外國銀行……熱鬧得很，把華沙點綴得更活躍更有生氣。如今華沙開寶馬（BMW）、奧迪和賓士小汽車的人有的是。當然，要完全向西歐國家看齊，還需要時間。林凱瑜感嘆，以前是有錢沒東西買，現在是有東西卻錢不夠花，這人生真矛盾！

傳播漢語編教材

1996年孩子上小學了，林凱瑜終於可以騰出手來，做自己想做的事情。她進入華沙大學中文系，拼搏三年，於1999年取得碩士學位。還在求學當中她就從事給外國人的漢語教學工作。

研究所畢業後，林凱瑜開始在國立華沙經濟大學教漢語。中文班起初有十五個學生，後來發展到二三十人，分為兩個班，初級和中級班。2004年，林凱瑜又在一家私立企管大學開班教中文，起初有六個學生。第二年，漢語被列為該校的第二外語之一，選修的學生立刻多了起來，達到三十個，開了兩個班。她還在一家語言學校教過漢語兒童班，積累了不少經驗。

除了在兩所大學講授漢語課以外，2002年林凱瑜還注冊成立了自己的漢語學校，校名華沙漢林中文學校（Inter-Lin）。教學方式靈活多樣。很多是一對一教學，每天都有。一週約有四十位學生。也辦有三個兒童班。她忙不過來，還請了兩位老師，一位來自臺灣，一位來自大陸。林凱瑜做事認真敬業，學校口碑很好。她的學生幾乎都是波蘭人或越南人（1989年變革以前，波蘭和越南同屬經互會即蘇俄集團，因此來了幾萬越南人）。兒童班學生也全部來自波蘭家庭，而不是僑胞或雙語家庭。有的孩子已經學了五年，越學越愛學。

學習漢語人數的增多，根本原因在於中國經濟的發展，中波經濟文化的交流越來越多。華沙中文教育發展很快，現在已有兩家中文學校。還有好幾家波蘭的語言學校，增設了中文班。林凱瑜的學校是口碑最好者之一。

　　波蘭人學中文，有的是外派去中國工作、經商，有的是與中國有業務聯繫，有的是為了到中資企業找工作。林凱瑜的波蘭學生中有律師，先後十多個呢，還有五十到一百人的企業老闆，其中一位老闆曾獲「最佳青年創業獎」。她的一位學員是波蘭某公司高級主管，招聘時面試一個女孩，女孩說會中文，主管問，老師是誰：林凱瑜！可見林凱瑜的學生已到了「桃李遍天下」的程度。

　　林凱瑜最先用的教材是臺灣出版的《視聽華語》，二十五課。課文內容生動活潑，貼近生活。但用的是正體字，而學生要學簡體，林凱瑜就把教材改為簡體，複印下來，上課時一頁頁發給學生，比較麻煩。林凱瑜也選用過大陸的教材，如「竹子書」（教材名為《實用漢語課本》，封面上有竹子圖案），為簡體，用中文拼音，但內容刻板，不夠生動活潑。另外，這些教材都是為懂英語的學生編的，而波蘭在擺脫蘇聯控制之前，學生們學的都是俄語。對於不會英語的波蘭人來說，困難重重。為此，林凱瑜萌發了編一本波蘭文漢語對照的中文教科書的想法，她先找一位名叫曉悅的朋友商量。

　　曉悅是一位波蘭女學者。她早先在華沙大學讀社會學，選修中文作副科，跟著波蘭老師學了大約一年，畢業後找到林凱瑜繼續學漢語。林凱瑜發現她的發音糟透了，這是因為她跟波蘭老師學的發音不地道。於是林凱瑜費盡心力，幫她糾正發音。使她的中文水準大大提高。這進一步激發了曉悅學中文的興趣，她赴臺學習兩年，又到北京外國語大學就讀兩年，成了中國通。回到波蘭後，她考取了經法院宣誓的漢語翻譯。這是翻譯工作的最高級別。林凱瑜對曉

悅說，我打算編寫一本供波蘭人學漢語的教科書，希望我們共同來做，但是不要指望這本書賺錢。曉悅不是那種唯利是圖的人，也願意為波華交流出力，兩人一拍即合，聯起手來。她們把自己教學經驗和學漢語的體會都融匯到教科書中，為編一本切合波蘭學生使用的漢語教材而忙碌。

花了整整一年多時間，2009年，第一本波蘭人學中文的教科書《我們說漢語》出版了。課文有簡體和正體，用中文拼音，說明用波蘭語。辭彙表中也有簡體和正體字對照，以及相應的波蘭詞。全書共十五課，每課三十多生詞，要學習七十多個漢字，學完這本教材後，波蘭學生就掌握了基本的中文會話和一千幾百個漢字。這本書一出版就受到波蘭漢語學習者的歡迎，第一版兩千五百本很快就銷售一空。接著又重印了一次三千本。兩次共印刷五千五百本，這在波蘭這樣的國家，是一個了不起的成就。

林凱瑜教學水準有口皆碑。不少學生參加漢語水準考試（HSK），通過了五級（最高六級）。幾位學生考進了中資企業。中國大企業華為集團在波蘭的分公司有上千職工，林凱瑜的一個學生，原來是學會計的，學了中文如虎添翼，得以進入華為。她還有一個銀行專業的波蘭學生，學會中文後進入中國銀行駐波蘭分行。林凱瑜很有面子，很有成就感。

近年來中波經貿的發展，為林凱瑜帶來了辦學以外的其他機會。波蘭航空公司要開通中波航線，請林凱瑜書寫四個大字：華沙－北京，她大筆一揮，用五分鐘就寫好了。人家問她要多少潤筆費，她想大約五十歐元就行了。你猜人家給了多少，給了一千波幣（茲羅提），相當於兩百五十歐元呢！

就在最後一次電話採訪時，林凱瑜告訴我將陪同波蘭公司到中國青島去考察塑膠機，聯繫購買機器的事情。這已經不是第一次了。她以前曾到廣東新塘為客商看貨，參觀了牛仔褲加工廠。去年

還去過廈門附近的漳州，當地講閩南話，與臺灣話同源，一下子拉近了林凱瑜與當地商家的關係。

耕耘華文園地

2003年林凱瑜加入歐華作協。說起入會還有一段故事。在波蘭，原先有位歐華早期會員曾秀梅，她在格但斯克科技大學讀經濟學博士，畢業後要回臺灣發展。她擔心自己走後，歐華在波蘭後繼無人，於是向幾位熟悉的姐妹們建議，寫文章投稿，爭取加入歐華作協。林凱瑜動了心。波蘭華人不多，要開拓文學這塊園地不容易，早年市面上買不到中文報，中文書也很難在書店買到，華人如想讀中文書報就得去臺辦處或去臺貿借，要不自己從臺灣訂購。她想，即使這裡的華人不多，但一點一滴地耕耘還是會有結果的，自己從小喜歡文學，希望為華文園地做些事，能加入歐華文學大家庭當然最好。可是除了編寫教材外，多年來她很少動筆寫文章。心中有些忐忑，思量再三，才鼓起勇氣寫了一篇文章《1987年－我在波蘭》，發給曾秀梅。能行嗎？心裡沒底。沒想到過了不久，林凱瑜接到世華秘書長符兆祥親自打來的越洋電話：告訴她已被吸收為歐華作協成員，歡迎她來臺北參加世華作協大會。這對林凱瑜是極大的鼓舞，就這樣她成為歐華作協的一分子。

林凱瑜第一篇在報刊上公開發表的作品是《華沙的過去與現在》，刊登在2010年的《臺北畫刊》上。當時讀者們對西歐已相當熟悉，而介紹東歐城市的文章很少，林凱瑜的文章正當其時，華沙一文近四千字，配了十幾張照片，刊登後很受讀者歡迎。她還得到了一萬臺幣的稿酬，這對於第一次投稿的林凱瑜來說，真是莫大的鼓勵。

林凱瑜一再謙虛，說寫得不多，很慚愧。但發過來的幾篇文

章，都平實親切感人，讀來就像聽鄰家小妹拉家常。如「記得有一次和外子去買沖水式馬桶，排了一個多小時的隊。總算買到了，總算輪到我們了，店員很好心地說『這是最後一個馬桶，恭喜啊！你們真幸運。』是啊！多幸運，只排了一個多小時的隊就買到了，後面還有人買不到呢！當場我們高興地抱著馬桶又笑又跳，像兩個瘋子，那種心情是外人難以體會的。還有一次，是排隊買冰箱，幾天就聽說這家店也許會進冰箱，那時候我們每天去店外守株待兔，因為不知幾時會進貨。總算等到這天，我們六點半就趕早去排隊了，黑幽幽的天還飄著雪花，陣陣冷風吹得人直打哆嗦，算了算我們排在第十位，店是早上九點開門，看到共有十臺冰箱被搬進店裡。心想真好我們又會是幸運的最後買主，正在高興時，聽到店員說：『冰箱只能賣出五臺，另外五臺是壞的，很抱歉，請改天再來。』改天？三天後？十天後？或是一個月後？店員對我們聳聳肩，表示她也不知道。浪費那麼多的時間打聽、等待、排隊，重複著一樣無奈、無情趣的生活日子，真想跳樓。」在僵硬的社會制度下造成的物資匱乏和人們的無奈心情躍然紙上（見《1987－華沙》）。

　　林凱瑜寫人物的文章也很出色，譬如《婆媳》中寫了她的好婆婆，為了與媳婦溝通，快七十歲了還特地去學英語。當她知道兒媳因不適應波蘭的困苦生活躲在房裡偷哭時，就帶她去走走散心，還勸導說：不要被環境打倒，雖然它和你以前生活的地方很不相同，就把它當作是上帝給你的一個歷練工作吧！帶著她排隊買東西，教她利用排隊時間打打毛線衣，繡繡花，看看書，或是和前後人說說話，免費學習波文嘛。這些細節都很感人。

　　林凱瑜不但踴躍參加各文集的寫作，而且為協會出書給予了大量支援，堪稱「校對總管」。文友穆紫荊回憶說：「在我手裡所參與主編的三本書中，林凱瑜是唯一一位將三本書從頭至尾反覆校對了不下五六遍的文友（三遍在交稿之前，三遍在交稿之後），這

是一項十分艱苦、費神和需要耐心的工作。令我敬佩萬分也感動至深。」

　　林凱瑜居住在華人較少的東歐，經歷過不同的社會，這就為她的文學創作提供了豐富而有特色的素材。她又是幸運的，熬過兩年苦日子就過上了自由幸福的生活，可以做自己喜歡的事情。相信在文學創作的道路上，她還會取得更大的成就！

李永華
自強不息的思想者

> 　　與李永華副會長相識，是2012年8月在維也納，當時歐洲華文傳媒協會第十屆年會在此舉行，我作為德華媒體記者有幸參加，李永華則以捷克《布拉格時報》社長的身分與會。他高高的個子，虎背熊腰，是典型的山東大漢，待人很有親和力。幾天下來，我們相熟起來，有不少共同感興趣的話題。他為人爽朗風趣，思想深邃，看待事物觀點明晰，講起話來有條有理。後來才知道，他人生經歷異常豐富，工農兵學商樣樣幹過，如今不僅辦報，寫作，還經營企業，而且是位形成自己一套思想體系的業餘哲學家。

身歷工農兵學商

　　李永華（筆名老木）祖籍是武二郎打虎的山東陽谷縣，1955年出生在山東「東昌府」聊城。它地近大運河，文風頗盛，「五四」運動學生領袖、臺大老校長傅斯年（1896-1950）就是聊城人。後來全家搬遷到一百二十公里以北的德州。德州位於冀魯兩省交界，地處運河畔，又是京滬鐵路上的大站，歷史上就是傳統的區域性貿易集散地。明代蘇祿王（蘇祿為今菲律賓一部分）到北京進貢，返程沿大運河南下，病死在德州。蘇祿王陵是當地最有名的古跡。此外德州早花西瓜（一種早熟西瓜）、樂陵小棗、德州扒雞都聞名遐邇。

李永華在一個中共小幹部家庭長大。祖父母早先都是虔誠的天主教信眾，祖父在教會裡協助作些文字工作。其父母早年參加抗日戰爭，父親上過私塾，能寫會講，解放後在中共聊城黨校任教員、教導主任，德州市的宣傳部副部長。因為思想常「與組織不一致」1959年被定為右傾，後來「摘帽」。這裡把「右傾」解釋一下。在當時的政治辭彙裡，左代表革命，右代表反動。1957年，毛澤東發動反右派運動，整的主要是黨外知識分子。1959年，又搞反「右傾」，整的是黨內對所謂大躍進胡折騰有微詞的人。

　　李永華父親從1947年起，三十五年沒調整級別和工資，直到退休前才「按政策」長了三級，給了他所謂的「高幹待遇」。因為父親的緣故，母親也受牽連，在政府機關一個不小的幼稚園裡連續擔任三十二年園長，當了兩代官二代「小朋友」的阿姨。

　　1966年文革因為父親是走資派（這是文革期間整人的一個罪名），李永華被紅衛兵組織開除，課餘沒人一起玩，只好偷偷去無人管理的政府圖書館去讀書，開始看畫報，後來偷看被禁止的外國小說《神秘島》、《海底兩萬里》、《八十天環遊地球》等科幻小說和《湯姆索耶歷險記》、《魯濱遜漂流記》、福爾摩斯探案集等青少年感興趣的文學作品。小學畢業，被父母送去黃河黃泛區農村舅舅家參加農業勞動一暑假。

　　1967年因為文革動亂中學不招生，李永華上了大陸空前絕後的「小學七年級」，每天早晚還要用自行車送接因長時間彎腰站立挨批鬥而患腿部脈管炎的父親去郊區的工廠勞動改造。次年在本該培養中學老師的師範學校，上了同樣空前絕後的「師範學校初中班」。

　　1971年受父親牽連，李永華成為全校僅有的兩個沒有給分配工作的走資派子女，只好去農科所義務勞動喂豬，還去建工局當過泥水工小工、隨後因為體能不錯改為「架子工」，幫助紮高空作業時需要的手腳架。1972年為了學技術，去姐姐工作的工廠當小鑄件制

模工（小件翻砂工）。年底才作為「長期剩餘社會青年」被分配到了德州港口機械廠當了鏇車組裝鉗工，相當於汽車修理工。為了騰出時間學習，他強烈要求後才被允許住進廠裡的宿舍，以便早晚讀書。1974年底李永華作為會打籃球的特長兵入伍，這時他已經自學完了高中的所有課程和大學的微積分。

1975年初新兵訓練結束，馬上去柏各莊農場（河北唐山附近）勞動鍛煉，三月初的水面上薄薄一層冰，踏進去冰冷刺骨。泡在沒膝深的鹽鹼地水裡的腿出水後被風一吹，會裂開細細的小血口子，皮膚腫得發亮，連上廁所都彎不得腿，蹲不下。天轉暖後，他因為懂機器，被後勤借調去開拖拉機、水田耙地機、噴藥機。然後是籃球集訓，接受大松博文式的身體極限訓練，腿疼得要用雙手搬才能弄到床上去。

1976年夏隨部隊參加唐山抗震救災。在挖人、挖急救藥材階段之後，李永華作為籃球隊的副隊長帶領幾個力氣較大的籃球隊員組成的「運輸隊」，負責抗震救災物資的運輸。在災難與死亡的環境中，體驗了不同的生死離別和人性的百般善惡。因為工作中的表現和體育運動中的表現，在不到兩年的時間裡，他從一個大齡的「白丁」青年完成了入團入黨、立功、當班長、提幹的全過程。成了重點培養的「苗子」。

1977年，李永華籃球訓練間隙被安排去教導隊參謀集訓班受訓，學習參謀業務和電子學理論，因為物理基礎好，留教導隊做戰士骨幹班的電學課程和有線架設戰術教員。他把體育訓練迅速提高體能的辦法引入到軍事訓練中，取得了好成績，得了獎，並在所在部隊推廣。1978年因腿傷退出籃球隊，調入司令部做通訊參謀，因為偶然幫助別人抄寫和潤色了當年的司令部工作總結，被政治處發現調去做宣傳幹事，派去參加高中物理、數學教員培訓，畢業後為軍校復習考試班的戰士輔導。

1980年李永華被上級政治部派去解放軍西安政治學院參加哲學教員培訓一年，從此培養起對哲學的愛好。畢業後在營團級幹部哲學班當教員。其間開始發表通訊、新聞稿。

　　1982年李永華退役，次年初進入中國農科院科研部宣教處工作，負責全院三十五個研究所的四十五種科技刊物的管理、出國人員的外語培訓和語言培訓班的組織管理、出國回國人員的「引進消化吸收」項目的申報經費和執行的管理。

　　李永華從小就有上大學的強烈願望，上大學是他退伍的主要原因之一。沒想到那年大學招生的新規定改成了二十五歲以下，斷絕了他上大學的道路，於是只好參加當時「最嚴肅」的高等教育自學考試學習，在其後的六年時間裡，幾乎沒有休息，每天至少業餘自學五小時，如此艱苦努力，終於完成了兩個專科（管理、法學）一個本科（法學）三個學歷的所有課程，在北京大學做了論文並通過答辯，畢業證上蓋有北京大學和北京市自學考試委員會兩枚印章和鋼印。畢業論文幸運地被導師推薦在《北京大學經濟法學報》發表。

　　自學期間，李永華還在經濟參考報等報刊發表過整版科普文章；與人合作獲得多項科研成果，發表多篇論文；他主持的「人參西洋參儲藏保鮮研究」科研項目獲得突破性成果，論文在《中國農業氣象》雜誌發表；還寫過一個自己參加的科研課題「京2B膜劑的研究和應用」的科普劇本，參加拍攝並配了音。

　　1989年學運時李永華支持學生反腐敗、爭民主的訴求，但反對學生脫離民眾和實際的空想、激進做法。這樣的看法與官方的理念不一致受而到了組織內的批評，也受到社會上自由派人士的抨擊和反對。

　　縱觀在大陸的三十多年，李永華歷經磨難，吃了不少苦，但從不放棄，自強不息，通過自學拿到了大學法學本科的文憑。李永華的社會經歷異常豐富，這些經歷是他寶貴的人生財富，為他以後

的寫作積累了大量的素材。可以說，工農兵學商李永華全幹過，而「商」是他出國後經歷的。

艱難創業在捷克

1992年正當李永華躊躇滿志地要通過律師資格考試，開始法律工作生涯的時候，一個意外的機會使他去了匈牙利。當時他姐姐被一個在匈牙利辦公司的華人騙了十萬人民幣（那時是一個天文數字），為了追討這筆錢，原來辦了留職停薪，準備出國看看討完債就回去的李永華，不得不留了下來。匈牙利不給辦居住簽證了，就來到了捷克。1993年起任捷克金橋有限公司總經理至今。

那時，在回大陸從事法律工作、還是留捷克追求自己的農場夢的兩難選擇面前，李永華最後選擇了留捷克，要靠自己的努力建立一個中國式的莊園。從幾乎身無分文，給人當大廚開始，到後來率先走出擺攤零售的市場，開小轎車出去批發貨物，最早一批整集裝箱進口紡織品，開捷克華人當時最大的商店、租最大的倉庫，最早一批向大陸出口捷克產汽車的配件，最先一批在捷克購置房產和農場的大片土地，最早一批購買捷克的全額醫療和社會保險，最早關閉紡織品經營感受轉行痛苦，遭遇辦農場失敗帶來經濟上捉襟見肘的困惑，最早商業性種植中國蔬菜，最早商業性加工餃子、扒雞等食品、最早向捷克進口建材、最早從事協助中國企業（長虹電視和運城製版）來捷克投資的諮詢服務……香港衛視拍攝尋找他鄉的故事系列專題片《在捷克追夢的中國人》就選了李永華在捷克創辦農場的艱難故事。

辦農場最後是失敗的，但卻是李永華留在歐洲的主要動因。因為他在中國農科院工作時，通過資料瞭解到東歐早已實現農業大生產，但非大田蔬菜生產相對落後，且品種較少，價格奇貴。比如

九〇年代初捷克、匈牙利冬季黃瓜，大白菜達到兩美元一公斤，從臺灣空運到德國的韭菜十七馬克一公斤；而東歐農業人工當時只需一千五百人民幣一個月；這是很有利可圖的。面對著經營有利，又有引種科研意義的前景，其挑戰性和吸引力足以戰勝在國內開律師事務所的誘惑。

1993年初，他就開始在捷克試種了四十幾種包括多年生的香椿，藕和一年生的各種蔬菜，瓜果。到1995年，實驗的結果是只有二十八種適合在捷克自然環境下生長，許多在中國生長不錯的蔬菜瓜果，因為捷克的年積溫總量不足難以引種成功。

有了這二十八種蔬菜的成功，1995年秋他們就買了一個帶六畝地大花園的舊房子開始較大規模地試種。並聯繫了德國的華人食品供應商。開始收穫韭菜的時候，一鐮刀一穴韭菜平均價值三馬克，一邊收割一邊相互開玩笑——三馬克、三馬克……

他們計畫以農業生產為基礎，集餃子、豆腐、香油、德州扒雞等食品加工，散養雞、鵝、羊和培育芽苗類（黃豆，綠豆苗丫芽，豌豆苗、香椿苗、蘿蔔苗等芽苗）幾項合為一體的綜合農場，兼營各種進出口貿易。

因此，他們1998年開始申請中國合作方的農工師傅來捷克開辦農場。但思想保守的捷克簽證官百般刁難，拖了四年時間都拒絕給他們的人簽證，其中一個農工跑了二十四趟捷克大使館都拿不到簽證。讓李永華的農場破產的同時，留下了二十多公頃的土地，未安裝玻璃的溫室骨架，一個破舊的農場院落；餃子機，和麵機，麵條機和豆腐，香油製作機器和一些農業機械，食堂炊具；幾噸塑膠膜，幾百公斤食品加工佐料的爛攤子。幾乎把他弄到了破產的邊緣，後來費了很大力氣才從這次失敗中的影響下走出來。這也是他此後不再做實業的原因，也有了幫助來捷克投資的大陸企業在捷克立足並少走彎路的難得的經驗。

農場失敗的主要原因是沒有想到作為「外資」投資搞農業、引進新品種這樣的好事，捷克的領事竟然會藉故不給簽證！！有道是「細節決定成敗」，壯志未酬，功虧一簣，真讓人扼腕嘆息！

當然這只是李永華在捷克經商中的一個插曲，雖然有波折，他的商貿經營總的來說，還是成功的。

李永華的事業得到賢內助的大力支持。他們還養育了一個寶貝女兒。這閨女亭亭玉立，精通商務、法律，又是替中、捷元首承擔同聲傳譯的捷克國寶。

創辦捷華報紙

三十年前，捷克華人不過數十人，如今已增至五六千人。李永華長期擔任旅捷華人聯誼會副會長，為捷華僑領之一。他熱心公益，組織華人的節日文化活動，帶領華人志願者隊伍參加捷克救災和慈善活動，為祖國災害募捐……2010年他幫助孩子們成立了「捷克文化藝術交流協會」，除了與捷克斯梅塔納鋼琴國際大賽合作在中國舉辦華語區分賽站的比賽之外，還幫助中國的孩子參加音樂大師班學習和捷克的民俗音樂節。

在創業的同時，李永華先後主持創辦了捷克最早的華文報紙《商會通訊》和至今仍在運作的《捷華通訊》和《布拉格時報》兩家報紙。其中《布拉格時報》，是2012年創辦的，為半月刊，費用主要由捷克的九個社團共同承辦，廣告收入只是輔助。眾社團推舉李永華當社長，具體的編輯、校對、圖片都有專人負責。既然當了社長便不能濫竽充數，李永華不斷地為報紙組稿、拉廣告、找贊助。並為報紙撰寫了大量社論、新聞、通訊、評論以及詩歌、散文、小說等文學作品。辦報練就了他對多種寫作體裁的熟悉和掌握。散文詩、格律詩詞，小說，散文，評論都上得手，也就有了後

來多種體裁的文集。

　　李永華介紹說：「最初報紙無非是報導捷克與華僑居住有關的法律和政策，華人之間的特殊事件，國內及港臺新聞報導。後來的報紙逐漸增加了時事評論、事件和人物特寫，社論以及小說、散文、詩歌等文學體裁的文章。在籌辦《布拉格時報》時，組建了董事會、評審委員會，還與大陸上海的《新民晚報》、天津的《今晚報》、青田的《青田僑報》建立了固定的長期合作關係。作為社長，除了自己寫各類稿件外，還動員我們捷克華文作家協會的會員們積極投稿，請我們歐華作協的作家和大陸的詩人、文學愛好者提供稿件。如穆紫荊給我們提供了連載中篇小說、常暉給我們提供了中篇小說、文藝評論和散文。雖然我們沒有能力付稿費，但多方組稿豐富了我們的副刊，又為作者們提供了一個練筆的園地。我們還為捷克中華小學的孩子們提供了不定期的專欄，給他們提供發表短文的園地，調動他們寫作的積極性和興趣。有一點是一直沒有變的：那就是我們的所有報紙對勞動者找工作的廣告始終都是免費的。我們希望能借助我們手裡的「公器」為他們提供哪怕一點小小的幫助。」

　　2012年，李永華參加了在廈門華僑大學舉辦的「海外媒體高級研修班」。為期兩週。這個高級研修班是國務院僑辦委託創辦的，規格很高，很受重視。學員們通過上課、討論、參觀、考察，多聽多看多瞭解國情，深入研討傳媒理論及兩岸現狀與走向，進一步提高了辦報的業務水準。

擔任歐華作協副會長

　　李永華辦報的事跡和文學作品引起了文壇的注意，2002年當時的歐華作協會長莫索爾和世華秘書長符兆祥聯繫到李永華，發展他

為歐華作協會員，這樣他參加了2004年在匈牙利舉辦的歐華年會。

2006年李永華牽頭與捷克的文友們成立了「捷克華文作家協會」並任首任輪值會長，如今捷華作協已由原來的四個人發展到十幾個人，每年都組織多次活動。

2007年歐華作協在布拉格舉行年會。會務由老會長俞力工主持操辦，李永華輔佐。那時，因為東歐開放不久，除開會之外，協會還安排了四夜、五天，近十個旅遊地的環捷克遊覽，其他各大洲的華文作協都有很多文友來參加，氣氛很熱鬧。李永華回憶：「至於招呼大家不掉隊、走失，對常會因個人原因需要特別照顧的文友提供幫助，是我們幾個男性文友慣常的義務。為了解除大家旅途疲勞，在車上帶著大家起哄、唱歌唱戲、朗誦、表演笑話……便成了我的一項工作，每到上了汽車閒下來，就到了我這個「主持人」上崗的時候。」朱文輝老會長還記得：「他在年會一路上和彥明的夫婿唐效同車表演『沙家浜』等京劇並引吭高歌中國各地民謠小調，唱腔十足，給我極為深刻的震撼印象。」其實這不是偶然的，李永華原本就喜歡文娛，有過參加國內講演和唱歌獲獎的經歷。

玩歸玩，正事還是要討論的，在這次年會上，李永華當選為副會長。他早在2004年與張筱雲等交流出書看法後逐漸形成了自己的想法。於是他在2009年奧地利年會上，從集體協作相互激勵寫作熱情入手，提出了「以書養會」的主意，得到大家的認同，並開始組織出書。其間出現過書出來，賣不出去，大家都著急並有些擔心協會的經費出了書，沒錢辦年會的情況。好在近年協會的書賣出去了，開始形成了「以書養會」的向好循環。

從2009年以來，歐華作協共出了六本書，代表了歐華文壇的寫作水準，不少讀者都是通過閱讀這幾本書瞭解歐華作協的。在所出的幾本書裡李永華都寫了稿。朱文輝老會長評論說：「我極欣賞老木所寫的『二狗』系列，以生動的小說語言栩栩刻劃一個由弱智兒

和一個胎中兒來看大千世界的情節，幽默而又發人猛醒，故事的鋪陳充滿敘述張力，小說氣韻十足，藝術處理及文學表現十分成熟，我一直是百讀不厭，列為觀摩學習的範本。」「此外，他的詩我也很喜愛，寫得哲奧卻又清爽易讀。」

愛好哲學勤思索

其實早在1998年李永華就已開始在捷克的《捷華通訊》發表文學作品。2012年李永華作為主編，與捷克文友們一起出版了捷華作協的第一本合集《布拉格花園》。李永華說：「本來我把寫作是看成是辦報工作的需要和個人的愛好，沒有認真對待。加入歐華作協做了理事、副會長之後有了壓力，並開始認真對待寫作。」他陸續在兩岸三地刊物發表了不少散文和小說，如在臺灣《中國時報》發表了《石子路》、《聖誕的雪》、《紅月亮白月亮》等作品；在《香港文學》發表小說《塔娜》；在香港文學刊物《文綜》發表《女兒從國內來》，後被《小說界》雜誌改名為《疼》轉載。他還在《人民文學》雜誌發表《收穫幸福》、《飄飛的生命》，在《人民日報海外版》發表《故鄉的小城》，後被大陸作家網選登。在2005年世華年會會刊發表了有關捷克文學寫作現狀分析的論文，後被佛山師範學院院刊選登。還寫了關於海外文化經濟特區的論文《域外特區》，被國務院參事室選用；寫了《東歐華人新區的文化特徵》，被收入2003年大陸國僑辦論文集中。

李永華回憶說：「在2007年的歐華捷克年會和2011年的廣州世華年會上，我都與趙淑俠大姐有較多的接觸，進行過深入的長談。大姐對歐華的弟妹們抱著深厚的情感和深切的期望，希望我們歐華作協多出好作品，多出人才。當大姐聽我談到了已經寫成的一些東西，大姐很高興地鼓勵我整理一下結集出版。大姐的話給了我很

大的激勵，也讓我感到了一種責任感。」從廣州回來後李永華開始整理寫過的那些東西，結果嚇了自己一跳，詩歌、散文、隨筆、評論、中短篇、長篇各成一本三百頁的書後還放不下，竟有一百好幾十萬字。於是最近兩年裡，他投入大量的精力做這六本書的修訂與校對。如今詩歌選集《老木詩選》已經出版，其他五本的二校基本完成，計畫今年年底之前完成三校付印。

李永華計畫從明年開始寫醞釀了十多年的《生命與哲學》一書。他自從1980年比較深入地接觸哲學之後，一直沒有中斷對哲學的愛好，尤其是出國以後接觸到完全不同的文化，又回過頭來再讀中國的古典哲學史、歐洲哲學史及一些專著，對整體哲學的觀察體系有了更統括的視角和更深入的體會。結合一直關注的現代哲學思潮和現代物理學為主的科學最新理論，他試圖在東西方文化和哲學之間找到一條內在的自然鏈結的途徑。自2003年開始，李永華在網上與人討論了一些哲學問題後，就開始準備寫一本叫做《生命與哲學》的書。2005年有了博客之後，還以這本書的名字開了《生命與哲學》的博客，想結合自己對中西方文化和哲學的瞭解、對現代科學進步的瞭解以及自1981年就開始練習氣功的體會，與博友深入討論人性和意識的構架，世界本源和哲學基礎概念等問題，通過交流，逐漸形成了比較系統的全新理念並得到了許多哲友的廣泛認同。目前幾本書中的隨筆、評論基本上都是他《生命與哲學》提綱中的一些觀點。

回顧半生的歷程，李永華欣慰地說：「好在如今孩子們已經接手了養家的擔子，我終於可以實現自己嚮往已久的半耕半讀、含飴弄孫的日子。我準備處理完手上的幾本書以後，用五年的時間，集中精力寫作和修訂《生命與哲學》這本書，並視情況安排新的文學作品的寫作。」

楊翠屏
學貫中西　法華作家

在馬來西亞舉行的第九屆世華作協大會（2013）上，最後一項活動把大會推向高潮，代表們上臺做新書介紹。其中楊翠屏向大家展示了新書《你一定愛讀的西班牙史》。她用文學的筆法，輕鬆的筆調，把西班牙的歷史娓娓道來，使讀者很感興趣。而且內容非常詳實，既有趣味性，又有知識性，是一本難得的歷史讀物。單憑這本著作，就可以斷定，楊翠屏是一位兼通中西的學者型作家。隨後的日子裡，我們歐華文友一起旅行，一起參加世界詩人大會。對於她的求學、做學問、寫作的情況有了更深入的瞭解。

臺灣讀書歲月

楊翠屏出生在臺灣中南部的雲林縣斗六市。父親早年畢業於日本東京中央大學的法律系，曾擔任雲林縣政府民政局長、經濟農場場長、縣政府秘書長。喜愛閱讀、作詩、旅遊、攝影。楊翠屏家有五朵金花，沒有男孩，她排行第四。由於她父親在日本受過高等教育，母親也是早年少有的讀完高中的大家閨秀，他們都很重視女兒的教育。楊翠屏的兩個姐姐念臺大外文系，一個姐姐讀淡江大學商學系，妹妹念淡江大學銀行保險系。

他們家所住的斗六市，當時人口不到十萬，只有斗六中學，沒有女中。楊翠屏小學在鎮東國小畢業後，就像姐妹們一樣，經過入

學考，通勤到臺灣南部的名校嘉義女中上學。

嘉義市在斗六以南四十多公里。楊翠屏每天凌晨五點半就要起床，帶便當出門，六點多乘火車，車程四十多分鐘，到嘉義後，還要騎十幾分鐘自行車，才能到學校。放學回到家，就快五點了。六年時間，風雨無阻，早出晚歸，十分辛苦，但是值得。學校的師資條件和學習氣氛都非常好。她高中課餘還和一位美國牧師練習英文，使英文的基礎更加扎實。楊翠屏高中畢業那一年，嘉義女中在全臺大專聯考（大陸稱高考）中，成績空前絕後，奪得臺灣高考乙組（文科）和丁組（法商）兩個狀元（臺灣高考分四組，甲組是理工、丙組是醫科）。當時乙組榜首是今日臺灣的民航局長沈啟。楊翠屏所在班五十二名學生，五十名皆考上大學，而那年臺灣高考錄取率只有百分之二十六。

楊翠屏也躋身於最優秀者的行列，考進了臺灣最難考取的校系之一，政治大學外交系。政大位於臺北市南郊木柵，創辦於1954年。該校以研究人文社會科學見長，外交、新聞和企業管理系在臺灣影響很大。臺灣高層政界人物主要來自臺大法律系和政大外交系。最後一任臺灣省主席和親民黨主席宋楚瑜就是政大外交系的畢業生，他曾擔任蔣經國的中文秘書，而馬英九是蔣的英文秘書，曾在政大教書。

世華作協第九屆代表大會（2013）上發表主旨演講的邵玉銘就是楊翠屏的學長。邵玉銘生於東北，長在臺灣，政大外交系畢業後負笈北美，獲芝加哥大學歷史學博士，曾擔任新聞局長，現為臺灣公共廣播電視集團董事長，具有廣闊的國際視野。他的講演題目是「華人在地球村發展中的作用」。楊翠屏在大會上見到校友講演非常激動，思緒不由得回到那求學的時代。

1967年楊翠屏考進政大外交系。班上共有十九位女士，四十四位男生。同學們都很優秀，學習上你追我趕，都很勤奮。如臺灣最

好的男高中建國中學保送來的同學蘇起，四年皆是班上第一名，他後來獲美國哥倫比亞大學政治學博士，擔任過政府陸委會主任和國安會秘書長。1992年11月大陸海協會與臺灣海基會在香港進行協商。1993年4月，「汪辜會談」在新加坡舉行，隔絕四十多年的海峽兩岸關係終於跨出了重要的一步。當時蘇起就在場。九二共識這一名詞就是他於2000年4月28日創造的，以表達「一個中國，各自表述」的意思。

大學學習是緊張的，但也為後來的發展打下雄厚的基礎。楊翠屏還清楚地記得：大一學中文、英文、三民主義、中國通史、政治學、邏輯學、民法概要、倫理學。大二學國際政治、比較政府、英文、經濟學、憲政、當代西洋政治，還開了第二外語即法語（法、德、西班牙語任選一種）。大三開國際公法、西方政治思想史、西方外交史，心理學、英文、英文會話、法文。大四上中國外交史、條約法論、國際貿易、發展心理學、英文翻譯、圖書館學，兒童發展與福利。這些科目中，除了個別的專論外，實際上是內容豐富的通才教育啊！難怪楊翠屏的學識這樣廣博。

楊翠屏那時像海綿吸水一樣，吮吸著課堂上的各門知識。這還不夠，她大二、大三晚上去補習班學日文。大三、大四與師大的一位英文教師（美國人）做中譯英，大四到臺大的歐語中心及輔仁大學法文系上課（因為她政大的法文老師法國神甫在輔大教學）。時間抓得緊緊的。1971年楊翠屏以優異成績畢業。

當我寫到這裡，不禁感嘆。當大陸文革烽煙四起，大學六年不能招生，深造無門的中學生只能上山下鄉，在修地球中荒廢了最好的年華；而楊翠屏正是在這一時期時考進大學，在臺灣校園裡勤奮學習，兩相對比，她是多麼地幸運！難怪文革結束時，大陸經濟幾乎陷於崩潰，文化斷層，而正是在這一時期，臺灣躋身為亞洲「四小龍」。

求學法國

　　楊翠屏在政大畢業後，立即飛往法國，在普瓦捷（Poitiers）學了一年多法語。返臺後在一家翻譯社工作了一年。1974年，楊翠屏拎著兩只皮箱，來到法國里昂求學深造。她在里昂第二大學攻讀現代文學和法國文學，一開始很不適應。法國的教學方法與臺灣有所不同。法國教學較靈活，靠理解，不死背。法國諺語：「擁有一個智慧的頭腦，比一個堆砌知識的頭腦更有用。」學校考試方法，是讓學生自由發揮。初次考試時楊翠屏很不自在，題目是評論讀過小說的一個段落，時間四小時。她雖然上過課，但尚未學到技巧，不僅法文寫得彆扭，總是寫簡單的句子，亦無文思，想像力遲鈍，像小學生在作文。待後來教授於課堂討論，她才怨嘆：「怎麼有那麼多細節沒想到！」拿到低落的成績，那晚心情沉落到谷底，她最後以教授所說：「你以外國學生與法國人一起上課，著實不易」鼓勵自己而入睡。

　　從此楊翠屏學習更加賣力。上課時，總是坐在前幾排。這樣比較能聚精會神。除了她自己的教授外，還去旁聽別的教授講解，同樣兩本小說，亦有多方位的詮釋。先說明來意，他們都很歡迎勤奮向學的學生。如此課積月累，磨礪三年之久，楊翠屏終於能抒發出洋洋大觀的法文評論。真是皇天不負有心人，有為者事竟成。

　　楊翠屏如此倍下功夫，培養、訓練閱讀與寫作能力，讓法文基礎更扎實，雖很辛苦但日後受益無窮。她總結說：「慶幸自己能負笈異鄉從師，擷取法國文化精髓。臺灣應付考試、填鴨式的教育有一項優點，鍛鍊我們的記憶力，這是學習的基本工具。加上在法國現代文學課程（亦包括古典文學即拉丁文）的磨練，離林語堂博士的名言『兩腳踏東西文化，一心評宇宙文章』的意境是不遠了。」

　　楊翠屏父母會定期給她寄生活費，她可以專心讀書。不過她

在里昂課餘也曾看顧小孩，做過口譯，還在里昂三大教中文，教一位抗癌症醫院護士長中文，在葡萄莊園採葡萄打工，新年那天戴手套替一家庭洗宴客碗盤、法國人婚宴端盤子等工作。這樣做，一方面掙點零花錢，可以多買些自己喜歡的書籍，同時也可以熟悉法國的社會。就在里昂讀書期間，楊翠屏認識了生命中的另一半，艾迪卡・布哲梵醫生（Dr Edgard Bourgevin），當時他在里昂第一大學醫學院學習。他興趣廣泛，除醫學專業外，酷愛科學、天文學、地質學、古典音樂與作曲、電腦技術、古歷史與古文明等。兩人志同道合，有說不完的話題。

在里昂學習三年，楊翠屏拿下了現代文學學士學位。1977年，楊翠屏來到巴黎第七大學繼續深造。該校位於塞納河南拉丁區。她在第七大學專攻東亞學，取得碩士學位。

1979年，楊翠屏和布哲梵醫生結婚，兩年後有了兒子。1982年，她丈夫由法國外交部派往非洲的加彭（Gabon）當叢林醫生。楊翠屏母子也隨同前往。

1984年回到法國後，楊翠屏開始在巴黎第七大學讀博士，一邊照顧年幼的兒子，一邊準備材料寫論文。她自抒「具備長期抗戰的精神和勇氣」，靠著這樣的毅力和堅持，1989年10月，楊翠屏獲得文學博士學位。1992年通過副教授資格鑒定。

寫作的不歸路

楊翠屏曾寫過一篇短文《寫作的不歸路》介紹自己開始寫作投稿的經過。那是在1980年前後。她剛結婚不久，所租屋內有一間大廚房，終於可以嘗試按照食譜做幾道菜了，餐具、佐料、調味品占滿桌面，頓時感覺像科學家在從事實驗。下筆寫成處女作《廚房像實驗室》登上了臺灣的《婦女雜誌》。不久，她隨夫君到非洲加

彭。身處不同的習俗文化，有機會觀察、比較，有感而發，寫了一系列旅居原始森林文章，陸續投稿《婦女雜誌》。後來她還在《中央日報海外書簡》、《民生報》、《逍遙》雜誌發表過文章。

這樣開始寫作，與大多數海外女作家的情況類似。接下來的情況就不太相同了。由於楊翠屏在法國讀到博士，精通法文，能快速流暢地閱讀報章雜誌、書籍，瞭解法國民情、政治動向、社會脈絡、經濟趨勢和文化精髓；她選擇翻譯了三本有分量、有難度的法文作品：即《見證》，為八位二十世紀法國文學巨擘評論；《西蒙波娃回憶錄》，西蒙波娃（1908-1986）是法國作家、哲學家、女權主義者、薩特的伴侶；《第二性：正當的主張與邁向解放》，該書獲聯合報讀書人1992年非文學類最佳書獎。僅從這三本譯作，即可見楊翠屏的功力。

除了翻譯名著外，楊翠屏又從1991年秋開始，為《中國時報》開卷版世界書房專欄撰寫法國書評。每個月大約三篇。約十天看一本法文書，步調緊湊，磨練如何擷取書中精華做摘要評論。她寫了三年。閱讀了數以百計的法文書，就想何不自己也來著書創作。

楊翠屏向來對男女關係、婚姻和家庭問題深感興趣，大量閱讀過這方面的書籍。於是選定題目《看婚姻如何影響女人》。經常到里昂市立圖書館找期刊、影印。思索問題、整理思緒，完成了她的第一部著作。該書1996年一出版，就立刻受到廣大讀者的關愛。

迄今為止，楊翠屏已完成六部著作。每部書，她都像做研究課題一樣，採用科學的方法去研究，內容詳實可靠。在文風上則生動活潑，深入淺出，所以她的作品都是精品，但並非是少數人才能閱讀和理解的專著，而是面向廣大讀者群的讀物。也就是說她的作品具有知識性、趣味性和可讀性。能達到這三者統一，是相當的不容易。

楊翠屏的第二部著作《活得更快樂》即是採用科學方法寫出的書。快樂何處尋、怎樣過積極、有意義的日子，有一天她在沙發上

午休醒來，靈機一動，為何不把它寫成書呢？1995年春楊翠屏採用社會科學抽樣調查的方法，在臺灣和法國分別做問卷調查，取得大量第一手資料。她分析研究後得出結論：幸福的定義是一種主觀意識，依其教育程度、信仰、社會地位而不同，是一種心態、處世哲學、意志、能力。知福惜福，活好當下。該書鼓勵人們健康向上，積極面對生活，被臺北市政府新聞處推介為優良讀物。

楊翠屏在法國生活幾十年。喜歡觀察法國的社經、政治、文化現象，對法國有著深層次的瞭解。她有感於一般中文書主要涉及其旅遊景點、美食美酒、服裝時尚，極少深入探討其真面目，於是下筆《誰說法國只有浪漫》，與讀者分享在法國的印象與經驗。一位評論家說：這本書「揭示了一個我自己從來不知道的法國：一個雖然文學全世界著名的法國，但是卻有七百萬人是文字殘障者，一個看來全民都樂悠悠過日子的法國，使用的抗憂鬱藥品量居全球之冠；一個全世界都跑去旅遊的法國，國民卻最少出國旅遊；一個生產了全球最多品牌香檳酒、葡萄酒、白蘭地的法國，餐桌上最熱門的飲料卻是礦泉水；一個世界第四、五大的經濟實體的法國，其國民中不少人卻寧願失業領救濟，而不願意工作；一個最浪漫的法蘭西民族，卻為人口急劇減少而傷透腦筋。這真是一本好特別的書，不在法國住上三十多年，寫不出這樣的書來。」

年歲漸長，健康成為楊翠屏關注的題目。夫君艾迪卡‧布哲梵是醫生，方便她閱讀醫學書籍、報刊。她的婆婆2006年2月初乳癌手術六個月後精神錯亂。雖然不久恢復正常，但智慧逐漸走下坡路。探究正常老化與病態老化之界限，如何預防老年失智，促成楊翠屏寫《忘了我是誰：阿茲海默症的世紀危機》的動機。預防部分最為人稱道，包括勤動筋骨，控制血壓、體重和膽固醇，廣交老友，飲食均衡，睡眠充足，保持諸多嗜好，讓大腦永不退休等。該書獲2011年僑聯海外華文著述社會人文科學類第二名，金石堂網路書店

每月首推長踞十七個月，足見叫好又賣座，亦榮獲中央社「每週好書讀」推薦選書。

正如楊翠屏所言：「傳達資訊、傳遞知識、貢獻社會、嘉惠人類是我寫作的原動力。」這正是一個有良知的學者作家的強烈責任感。臺灣眾多大學、市鎮圖書館皆收藏其作品，足見其作品有著廣泛的社會影響。

由於寫作成就突出，楊翠屏2007年被吸收為海外華文女作家協會會員。2009年她又加入歐華作協，那時正逢協會醞釀出書的高潮，她踴躍地參加了歐華各類文集的寫作。

旅行結合寫作

楊翠屏具有想認識世界的好奇心，喜愛讀萬卷書行萬里路。一向熱愛參觀作家、歷史人物、偉人故居。在英格蘭北部，她走訪了英國文壇奇葩勃朗特三姐妹的故鄉——小鎮哈渥斯。她們三人中，夏綠蒂創作了膾炙人口的《簡愛》，艾米莉寫出構思奇巧的《呼嘯山莊》，小妹妹安妮也留下了兩本小說。三姐妹同時出現在文壇上，並都有作品傳諸後世，這在英國乃至世界文學史上都是罕見的奇蹟。可惜三姐妹的生命都很短促，好似流星般一閃即逝。她們的身世也都孤寂悲慘。瞻仰她們的故居，可感受她們的生活環境，領略這一帶曠野的悲涼氣氛。

楊翠屏還去簡·奧斯丁、維琪妮亞·吳爾芙等幾位作家的故居巡禮，到丹麥參觀了作家卡茵·布利遜故居，在美國搜集了關於女作家的資料。通過這些觀光兼文化之旅，瞭解到很多女作家的情況。女作家不同於一般女性，十八世紀末葉至二十世紀上半葉，女性幾乎沒有受教育的機會，她們是如何走上寫作之路的，讀者一定感興趣。於是《名女作家的背後》一書，就這樣孕育而成了。

2006年《名女作家的背後》一書問世，楊翠屏精選、撰寫了十位英語系的經典女作家。即：

　　英國文學史上的燦爛明珠，世界名著《傲慢與偏見》、《理智與感傷》、《愛瑪》的作者簡‧奧斯丁（1775-1817）。

　　英國文壇奇葩勃朗特三姐妹，即夏綠蒂‧勃朗特（1816-1855）、艾米莉‧勃朗特（1818-1848）和她們的妹妹安妮‧勃朗特（Anne Bronte，1820-1849）。

　　特立獨行的女性，《佛洛斯河上的磨坊》、《織工馬南傳》作者喬治‧伊里亞特（George Eliot，又譯艾略特，1819-1890）。

　　意識流小說家維琪妮亞‧吳爾芙（Virginia Woolf，1882-1941），系英國女作家，作品有小說《遠航》和《到燈塔去》等。

　　叛逆的神秘女郎，新西蘭血統的英籍作家凱薩琳‧曼絲菲爾（Katherine Mansfield，1888-1923），作品有《序曲》（即《蘆薈》）、《花園宴會》、《德國寄宿公寓》等。

　　偵探小說皇后，英國作家阿嘉沙‧克利斯蒂（Agatha Christie，1890-1976），代表作《尼羅河慘案》和《東方快車謀殺案》。

　　來自北國的說故事者，丹麥作家卡茵‧布利遜（Karen Blixen，1885-1962），最重要著作為《遠離非洲》、《七個哥德式的故事》。

　　永恆南方之歌的作者，美國作家瑪格麗特‧米契爾（Margaret Mitchell，1900-1949），其小說《飄》享譽美國，據此拍成的電影《亂世佳人》更是風靡世界。

　　《名女作家的背後》出版後，得到了國策顧問黃越綏強力推薦，成為文學青年的最愛，甚至成為高中學生的熱門讀物。這些女作家都是世界文學史上赫赫有名的，愛好文學的讀者們，不妨考考你自己，知道其中的幾位？

　　《你一定愛讀的西班牙史》是楊翠屏結合旅遊而成的又一部力作。經過六次西班牙深度旅遊，踏尋西班牙王族足跡和重大事件的

遺址，作者勾勒出這一部西班牙重要斷代史，閱讀完這一卷西班牙王朝歷史，猶如身臨其境地盡覽西班牙塑造海強國家的歷史經過。伊莎貝拉一世用裝滿嫁妝的珠寶盒，資助哥倫布的航海遠端，得以發現新大陸，西班牙從此遠征殖民地，今天以西班牙語為國語的國家就有二十多個。書中二十六篇故事，一百八十二張圖片，引領讀者穿梭於古今巷弄內、駐足於每一處歷史風景中，盡情尋訪五百多年前的西班牙殖民帝國。近日歐洲數國的財務危機成為世界經濟新聞的焦點，對映晚近歐洲列強的海外拓殖和工業革命等歷史的山峰與谷底，楊翠屏作為一位寫作人，切實抓住了時代的脈搏。

整本作品以紀行的撰寫模式，像說故事一樣介紹真正的歷史，是意圖一窺西班牙風貌者必定「愛」讀的一本入門書冊。

這本書是楊翠屏經過了歷時十一年的歷史文化之旅才完成的，2013年出版。她深情地說：「當你喜愛一個國家，想身臨其境的欲望是何等強烈。法國一位已故作家兼出版家以佛‧伯哲（Yves Berger），本來是英文老師，因深深地愛上美國，生平自豪去過一百二十五次美國，譜出許多關於美國的書，2003年出版的《眷戀美國辭典》（Le Dictionnaire amoureux de L'Amerique），是他過世前一年對新世界的最終頌歌。對於西班牙，我寫出這部片斷史，希望給讀者帶來新的感受，於願足矣。」

穆紫荊
復旦才女　德華作家

在馬來西亞舉行的世華作協大會（2013）上，歐華作協副秘書長穆紫荊向與會者介紹了新書《歐洲綠生活》，這是歐華會員們集體創作、所出版的新作，緊扣歐洲各國各地對環保的重視和做法，既有文學價值，也有很多值得借鑒的做法，供人們參考。而穆紫荊正是這本書的主編。其實她也是德華文壇一位活躍的作家，已有很多作品問世。

書香門第

第一次見到穆紫荊，是在2011年秋天。當時德國《華商報》第二屆讀者‧作者‧編者聯誼會在弗萊堡舉行。會上來了一位略帶上海口音的中年女作家，正是穆紫荊。閒談中才知道，她畢業於復旦大學，來德國已多年了。

聽說她早年在復旦深造，立即令我肅然起敬。復旦大學與北大齊名，並列為中國南北兩大綜合性高等學府。能進入復旦讀書，那可以說，真是天之驕子。

穆紫荊父親是北京人，畢業於清華大學的高級工程設計師；母親是蘇州人。就讀於燕京大學。兩人在燕京相愛之後，因抗戰爆發，其外公拒絕為偽燕京任教而決定南下，其父母一同跟隨來到上海。所以穆紫荊出生於上海。因為父親四十多歲才有了這個小女

兒，視為掌上明珠。這是一個書香門第。其祖父解放前是美國美孚洋行的高級業務主管，政府點名要他去臺灣擔任政府的翻譯。因他身為長子，丟不下父母，因此就放棄了沒去。解放以後便在清華大學的英語系教書。所以從她父親的這一邊，穆紫荊從小所接受的是帶有很濃厚西洋化色彩的家庭教育。她的兄弟姐妹個個從小就熟聽西洋的歌劇名曲片段，請家教練習素描繪畫和樂器。家中除了鋼琴，還有各種不同大小的吉他、提琴、木琴、手風琴、月琴、二胡等等。而其外公郭紹虞（1893-1984）為中國著名的文學理論研究家、語言學家，二十多歲時，就被胡適和歷史學家顧頡剛推薦到大學工作，先後在燕京、同濟和復旦任教，為一級教授，曾擔任上海市文聯副主席，《辭海》副主編。他所著的《中國文學批評史》（1934）、《語文通論》（1947）具有開拓性的意義。《中國大百科全書·中國文學卷》為郭紹虞立有專條，予以詳細介紹。

穆紫荊上小學時，正是「文革」肆虐的年代，那時宣傳的是「讀書無用論」，把知識分子稱為「臭老九」，還搞什麼「批林批孔」，把中國教育的祖師爺與毛澤東挑選的接班人、後來卻倉皇出逃、機毀人亡的林彪放在一起批判。上海一個不學無術的造反派王洪文竟然像坐火箭一樣竄升為中共中央副主席，他和同樣來自上海的張春橋、姚文元以及毛澤東的妻子江青結成「四人幫」，搞得全國烏烟瘴氣，學校裡根本沒有好的讀書環境，但在家庭環境的薰陶下，穆紫荊還是打下了良好的基礎。學校裡讀不到的東西，她在家裡卻有，看了很多英文小說和中國古典名著以及詩詞。她還記得，那時候媽媽每星期都帶她到外公家裡，老人家圖書館一樣的豐富藏書堪稱知識的寶庫，在這裡她像海綿一樣，貪婪地吮吸著各種知識，特別是培養了對文學的愛好。

走進復旦

1976年9月，久病纏身的毛澤東去世，10月6日，新任的黨主席華國鋒一舉抓捕「四人幫」，結束了十年文革的亂局。不久中國迎來了改革開放的新局面，恢復高考招生制度。那時穆紫荊正在上高中，門門功課都很優秀，不僅文科好，高中時寫的一篇作文被選登上海《文匯報》，數學還曾考過全年級的第一名。她家裡目睹幾十年來，中國知識分子受迫害的情況，覺得文科太危險，認為學理工、靠技術吃飯，保險一些。所以穆紫荊原準備報考理工科，但後來在具體考慮以後讀什麼專業的時候，她發現竟然找不到讓自己一見鍾情的。任何一個理工科專業的條目落在其眼裡，一想到要一輩子和它綁在一起，她就發慌。這不要，那不要的，父母也拿她沒辦法，最後因為當時是正式恢復高考的第一年，也是中國文化界文藝復興的開始，從長遠來看，被文革攔腰砍斷了十年的中國文化急需有一批業內的人員來予以研究和拯救。因此，這一年的復旦大學就被允許在分數一定要夠的前提下，在中文系再擴大招收一個班（在新聞系和電腦系也搞了類似的擴招）。後來，這個班的學生絕大多數都來自從事文化工作的上海文化界名人的家庭。穆紫荊也由此被中文系錄取到這個班去「繼承其外公的事業」。用她自己的話說起來就是有點逃不過去的命吧。

復旦大學創建於1905年，那一年正是中國廢除科舉制度的一年。此前上海有個震旦學院，是中國教育家馬相伯（1840-1939）在1903年創辦的。馬相伯是愛國的天主教徒，深知「自強之道，以作育人才為本，求才之道，尤宜以設立學堂為先。」學校起名「震旦」，意謂「太陽從東方升起」，這名稱象徵中國的光明前途已經展開，就像旭日初升的破曉。馬相伯一心想把學校辦成與歐美並駕齊驅的新式大學，但受到掌握財權的法國教會的阻撓。1905年，震

旦學院學生因外籍教員干預校務而罷課，馬相伯、于右任等人憤而脫離震旦，另行籌辦復旦公學，這就是今日復旦大學的前身。校名是于右任從「卿雲歌」（出自《尚書大傳·虞夏傳》）中「日月光華，旦復旦兮」中擷取「復旦」二字命名的。其寓意有三：一含恢復震旦之意，二含振興中華之意，三寓意著復旦有與日月同輝的強大生命力。復旦大學是中國第一所由國人通過民間集資、自主創辦的高校。穆紫荊進入復旦時，該校有十三個系，學生不到四千人。今天復旦大學已躋身全球百強，共有三萬學生，四個校區，這是後話，不提。

　　穆紫荊在復旦求學的四年，是刻苦攻讀，也是快樂的四年。當時中國已處於改革開放時期，鄧麗君的歌聲已傳到大陸。西方電影如《簡愛》、《苔絲》、《悲慘世界》和《飄》也開始解禁，讓她在「惟命是從的年代裡看到了屬於一個人的尊嚴、奮鬥、愛情以及永恆在人生裡面的意義和分量」。穆紫荊在復旦開始接觸臺灣文學，閱讀了白先勇等名家的作品，大大開闊了視野。她記得那時還開設「小說創作」課，她寫出了自己的第一篇小說。寫畢業論文時，穆紫荊選擇了研究民國時期的文學家廬隱。廬隱（1898-1934）是五四時期著名的女作家，與冰心、林徽因齊名，並稱為「福州三大才女」。穆紫荊深入分析了廬隱所處的的時代和代表作《海濱故人》及其它作品，展示出文學批評的才能，以畢業論文評分為優的成績結束了在復旦的學業。

　　穆紫荊一直懷念母校，懷念那美好的求學歲月。2009年復旦大學德國校友會成立。穆紫荊積極參加各項活動，現擔任校友會「文化論壇主持人」，她在德華報紙上，已經開始逐步地介紹在德創業打拼的復旦校友。

來到德國

復旦畢業後，穆紫荊被分配到中國作家協會上海分會工作，在這裡她認識了王安憶、葉辛等許多中國當代知名作家。穆紫荊負責國際文化交流聯絡，這也是因為她雖然讀的是中文系，但是從小受家庭的影響，她的英文，尤其是口語，十分出色。她身為中文系學生，在學校匯演的時候，敢於上臺用英語朗誦一首自己的詩，被很多同學記在了腦子裡。後來國門漸漸打開之後，她萌發了到國外留學，闖世界的念頭。

1987年，夢想終於成真。穆紫荊乘火車經西伯利亞大鐵路，七天七夜，來到莫斯科。那時德國尚未統一。於是她先換車到東柏林，然後轉車來到西德城市波鴻（Bochum），就讀魯爾大學。魯爾大學設有東亞學院，為海外中國學的研究重鎮之一。穆紫荊不久就被聘為國際著名漢學家馬漢茂（Helmut Martin，1940-1999）教授的漢學教學助理。

馬漢茂教授早年學中文的故事很有意思。他1961年考入慕尼黑大學中文系，全班只有五個人。最初學的是漢字，卻不是學漢語。他們的學習方法令人吃驚，一入學，便學《老子》（即《道德經》）這樣的艱深的中國古文，而不像中國人學外語那樣，從「你好」，「再見」入門。馬漢茂最後以研究明清戲曲家李漁（1610-1680）為題，二十六歲獲得漢學博士學位。令人不可理解的是，當他成為漢學博士時，還不會講漢語。因為那時中國正處於閉關鎖國的文革時代，德國華人太少，他沒有機會學口語，就連他的教授雖然能閱讀講解古文，但也不會說漢語。1967年，他到臺灣留學，特地跟中國人住在一起，苦練口語。一個偶然的機會，馬漢茂在臺灣發現一批極為重要的信件——魯迅、徐志摩、戴望舒、王映霞等人寫給郁達夫的幾十封信，成為研究中國現代文學史的珍貴資料。

1970年，馬漢茂在臺灣自費印刷了《給郁達夫的信》一書，1973年第4期香港《明報月刊》予以轉載，引起錢鍾書等許多大陸學者的注意，他的名聲開始遠揚國際漢學界。穆紫荊來到波鴻，正逢其時，在馬漢茂的領導下，她和漢學系的學生們一起搜集整理大陸、香港和臺灣的當代文學作品，做了大量有利於中德文化交流的工作。

也正是在魯爾大學，穆紫荊認識了她人生中的另一半，一位能說流利漢語的德國漢學系高材生。1989年，他們喜結連理。先在埃森，後來搬到法蘭克福附近居住，共同育有兩個孩子。穆紫荊在家相夫教子，操持家務近十年，後來開始從事半職工作，並擔任黑森州君子中文學校教師，在那樣忙碌的情況下，穆紫荊還是不忘文學夢，她通過細心的觀察，從日常生活中進行中西文化比較，為寫作積累了大量的素材。從2005年開始，厚積薄發的穆紫荊，作品像井噴一般問世，不但見諸於上海《新民晚報》、上海《文學報》、上海文學月刊《海上文壇》，還飄過大洋，以平均每週兩篇的速度榮登美國《星島日報》的副刊，開始擁有廣大的讀者群。在德國，2007年穆紫荊的作品首先登上《歐華導報》，後來又在《華商報》、《歐洲新報》以及《本月刊》雜誌發表，成為很有名望的德華作家。2012年春夏，她專門為捷克《布拉格時報》捉刀的中篇連載《灰眼珠，黑眼珠》在連載三個季度中，好評如潮。有的讀者甚至因為等不及向編輯部提出可不可以每次連載的篇幅多一點，長一點。

穆紫荊非常勤奮，至目前為止，僅在新浪博客上，從2011到2013這三年間就發表了文章約兩百四十篇，在網易博客上，還有從2007到2010這三年間的兩百三十多篇。今年，她的部分作品整理為短篇小說集《歸夢湖邊》，由上海文藝出版社出版。其間還出版了另一本散文隨筆集《又回伊甸》，由華友出版社出版。其作品筆觸專注於海外華人的生活與心境，文章很有特色。

穆紫荊的代表作微型小說《無聲的日子》被《香港文學》收入「2010年世界華文微型小說大展」。散文《又回伊甸》獲2010年江蘇太倉市首屆「月季杯」文學徵文榮譽獎。小小說《人隔千里一夢回》獲2012年《歐洲新報》「金鳳凰杯」優秀獎。2013年，中國微型小說學會、世界華文微型小說研究會主辦「黔臺杯‧第二屆世界華文微型小說大賽」，穆紫荊的作品《一份額外的禮物》從世界各地近8000篇來稿中，脫穎而出，榮獲佳作獎，這是對穆紫荊創作實力的一個肯定。

為繁榮歐華文壇盡力

作品頻頻見報的穆紫荊很快就引起了海內外華語文學界的注意，不久她就成為世界華文小小說協會會員。2009年，穆紫荊加入歐華作協，如今擔任協會副秘書長。

穆紫荊熱心會務。積極參加歐華各類文集的寫作。她是中文系的科班，文字功底深厚，主動承擔了兩本歐華文選的編輯工作。第一本是《東張西望，看歐洲家庭教育》，共收錄了二十一位作者五十一篇作品，其中有穆紫荊的六篇。這本書由謝盛友主編，穆紫荊為責任編輯。她在組稿、潤色和校對方面做了大量的工作。忙了一年，這本文集才得以問世。穆紫荊深情地說：「作為本書的責任編輯，可以說成書的過程，也是我本人從這本書中學習和獲益的過程。每一篇文章，就如同是一個由作者心血集成的孩子。在給它們梳洗打扮穿著整齊的過程中，我發現它們一個個都是那樣的有個性有骨肉。在短短的一年時間裡，我不僅被它們所感動所折服，深深地愛上了它們，同時也通過這一份對它們的愛，我借此機會由衷地感謝將它們孕育出來的作家們」。穆紫荊就是這樣謙虛，這樣低調。

第二本是《歐洲綠生活，向歐洲學習過節能、減碳、廢核的日子》，花費的時間更長。從組稿，潤色、校對、編排、與出版社反覆溝通，到正式出版，前後共用了兩年時間。全書由謝盛友（德）策劃，穆紫荊擔任主編，還請擔任過聯合報副刊編輯的丘彥明（比）作顧問，並邀朱文輝（瑞士）、顏敏如（瑞士）、林凱瑜（波蘭）、鄭伊雯（德）、郭蕾（挪）、麥勝梅（德）、于采薇（德）、區曼玲（德）作編委。大家群策群力，終於完成這一文化工程。全書三百多頁，十二個國家二十八位文友，發表了約五十篇文章，其中有穆紫荊的六篇。穆紫荊和其他幾位擔任編輯和校對的文友，真正做到「為求一字穩，耐得半曉寒」，對全書作了多次琢磨修改，精修細潤，才孕育出這本「歐洲向你細說綠色天地和人生」的專書。

最後要告訴大家，穆紫荊還是一位很有造詣的詩人，她曾應邀到馬來西亞參加第三十三屆世界詩人大會，在會上她用中英文朗誦了自己的作品，獲得人們的好評。

高蓓明
探索茫茫人生路

> 　　與高蓓明結識，緣起一本書。書名《小鎮德國》，那是由十幾位德華文友集體創作，2013年出版的。我也參加了寫作，好幾位作者原來都不認識，通過以文會友，才逐漸瞭解，其中一位就是高蓓明。

電影業曾備受摧殘

　　高蓓明出生於上海。爺爺開過泰昌車行，為早年上海的六大自行車貿易商行之一，家境相當富裕。可是因1932年日本在上海挑起的一二八戰爭及其它原因，車行倒閉，家道中落。其父高華與電影發行打了一輩子交道。1954年高華調任中國電影發行公司上海市公司副經理。在這個位子上一直幹到文化革命開始。

　　文革開始不久，高華就被靠邊站，脫離工作崗位。每天的任務，就是針對自己的「錯誤」思過，寫那些寫不完的檢討，還進了學習班，接受別人的批判。後來分到「五七幹校」進行勞動改造。

　　文化革命中沒有法制，無法無天。公司的造反派闖到家裡抄家，那時高蓓明還是個小女孩，看見無奈的父母一動也不動，任憑他們東翻西翻，還在天井的牆上戳洞。這些人順手牽羊，還把高蓓明媽媽積攢的一些金銀細軟帶走，給她們留下了痛苦的記憶。

　　在中國每來一場運動，都倒下一批犧牲者，而「文革」則是

全軍覆沒。希望在未來的日子裡，不再有這樣的惡夢。高蓓明回憶說：「在那種年代，你每天早上起來，就會聽到好多自殺事件。跳樓、上吊、吃安眠藥，喝敵敵畏，跳井跳黃浦江，或者失踪事件層出不盡。我在弄堂裡的一口井邊就看到一個穿黑衣的老頭被打撈上來，臉是青色的，他的女兒們趕過來，站在井邊不住地痛哭。想想，人要碰到怎樣的絕望境地，才會做出這樣的下策？我的三伯父，也是被人打得吃不消了，在家中上吊自盡的。那時我晚上不敢睡著，暗中注意父親的動靜，深怕父親也走這條路。所幸，這樣的事沒有發生。」

後來形勢轉變，高華被解放，又可以走上他的工作崗位了。但那時他的身體已被徹底摧垮。於是就給他換作顧問的位置，只要上半天班。即便是這樣，還是力不從心。硬撐到1984年去世，活了六十二歲。

高蓓明讀過她父親留下的不多的文字材料。包括，《自傳》、三反五反運動中所寫的《反省報告》和《自我鑒定》等。這些材料語句通順，沒有錯別字。不過隨著政治運動越來越頻繁，文字裡有越來越多的套話，真心情表露越來越少。看到這些文字，高蓓明心裡感到一陣陣地痛：當年她父親不僅要同普通的世態炎涼鬥，還要屈服於政治壓力之下，不斷地對自己批判，慶幸今天至少不用屈服在政治壓力下痛罵自己。她認為：「也許五〇年代和六〇年代初期，父親的心還像小孩子般純潔天真，他認真地剖析自己的罪惡，是實心實意地，他擁護黨的每一個號召，站起來作鬥爭。但到了文革後期，這整代人都有點清醒了，嘴上仍然唱著上面要你唱的歌，心裡卻把這一切把戲都看透了。」

1962年，為了繁榮電影事業，臺灣開始舉辦金馬獎，每年辦一次，只有1964和1974兩年因故停辦，到2013年舉辦過五十次，成為華語電影界最受矚目的電影盛會。也是在1962年，大陸搞了一個

百花獎，記得當年《紅色娘子軍》和主演祝希娟獲獎，第二年電影《李雙雙》和主演張瑞芳獲獎。可是從1964年起，上面不讓辦了，一停就是十五年，直到1980年才恢復，那年電影《小花》和主演陳沖獲大獎，可見所謂政治對大陸電影的干擾有多大。

人生之路學習之路

高蓓明說，對她人生影響較大的是父母，曾經想出一本紀念他們的書。她媽媽是個好學要強的人，婚後儘管有家務和小孩拖累，還是堅持讀完三年夜中學，並在上海第一速成師範學校畢業。終於將自己的學歷提高到高中，成為一名小學教師。這個榜樣對高蓓明很有鼓舞。文革期間，高蓓明上中小學，儘管社會上不重視教育。但她受父母影響，從不放鬆學習，成績一直很好，特別是作文和美術。她父親會經常把公司裡過期的電影海報拿來，高蓓明就照著畫畫，有時用來包書皮，讓同學老師好羨慕，因為上面有明星照。

那時候似乎成績再好也沒有用，高蓓明1976年中學畢業後，趕上了最後一批知青上山下鄉的末班車，到上海郊區松江縣張澤公社的生產隊（如今葉榭鎮）插隊當農民。但這時候，她的特長發揮作用了。鎮上有個供銷社，要作廣告，就請美術好的高蓓明來畫廣告畫。她還記得，有一幅畫的是飛馬牌香煙，馬畫得很逼真，被農民們誇獎。供銷社獎勵給她兩條香煙，還有幾十斤大米和一些雞蛋，外加四十元人民幣。這在當時物資匱乏，供應緊張的時候，給了家裡很大的幫助，她媽媽樂開了懷。除了有些收入外，高蓓明也暫時脫離了艱苦的農田作業。但精神上很苦，每個人單獨插一個隊。沒有同伴，沒有集體戶，與當地農民又陌生。什麼都是一個人，一個人挑水，一個人做飯，沒有人同你對話，很苦悶。她回憶說：「肉體上的苦吃得不多，精神上的苦卻不少，感謝改革開放，從農村裡

解放出來，否則也許今天進了精神病院。」

1977年鄧小平拍板，恢復了高考，這時她原來的學習基礎好發揮了改變命運的作用。高蓓明在下鄉的第二年就考上大學，成為全公社幾百個知青中的兩名幸運者之一。

高蓓明報考了化工，考上了華東化工學院（今華東理工大學），學的是化學制藥專業。跳出「農」門，進入高校，讓高蓓明格外興奮，努力啃了兩三年化工課程，成績也不錯。但她骨子裡喜歡文科。只是家裡看到太多的文人因為文字獄吃虧，「一年被蛇咬，十年怕井繩，」，堅決不讓她報文科，無奈才選學的理工。到了大四，聽說畢業生分配政策是「哪來哪去」，自己是上海人，篤定留上海。這下就像吃了定心丸，所以對專業學習也就放鬆了。每天泡圖書館，專看美術史方面的書籍。對西方的繪畫源流有了深入的瞭解。她特別喜歡義大利文藝復興三傑的作品和十九世紀印象派的繪畫。藝術修養的提高對她後來的文學創作無疑有很大的幫助。

高蓓明畢業後分配到上海的一個研究所工作。1989年前往日本研修日語，1990年底轉到德國北威州就讀。她攻讀外貿專業，並在一些企業短期工作過。1994年高蓓明與一位德國人結婚，生活穩定下來。

但高蓓明從不貪圖安逸，從不虛度時光。九〇年代，剛來到德國不久，因為文化饑餓，到處找中文的東西讀，當時只有《人民日報·海外版》可看。她就常讀該報的文學副刊，還參加了他們舉辦的《讀古詩》答題競賽。一共有一百首古詩，每十首古詩答題取前十名優秀者。參加者不僅是海外華人，還有來自全國各地的古詩愛好者。高蓓明在十次競賽中四次獲獎，分別為五、六、七、八名。高蓓明拿到了頒發的獎品：中國歷史叢書。

2006年高蓓明在網上找到臺灣政府推出的中華函授學校。這是個針對海外華人所辦的學校，所有的費用免費，連稿紙都從臺灣寄

來，還有老師批改作業，寫評語，總之是水準很高的一個學校。高蓓明考慮到自己上中小學是在文革期間，對中國文化的瞭解不夠扎實，決心趁此機會補課。用一年業餘時間內拿下4門文學課程，得到了結業證書。它們是：華文教師科的修辭學，文史藝術科的臺灣文選，現代文學和現代小說。這樣，高蓓明的文學造詣，百尺竿頭，更進了一步。

2007年高蓓明的丈夫生病，那段時間她心情焦慮，夜不成眠，所以就利用夜晚的時間研讀海外學人培訓網的神學函授課程。神學也就是基督教的學問，這是一門深奧的學科，高蓓明在較短的時間拿下了本應需要三年的全部學科，取得了結業證書，得到了學校老師的好評。其中十一門必修課，七門選修課，它們包括：基要神學，聖經總論，信仰問題，舊約概覽，新約概覽，聖經人物，聖經難題，基督教會史，中國教會史，異端和極端，基督教與中西文化以及中西宣教史等。基督教是西方文明乃至文學的淵源之一，掌握了這些知識對於閱讀西方作品乃至寫作都有莫大的好處。

合作出書有成效

高蓓明喜愛文學，但在國內並未投過稿。說起她的處女作，是與一次到瑞士的旅遊有關。九〇年代初，她和幾位朋友來到瑞士洛桑遊覽。小城位於日內瓦湖北岸，依山瀕湖，風景秀美。國際奧委會總部就設在這裡。她們來到奧會總部參觀，不期而遇奧會主席薩馬蘭奇，他對中國人很友好，還與大家一起合了影。這讓高蓓明分外激動。於是拿筆寫下這次巧遇。發往《人民日報·海外版》。過了幾天，報紙上真的登了出來，看著白紙黑字，印著自己的文章，別提有多高興。

受到一炮而紅的鼓勵。高蓓明開始勤奮地寫作。一篇篇作品

發出去，登上《人民日報・海外版》、《小說界》（上海文藝出版總社主辦），德國《華商報》，《本月刊》。還有《海外校園》、《芥菜籽》、《號角報》等海內外刊物上也出現了高蓓明的文章。

高蓓明閒來喜歡旅遊，舞文弄筆。她文學功底扎實、藝術修養深厚，又有廣博的神學知識，而聖經是西方文學取之不盡的源泉。她觀察仔細，文筆細膩，感情深沉，人又勤奮，筆下作品源源問世，無論投稿否，都貼在博客上。從2010年底起，短短的三年時間，她就在新浪博客上發表了大約七百篇作品。其中遊記一百五十篇，故鄉類近百篇，雜文七十篇，散文約五十篇，此外還有小小說、詩歌、美術、靈修、母校等多方面的題材，內容十分豐富。

高蓓明的作品也獲過大獎。2000年參加第一屆環歐徵文比賽，主題：嫁老外。主辦者為華友出版社謝盛友，評委中有臺灣作家龍應台和歐華作協副會長祖慰。高蓓明榮獲第五名。

高蓓明2009年成為歐華作協會員，那時正逢協會醞釀出書的高潮。她就踴躍參加歐華各類文集的寫作。

在電子時代，讀者趨向於電腦閱讀，紙媒書籍出書不易。高蓓明就抓住機會，與文友們合作出書。既能出書，又能學到新東西。《小鎮德國》一書的出版就是一個範例。

2012年7月，高蓓明讀到德國《華商報》刊登的一則啟事，說德華作家徐徐牽頭，要組織德華文友們合作，寫一本名叫《小鎮德國》的新書，深度介紹德國。她看了後，心想，自己喜歡旅遊，去過德國許多小鎮，還喜歡記錄旅行中的心得體會，還寫了不少博文，這些都是個人的經歷，何不去試試看。於是就挑了幾篇舊作去投石問路，沒想到很快就收到了徐徐的回音。高蓓明就進入了該書的寫作班子。

主編徐徐也是該書的策劃者、組稿者。她早在大學時代就已開始出書，還作過主編，又是傳播學碩士，深諳讀者心理和市場需

要，給作者們不少幫助。為了有助於作者們寫好稿件，發了該書的體例和樣稿。每篇文稿她都通過電子郵件送交大家傳閱，進行點評，相互學習。高蓓明在這次集體出書的過程中，很有收穫。她回憶說：「徐徐是位很好的老師，雖然她比我年齡小，她為我分析了市場讀者的心理，告訴我應該從哪個角度切入，能夠受到讀者的歡迎。隨後她還幫我修改文章的結構，結果一篇篇平淡的文章，經過她的手，就成了一篇篇漂亮的作品，既有充實的內容也有得體的形象。在我思路枯竭時，她會給我打電話，通過輕鬆的交流，介紹文友的文章，從中發現好的題材。同徐徐的交往，讓我學到很多的東西，不僅是寫作方面的，還有出版和編輯方面的知識，儘管我不會去做後者的事情，但瞭解一下，可以很好的配合。」

這本大三十二開，圖文並茂的新書《小鎮德國》，共描寫了二十七個小鎮，遍布德國各地，從中可以窺見各地民間的文化風情，品出味道、品出感覺、品出精髓，比起浮光掠影的都市之遊，更有其魅力。有人評論說，這本書是旅遊與文化的完美結合，集中了散文的優美、歷史的精確、地理的有趣、德國文化的生動和厚重。作者共十九位，每人一般都只寫一篇，個別的寫兩三篇，而高蓓明特別勤奮，一人就寫了三篇。這本書出版後好評如潮。如同本文開頭提到的，正是通過這本書的寫作，以文會友，我才認識了高蓓明。

融入主流社會　傳播中華文化

高蓓明對人生很有感觸：她在德國定居多年，到處進修，學習語言，電腦，經濟等課程，努力尋找理想的工作，追求所謂的成功。四十五歲的某一天，突然明白人是鬥不過命的，自己的一生差不多就這樣定型了，不會再有什麼改變了，與其拼搏，不如順應，

也好活得輕鬆些。就在這一年。她信奉了基督教。

在德國人口中基督教徒大約占三分之二，基督教深刻地影響著人們的道德倫理觀念和價值觀。執政黨基督教民主聯盟（基民盟）和基督教社會聯盟（基社盟）都與基督教的價值觀有一定關係。通過參加基督教活動，她更好地融入了主流社會。

她們有一個婦女團契，團契就是信仰相同的夥伴們組織的新教聚會名稱。每週四上午活動，高蓓明是三個負責人之一，定期搞一些報告會，向德國人介紹中國的文化。已搞過的專題有：基督教在中國的歷史和現狀，文革中的童年，中國剪紙等。

高蓓明向德國朋友介紹，早在明朝後期，天主教就傳到東方，傳教士利瑪竇（1552-1610）對中西文化交流起到相當大的推動作用。今天每個中學生都要學習的幾何學，最初就是明代科學家徐光啟（天主教徒）在利瑪竇的幫助下翻譯成中文的。德國傳教士湯若望（Johann Adam Schall von Bell，1591-1666）在明末來到中國，用精湛的天文知識，參加曆法修訂工作，清初曾擔任「欽天監」。1807年，英國人馬禮遜來華，成為新教傳播中國的第一位傳教士，他也是將聖經新舊約全書完整翻譯為中文的第一人。今天，基督教三大教派在中國都有傳播，信教者也不少。高蓓明的報告引起德國朋友濃厚的興趣。

2013年的一個團契活動，安排在中國春節前夕，高蓓明利用這個機會，把中國人剪花窗，過新年的習俗，向德國人介紹。她坦言自己對剪紙其實並不熟悉，只是剛來德國時，因為不會說德語，就靠這些手工活，打發時間，排遣寂寞而已。但講解中國剪紙是件快樂的事，值得去做，以傳播中華文化，增進友誼。給人帶來快樂。

張琴
「高爾基」似的女作家

來自西班牙的作家張琴，是我去年（2012）在首屆中西文化文學國際交流研討會認識的文友。那次會議在荷蘭代爾夫特舉辦，會期三天，日程緊湊，與她接觸不多，初次的印象：她是一位心直口快，大氣爽朗但又虛心好學的新女性。她總是隨身帶個本子，有靈感就寫下來，聽到有用的東西就記下來。2013年10月在馬來西亞參加兩個文會，近兩週時間。與張琴有了較多的聊天機會。這才得知，張琴小時受盡人間辛酸，一路走來極不容易，是個在逆境中與命運抗爭、成長起來的優秀海外女作家，堪稱「歐華文壇的女高爾基」。

一朵苦菜花

張琴寫道：「當你翻開生命的扉頁，燃起第一支蠟燭，你人生的旅途就有了悲歡離合──流淚的蠟燭。」她祖籍河南開封，出生在四川瀘州，這是長江邊上的一座美麗的小港城，以「老窖」與郎酒美名在外。

她爺爺張立志本是老實巴交的河南農民，僅因軍閥混亂時期，各方諸侯欺壓百姓，人民苦不堪言，張立志劫富濟貧為一方梁山英雄，手下百十號人震驚方圓幾十里。據當地老人回憶，日本人都不得不繞道，不敢靠近張立志居住的村莊。在日本人進入中原時，張立志把旗杆一轉抗日保家衛國，由於拒絕當日本人的維持會會長，

1941年春節，被日本人設下的鴻門宴活埋……

張琴的父親張金秀（1924-2007）1943年參加抗日救護隊。內戰時參軍，屬於劉伯承鄧小平統率的第二野戰軍（原中原野戰軍），參加過兩次開封戰役和淮海戰役（徐蚌會戰）。1949年二野打下南京後，揮師西去，進軍大西南。大戰結束後她父親又在川南一帶剿匪。1952年時任排長的他退伍轉業到瀘州，成為當地負責發展共產黨員的組織幹部。張琴的母親出身大家閨秀，師範畢業，在當時是少有的知識女性。她執意追隨共產黨，參加過剿匪和剝奪地主富農財產的土改運動，後來入黨當上國家幹部，在市機關工作。

張琴出生在這樣的家庭，可是根正苗紅啊！但在那個「階級鬥爭要年年講、月月講、天天講」的社會，「朝為座上賓，暮為階下囚」的事情隨時可能發生。「肅反」，「反右」，每次運動都會打擊一大片。1957年張琴的父親突然被揪出來，定為「反革命」，開除公職，送重慶勞教三年。勞教釋放後，成為打零工的遊民，掙扎在社會最底層。有時為掙幾塊錢要抬死人爬幾十里山路。每當政治運動來了，他就是被鬥、被整的對象。二十多年後的1981年，政府給他父親平了反，恢復黨籍，安排了工作，最後他以副縣級待遇退休。這就說明當初的罪名不成立。他去世後墓碑上寫著「八千里路渡長江，棄犁從戎，精忠報國昭兜率；七朵金花繞膝下，妻賢女孝，享盡天倫歸西天」，總算是清白而去。

張琴的父親因莫須有的罪名遭殃，失去了自由，失去了做人的尊嚴，在「破帽遮顏過鬧市」中度過，在屈辱和貧困中掙扎。不僅如此，還連累了全家。政治上，妻小都成了黑五類（地富反壞右）的家屬，孩子被人指罵為「狗崽子」，像賤民一樣處處受欺負。經濟上更是一落千丈，陷入絕境，悲慘凄涼。全家指靠母親月工資38.5元維持生活，而當時一袋面（五十斤）的價錢是8.2元。杯水車薪，入不敷出。張琴姐妹七個尚年幼，本來好比七仙女，卻成為七

朵苦菜花。張琴排行老四，注定是一棵在崖石下苦苦掙扎的「無名小草」。

她沒有「雨露滋潤禾苗壯」的幸福童年，有的只是穿著單薄的衣服，在凜冽的寒風中，牽著母親的衣襟，到幾十里外的鹽倉給父親送吃的。看著父親扛著那百十來斤的鹽包，從那搖搖晃晃的跳板下來，又顫抖著雙腿爬上那四十五度的斜坡，將一袋袋沉重的鹽袋送進那黑牢般的倉庫，在她幼小的心靈留下了苦難的烙印。與她父親一起南下的兩位鄉鄰戰友，伸出無私的雙手，在物質和金錢上不時幫助張琴家。但靠父親戰友接濟，畢竟不是長久之計。家裡實在沒辦法，就將姐妹分送老家的親戚那裡過活，張琴開始了長達幾十年漫無邊際的浪跡生活。

張琴沒有「風華正茂」的少年。文革時她被接回河南老家翟崗村。張琴作品集《田園牧歌》中的《挖野菜》、《那一片土地》等多篇散文就記述了那時物質的匱乏和親情的可貴。在忠厚鄉親們的呵護下，張琴成長起來。上完初中，就去教小學，成了鄉村教師，因為表現好還被推薦上了高中，1975年畢業。張琴又到農村當了三年知青。

1979年張琴回到四川瀘州，她得到了一份集體所有制的工作，被安排在工廠當儀錶工。那時每月收入僅有幾十元，沒錢坐公共汽車，就騎自行車上班。這是個有損人體健康的化工廠，七年的工作，張琴身心受到極大的打擊。前途茫茫，到底路在何方？

然而在夾縫中生長的這棵小草，在困境中完成了她人生的第一次蛻變，展露出了她的文學才華。本來張琴從小就受到師範畢業的母親的影響，愛好文學。那時，買肉蛋糖等很多東西要憑票，要排長隊，張琴就主動為家裡排隊去買東西，為的是在排隊時可以讀小說。張琴自幼聰慧，夜深時常鑽在被窩裡用手電筒照著看書。日積月累，她閱讀了大量文學作品。在工廠裡，張琴不斷寫稿、投

稿，寫作嶄露頭角，成了業餘記者，作品不斷見報。為了提高業務水準，在繁重的工作之餘張琴還報名就讀於西北新聞函授學院的函授班，從1982至1985年，用整整三年拿下了學業。1984年她獲得四川廣播電視大學新聞專業脫產三年學習的機會，只因為工廠黨委書記無情的封殺，她永遠失去了上大學的機會。後來她進入四川大學新聞系、四川日報社聯合辦的記者培訓班進修。靠著堅忍不拔的努力，張琴成為《四川城鄉建設報》駐瀘州記者。

路漫漫其修遠兮，吾將上下而求索。張琴不是那種「安分守己」的女人，她有她的理想，她要闖世界。1989年，張琴告別親人，隨著「孔雀東南飛」，趕潮般地來到了海南。在海南，她憑藉著豐厚的人生閱歷和生活積累，在數十萬淘金者的積壓下，當上了《海南經濟報》、《海南工貿協作報》的記者，《海南經濟資訊週刊》的總編。這棵歷經磨難的小草，終於在新聞領域內破土而出了。1993年張琴返回四川，創立「涅鳳有限公司」，並組織時裝隊參加「瀘州建市十週年」獲優秀獎。事業漸入佳境。家境優越起來。

張琴經歷了風雨人生，飽受生活洗練，她說：「是信仰和毅力堅守，也是精神信念支撐我一路走來」。

成功給與勤奮的人

然而張琴骨子裡有著臺灣女作家三毛的精神，也有著三毛浪跡天涯的經歷。她不甘安逸，她要四海為家，體驗大千世界。1994年，張琴踏上西班牙的國土，異國他鄉，語言不懂，文化不通，舉目無親。為了生存。她像所有無依無靠的海外遊子一樣，從底層開始四處打工，在餐館涮過碗，在街頭擺過地攤。然而張琴是經得起任何考驗的。她兼有南方姑娘的細緻和北國女性的剛強。不管在地

球的任何地方「女兒當自強！」張琴終於辦起了自己的公司，生活逐漸走向正軌。

為了儘早融入西方社會，張琴剛到異國，就上語言學校苦學西班牙語。也就在那時接觸了許多華人，他們的生存狀態，就成了張琴寫作的第一手資料。2000年她的處女作長篇紀實文學《地中海的夢》出版問世。這本書分上中下三部記錄了近百位華人在西班牙生活創業的事蹟。特別是前言八頁對西班牙華僑的歷史作了詳盡的介紹，相當於一篇專業論文，這是對西班牙華人社會認識上的空前貢獻。為能全面採訪華僑，張琴五年間跑遍西班牙諸省，在經濟環境並不充裕的情況下，必須省吃儉用樸實維生，白晝在外奔波奮鬥，夜闌人靜才能秉燈寫作。不知熬了多少夜，付出多少心血，投入多少情感，才完成了這本近三百頁的作品！《地中海的夢》現已傳至世界四十多個國家和地區，也被很多圖書館所收藏。

張琴本人的豐富經歷也是寫作的源泉。2004年中西文版《田園牧歌》在世界知識出版社出版。這本書用生動樸實的筆觸，描繪得非常感人。它是一個人飽經滄桑後，對天真無邪的兒時回憶。西班牙作家藝術家協會秘書長何塞先生為張琴主持了新書《田園牧歌》的發行儀式，這在西班牙文學史上，對一個外來移民如此的厚重，實屬第一次。

接著張琴又寫出新作，亦由世界知識出版社出版。這本書包括三部分，上部《愛的飄零》是她漂泊海南和僑居西歐的各種感受。中部《塵世的浮躁》，描述她從農村進入城市，在世事複雜的社會中生活，是她生命中精神上最坎坷的階段。她用筆披露當時的社會負面，那個時代的人情冷暖，標榜百姓可歌可泣的平凡事蹟，同時也傾吐了自己淒涼身世的心跡。下部《鄉間的呼喚》為兒時回憶。她將這三部分編撰成人生三部曲的完整著作──《浪跡塵寰──我的人生隨筆》。2008年張琴出版了《秋，長鳴的悲歌》，紀念飽受

苦難的父親。

　　生活穩定以後，張琴這個悟性特別高的才女，像乾渴的海綿般吮吸著西方文化的營養。在西班牙主流文化圈結識了畫家、建築師、作家。在巴賽隆納參觀了畢卡索陳列館，在義大利、葡萄牙參觀文藝復興時期的建築和繪畫，同時把自己融入馬德里周遭的小鎮和農場，領略西方文化的風情。在這片彙集著西方文化的沃土上，張琴創作的靈感像維蘇威火山般地噴發出來，《畢卡索陳列館巡禮》、《著衣的與裸體的「瑪哈」》、《「戈雅」影片觀感》等文章，迅速在當地華文報刊《華新報》以及馬德里《歐洲晚報》、法國《歐洲時報》等報章上發表，她創作的雜文、散文、詩歌、短篇小說不但有自己獨到的見解，而且有對西方文化深刻的認識。尤其是她的雜文富有哲理、思想性很強，如文學星雲獎徵文論文《西方視角的中國與中國人》，是我們中國人自己瞭解自己的一面鏡子。她還採訪了很多真人真事，把異族戀情的作品彙編成集，就是《異情綺夢》這本書，2003年由世界知識出版社出版發行，海外中文版由《華新報》社出版發行。該書是紀實文學《地中海的夢》的姊妹篇，在《華新報》以及法國《歐洲時報》等報刊上連載，深受讀者歡迎。

　　張琴不論在國內，或其他國度，每次旅行後，便日以繼夜不斷將遊覽心得，以遊記或散文方式詳盡記錄。2005年詩集《天籟琴瑟》由世界知識出版社出版、2006年她與夫君合著的《琴心散文集》問世。此外她的作品《落音滿地，我哭了》由瀋陽出版社出版。2012年《北京香山腳下旗人命運》則由臺灣秀威出版。她與夫君米格爾·張的二十多部著作已被臺灣製作電子版本出版發行。張琴勤奮地出書並非濫竽充數，每本書都受到讀者喜愛且水準非同一般。在文化沙漠的伊比利亞半島，她的書賣得火熱。

　　張琴的勤奮從博客上也能看出一斑。她2007年建立新浪博客，

現已發文1300多篇，點擊量超過三十萬人次，人氣之旺，在海外華文作家中是罕見的。

張琴的勤奮與辛勞不僅贏得了海外華人的推崇，也贏得了西班牙人的尊重，她是被接納為主流文藝團體「西班牙文學藝術家協會」的首位華人會員。

張琴曾擔任過「國際人文運動」《世界公民報》中西文欄目編輯，法國《歐洲時報》駐西班牙的特約記者。參與2007年《當代世界華人詩文精品選》出版工作，並擔任副編一職。她還走進播音室擔任西方媒體中文平面和視頻節目主持人，再由夫君米格爾譯成西班牙文，他們夫婦長久以來把祖國的母系文化散播在西中園地。

張琴2010年成為歐華作協會員，資格不算老，卻踴躍參加歐華各類文集的寫作。

心心相印的愛情

1997年，張琴源於採訪，結識了她的丈夫米格爾・張。他們的結合是一段珍貴難得的忘年之戀，她對夫君有師長般的尊重與學識人品的欽仰。1998年，米格爾的西籍太太因病去世，就在他對生活絕望時，張琴走進了他的生活。

米格爾・張（1931-2013）原名張寶清，1948年在安徽省安慶市高中畢業。他是由中國天主教著名人士于斌保送國外深造的七個安徽學生之一（一人未走成）。米格爾・張在西班牙藝術院校畢業後幾十年來，曾與斯皮爾伯格、大衛・林奇等諸多國際大牌導演合作，擔任攝影師和美工師任務，負責設計不同時代與地區的布景、陳設和道具。曾參與設計製作的電影上百部，其中絕大部分是美國好萊塢和英國的巨片，如《北京五十五天》、《四劍客》、《王子與窮漢》、《大班》、《太陽帝國》、《唐吉軻德》、《瘋女

王》、《十字軍東征》等等。他在中西文化交流方面也做了許多工作，他精湛的藝術及職業操守和人品為人們所稱道。

米格爾・張亡妻是西班牙人，工作夥伴都是歐美人，活動範疇是西方世界。在西歐半世紀，幾乎和中國的傳統文化完全隔絕。他說：「自從結識張琴以來，她的執著進取沖淡了我的踟躕頹廢，她的毅力豪情，消弭了我的懶散淡漠。見到她日以繼夜地無間寫作，不斷向華文報章發表各式文章，每一兩年出版新作，感染了我恢復寫作的興趣。」在張琴的鼓勵協助下，米格爾・張2008年寫出《地中海曉風殘月》，在大陸新星出版社出版，副題「一個華裔電影人的浮生札記」。他還寫下了西文著作《中國藝術介紹》和《中國私家園林》，為張琴的《田園牧歌》和詩集《天籟琴瑟》寫出西文譯本。

他們住在共築的愛巢──馬德里琴心苑。在那綠草如茵、鳥語花香的別墅裡，兩人勤奮地工作，張琴寫作，米格爾翻譯，把一篇篇充滿濃濃鄉情，飄蕩著泥土芳香的作品介紹給西方的讀者，讓他們瞭解大中華的文化傳統。張琴從米格爾・張這裡學到很多西方文化藝術知識，她把西方名勝，如目前歐洲保存最完美的西班牙阿維拉城牆、豪華的葡萄牙十五世紀布拉幹薩公爵府、義大利米蘭哥特式主教堂和風光綺麗的威尼斯介紹給東方讀者。張琴原先就有繪畫基礎，師從夫君又有提高，兩人一起舉辦畫展。他們通過繪畫與構思、色彩的意義、語言與書寫等等，對東西方文化進行比較研究。

他們有說不完的話，在自己的小巢裡，可以半個月不出門一起談人生、談創作、談電影、談美學、談哲學，總是越談越有興致，越有興致越能碰撞出思想的火花。

2013年2月米格爾・張因病去世，張琴非常悲痛。她在努力促成米格爾・張遺作《地中海曉風殘月》正體字版的出版，作為對夫君的最好紀念。

大愛無疆

　　張琴夫婦都有一顆柔軟、善良的慈悲心。儘管張琴去國他鄉已久，儘管張先生已經在西班牙浸泡了大半輩子，但舒適富裕的生活，並沒有讓他們忘記自己曾經生長過的土地，而是利用一切機會和所能，去幫助弱勢群體。

　　張琴自2002年起，便不斷將售書所得幫助國內貧困學童。她在西班牙發起「奉獻愛心——圓孩子一個夢」讀書工程，向諸多好友募捐了一筆款項，與河南通許縣練城鄉翟崗小學聯繫，以西中文化交流名義為他們創辦了一個圖書館，捐贈了三千多本讀物以及她所寫的書，並且還訂製了書架、書桌、板凳。舉行開幕典禮時，當地政要和兒童家長踴躍參加，鑼鼓喧天，爆竹齊鳴，熱鬧異常。

　　瀘州是張琴的出生地，在那裡她度過了苦難的童年。當她從《瀘州廣播電視報》和「『山那邊』網站」，看到敘永三元壩東大街學校，留守兒童們渴望繼續讀書的一雙雙眼睛時，她的眼睛濕潤了。2007年6月3日，她在瀘州本土文化協會秘書長徐萬宜先生的陪同下，趕到那間學校，找到校長梁學勤，用她自己賣書籌來的款，為經濟特別困難的孩子劉××，捐助了兩年生活費，並莊重承諾，如果孩子好好念書，她將盡一切力量，把她供到大學畢業。

　　在張琴愛的樂章裡，有著一首又一首的動人樂曲。2007年3月，她用自己籌集到的愛心捐款以及夫妻捐款計三萬多元，給陝西洛南「新農村建設」組織送去了七臺電腦、一臺數碼相機、一臺拖拉機，和三個農村演出隊的服裝和道具。

　　也就在這一年的「愛滋病防治日」，張琴把防治愛滋病的醫學書籍送給了雲南思茅市「重生關愛中心」的愛滋病患者。在此之前，當她從一次全國作品交流會上瞭解到東北一名十八歲身患白血病青年郭××，渴望學習文學創作時，為了圓這名青年的夢想，她

將在中國賣書的部分收入，送給這位身有罹難立志有為的青年，還有貴州貧困但熱愛文學的張倫。

張琴還發起倡導為內蒙古通遼市奈曼旗蒙古族中學募集到近兩千本圖書。在西班牙華人社會為內蒙的一支鄉村學校足球隊捐獻球衣和足球，還為當地的文藝隊捐贈服裝道具。

張琴經常到中外各地親自參與首次發行儀式並簽名售書，將所得悉數捐助發展國內貧困兒童就學事宜，各地方媒體為之大肆讚許。張琴的知名度與日高升，無論在馬德里還是四川瀘州市政府外事辦主任的宴席，電視臺文教節目的採訪，河南開封、洛陽作家協會，以及北京香山的文人活動所發的請束和邀請函上，封面抬頭都是「張琴女士暨先生」，於是老公米格爾・張成了名副其實「婦唱夫隨」的附屬品，但他毫不耿懷，甘心情願在幕後支持她成功。

張琴一生追求完美，儘管現實曾是那般殘酷無情，世俗冷暖曾擊碎了她的夢幻般綺夢，她仍然在執著地追求她的信仰，始終沒有倒塌，沒有沉淪、沒有墮落，當她掙脫生活和世俗的藩籬後，卻用陽光和雨露滋潤愛的種子，誠摯地期盼著世界充滿愛。這就是張琴，充滿愛心的女作家！

劉瑛
德華文壇的熱心人

劉瑛是2011年加入歐華作協的會員，與協會的老前輩相比，會齡不算太長。可是她在德華文壇非常活躍，知名度很高。她不僅勤於寫作，而且熱心公益，聯合文學愛好者，組織了一個「中歐跨文化交流協會」，活動搞得有聲有色，甚至引起了「作家網」的注意。

作家網與《人民文學》雜誌聯繫密切，為全球最受關注的中文作家網站之一，它以視頻、圖片、文字方式全方位地報導作家們的思想與活動。尤其是作家訪談視頻欄目備受海內外文學愛好者的關注。2013年11月29日，作家網邀請德華作家劉瑛，做了一集長約半小時的訪談節目。由作家網編導顧越採訪，劉瑛作答，視頻非常精彩。消息傳來，德華文學愛好者們一片歡騰，備受鼓舞。有人觀看後甚至激動地說，太給力啦，這是我們大家得到的一份最精美、最實在、最高興的聖誕禮物。那麼劉瑛到底做了哪些事，這樣受到德華文學愛好者的推崇，乃至作家網的關注。下面就從頭說起。

因為熱愛　回歸文學

劉瑛出生於江西南昌。父親是教授級農業專家，醉心於科學研究；母親為婦產科主任醫師和腹腔科外科醫生，醫學精湛，有著崇高職業道德，古道熱腸，樂於助人，是虔誠的佛教徒。

劉瑛回憶說：「爸爸媽媽學的是完全不同的專業：爸爸農學院，而媽媽是學醫的。一個土裡土氣，一個洋裡洋氣。一個整天跑

田埂，一個整天白大褂。一個拙嘴笨舌，一個伶牙俐齒。生活中難免有這樣那樣的磕磕絆絆。媽媽時常笑稱爸爸是「數禾兜」的，只因爸爸年輕時也搞過袁隆平似的水稻育苗，而且頗有成果。如果不是後來服從組織安排，改搞辣椒種子育苗，說不定爸爸也會是袁隆平級的專家。」儘管專業、性格不同，但他們都工作勤奮、生活樸素、待人真誠，對孩子的成長影響很大。

文化革命期間，全家遷到距南昌五六十公里的一個農場。北京來的國家幹部下放在這裡辦五七幹校（勞動改造的地方），上海來的知識青年在這裡插隊落戶。那時就連鄧小平都作為走資派被流放南昌郊區。劉瑛就在這樣的環境下開始上小學。當時，讀書無用論盛行，學校教學品質不高。她跟所有的子弟學校的學生一樣，春季到山上挖坑植樹，夏季到田裡插秧割禾，參加「雙搶」。幸運的是，那時農場有一間圖書室，堆放著很多舊書，門窗破爛，無人問津。而劉瑛卻如獲至寶，天天鑽到那裡去看書，如饑似渴地把那間圖書室的書全部通讀了一遍，其中，有不少在當時屬於「禁書」的文學名著。這段讀書經歷，培養了她對文學的愛好，也培養了她對讀書的嗜好。她小學畢業那一年，毛澤東去世，文革結束，教育開始走向正軌。初中畢業時，劉瑛參加全縣統考，以第一名成績考進當地省重點中學。在理科尖子班時，劉瑛的文學功底開始顯露出來，幾乎每篇作文都被老師作為範文向同學們宣讀，作文競賽連連獲獎。高考開始了，第一天，兩門功課考得非常好，但那天晚上出了狀況，一個壞人竄到學生宿舍騷擾，嚇得她們一夜沒睡好，第二天考試受了影響。儘管如此，劉瑛還是考進了省重點大學江西師大。

說起江西師範大學，歷史根源非淺。它原名中正大學，抗戰期間於1940年創立於戰時江西臨時省會泰和縣，深受蔣介石和蔣經國（當時在贛南）的重視，從校名「中正」（中正是蔣介石的名，介

石為字）即可以看出。蔣介石在抗戰烽火連天中仍不忘辦校，而所謂文革卻讓全國大學停課六年，對比真是強烈。原中正大學與國立中央大學、國立中山大學，合稱三中，是民國期間享譽全國的頂級學府之一。由於中正大學與蔣介石（中正）的淵源，1952年大陸院系調整時，被大卸八塊，瓜分殆盡。在南昌只留下師範部，後來發展為江西師範大學，校園就在原青山湖校區，校訓現在恢復為建校之初的「靜思篤行、持中秉正」。

劉瑛學的是中文系。不僅功課好，而且文體出眾，排球、籃球、羽毛球、乒乓球，樣樣精通，被選入校隊、系隊。體育比賽成績突出。她又是文藝愛好者，能歌善舞，多才多藝。她的月琴彈奏達到獨奏水準，還是學校舞蹈隊獨舞隊員。那時，劉瑛已表現出良好的組織能力和社會活動能力，班長、團支書從小學一直當到大學畢業。

1985年，劉瑛以優異的成績畢業，被分配到本省一所師資培訓大學，從事中小學教師培訓工作。文革期間，教師奇缺，很多教師學歷不夠，這時都要「回爐」學習、提高，通過考試取得正規教師的資格。有意思的是，當年劉瑛上中學時的一位老師，如今來到該校培訓，竟成了劉瑛的學生。

那時，劉瑛要上課、編教材、甚至編字典，仍然不忘擠出時間寫文學作品。說起來，她的姻緣還是文學帶來的呢！當時有位出版社主任給劉瑛牽線搭橋，認識了她生命中的另一半——一位畢業於國內重點大學外語學院德語系的高材生，當時在江西省政府工作，翻譯作品連連出版，被譽為「青年翻譯家」。這真是文學帶來的緣分。兩個喜歡文學的年輕人，很快走到一起，進入婚姻的殿堂。

1991年，劉瑛調到江西省唯一的財經類報社工作，在新聞部當了三年新聞記者，經常跑省市機關，各大企業，採訪寫稿。作品一篇篇見報，很有成就感。

1994年劉瑛來德團聚。她的先生已先期到德國，從事中德貿易。劉瑛來到後，相夫教子，幫先生打理生意，處理公司業務，非常忙碌。即便是這樣，她還是不忘時常發些稿件給國內的媒體，介紹國外見聞。她在和德國人打交道的過程中，很注意中西文化的差別，積累下不少素材。

　　兩個孩子漸漸長大了，劉瑛也從公司的一些事務性工作中解脫出來。對文學的熱愛促使她又拿起筆來，進行創作。這次重點是寫小說，她是中文科班，文學功底深厚，作品一鳴驚人，很快就引起各大文學刊物的重視。中篇小說《生活在別處》發表於《中國作家》，中篇小說《馬蒂娜與愛麗絲》發表於《青年作家》。在《十月》雜誌上也發表了中篇小說《不一樣的太陽》。還有一部中篇小說《遭遇「被保護」》被收入《飛花輕夢》一書，2013年由北京九州出版社出版發行。此外還有大量散文隨筆刊登於海內外中文報刊，如美國的《紅杉林》和《僑報》。在德國的華文報紙上，劉瑛用筆名「劉瑛依舊」發表了不少文章，為旅德僑胞所熟知。她的一部作品還被國內影視公司買下版權，準備拍成電影。劉瑛參與編輯的小說集《與西風共舞》在美國出版後又在中國出版，並被中國文學館所收藏。刊登在第九屆世界華文作家大會專刊上的論文《小說『少年Pi的奇幻漂流』成功所帶來的啟示》，2013年底被香港《文綜》雜誌再次選登，由世界華文文學聯會出版。在新浪博客上，劉瑛已發表兩百二十多篇文章，點擊量達十幾萬人次，很多作品都引起海內外很大的反響。

　　劉瑛的作品也頻頻獲獎，如2011年小說《萊茵河畔》榮獲第九屆全國微型小說（小小說）年度評選三等獎。《情系「蛋黃蟹」》和《太倉，一個美麗的地方》分別獲得2011年和2013年太倉杯優秀獎。

　　從商人到作家，劉瑛對中德文化的差異瞭解深刻，作品主要表

現這方面的內容，在德國的華人文壇以清晰的特點獨樹一幟。劉瑛坦誠地告訴作家網，在德國，單靠寫作是不能維持生活的。先要有經濟基礎，才能回歸自己所喜歡的文學事業。

成立中歐跨文化交流協會

劉瑛不光積極寫作，還熱心於中德文化交流。她在德國的中學裡開中文課，並促成當地學校與中國廣州一家中學建立校級友好關係。兩校師生已成功進行互訪。劉瑛還大力推動成立德華文學愛好者的聯誼組織。她在作家網視頻採訪中介紹了成立中歐跨文化交流協會的情況。

劉瑛注意到，德國有不少華文寫作愛好者和藝術家，可大多是散兵游勇，單打獨鬥。2010年《歐華導報》在法蘭克福組織了一個讀者、作者、編者聯誼會，參加者很踴躍。2011年德國《華商報》也在南德弗萊堡組織了類似的活動。兩次活動劉瑛都參加了，認識了很多文學愛好者。不少人希望建立一個網路和平臺，以便弘揚中華文化，共同做些有意義的文化活動。劉瑛不僅是作家，還是辦實事的好手，很有親和力和凝聚力。說幹就幹，她挑頭倡議，聯絡同道，帶著大家，終於把這件事辦成了。

2012年2月11日中歐跨文化交流協會在德國杜塞爾多夫成立，這是德國第一個華人文學愛好者寫作團體，大家選舉劉瑛擔任協會主席。協會作為德國第一個以寫作愛好者為群體的跨文化交流協會，是在德國正式註冊的社團。聚集了不少德國各大中文報刊寫作者和在德國生活的華文文學創作者。其目的是，以文會友，以藝傾心，相互溫暖，攜手共進。志趣相投的人，集聚在一起，能夠整合各種資源，取長補短，擰在一起，發揮大家的特長，共同做些有意義的文化交流活動。

許多文學愛好者從報紙上知道了「中歐跨文化交流協會在德成立」的消息，協會是「以寫作愛好者為群體的團體歡迎您的加入」。我自己也是從報紙上得到消息的。其實我早就在德華報紙上多次讀到過劉瑛的文章，於是冒昧給她發了一個電子郵件，詢問一下新協會的章程、條件。很快就收到了劉瑛的回音。她不僅鼓勵我參加協會，還告訴我，新浪網上有一個以德國作者為主體的「心心相印——歐華之橋」圈子，協會的大多數成員都在這個圈子裡。太好了，我就像找到一個海外華人文學愛好者的家，感覺很溫馨，也為海外華文文學的昌盛，作者隊伍的日益壯大而高興。

進入「心心相印——歐華之橋」圈子，一下子看到很多文章，重會了很多文友。以文會友，人以群分，在這個圈子裡，就像找到了德華文學愛好者的大部隊。

德國不少文學愛好者像我一樣，參加了這個協會。如今協會已發展到三十多人。

組織開展文學活動

在作家網的視頻採訪節目中，劉瑛詳細介紹了協會成立一年多來的活動。重點作了兩項工作。一是建立了「心心相印，歐華之橋」網站，為圈內文友服務，也引起了國內一些文友的注意。本圈子主要致力於文化藝術方面的交流工作。為在歐洲的華人和國內一起在文學創作、出版書籍、作品翻譯、影視音像、繪畫展覽、文藝演出、旅遊、講座等方面設立一個交流平臺。

另外一項就是促進會員們的文學創作活動。她說，2012年是德國首個「中國文化年」。為了配合這個活動，中歐跨文化交流協會組織會員，創作發表了《走近德國》散文系列，試圖多角度、全方位、深層次地反映在德華人眼中的德國。會員大多數在德國學習和

生活至少十年以上。他們行走於中德文化之間，對德國的觀察和感受，絕不是膚淺地走馬觀花，而有深層次的認識。

《走近德國》系列內容十分豐富。會員們寫下《老貓旺空》、《這一個冬季的柏林》、《警察大叔缺錢了？》、《那一年，我接待了德國總理》、《漫談德國的社保制度》、《我在德國撿垃圾》、《德國房客》、《誰是小鎮「美容師」》、《麵包文化》、《我的留德經歷》、《注重親情的德國人》等等文章，內容很廣泛，劉瑛還為每篇文章寫了導語。到目前為止，《走近德國》系列已經發表了二十多篇作品，在德國的華媒、華語文學界產生了很好的反響。這些點點滴滴、方方面面的記錄，猶如大大小小、形色各異的馬賽克，一塊一塊地「拼湊」起來，那便是一個大概的德國——至少是我們旅德華人眼中的德國。

《走近德國》系列不僅受到華人讀者的重視，也得到德國主流社會的關注。德國人也感興趣、也想瞭解，長期居住在這裡的華人是怎樣看待德國的。目前這個系列的文章，正在進行德譯，準備與德國的出版社合作出版。

此外，協會還舉辦年會，以促進會員之間的相互認識、良性互動。2013年5月在德國南部美麗的博登湖舉行了林道年會，是中歐跨文化交流協會的第二屆年會，也是成立以來的第一次全體活動。會員們一起討論了有關協會今後的活動安排或提出各項建議創意。集思廣益，暢所欲言，收到很好的效果。會上還舉行了文學講座。

常暉
奧國媒體的多面手

常暉是我在歐華作協柏林年會（2013）認識的奧地利文友。閒談中獲知，她學的是英美文學批評專業，業餘時間喜歡寫音樂評論和社會觀察類文章。1991年初在南大碩士畢業後留校任教幾載，於1993年初赴美，後於1995年底遷居奧地利維也納。自從出國，她便開始為當地華媒寫稿，用心於中西文化比較和社會現象的觀察。電話採訪前，她給我發來了一期廣播節目。沒想到試聽一下，我馬上就被迷住了。光憑這中德雙語的廣播節目、加上後又看到的電視節目，就可以說，常暉最有特色的亮點，其實是在主流媒體上，向主流社會說中華。

奧地利中國脈動欄目

常暉發來的節目是為奧地利廣播電臺調頻94.0臺Radio Orange製作的。播音一開始，我就聽出了常暉字正腔圓的普通話（國語），接著她又說了一段德語，那麼流暢、標準，甚至略帶一點維也納口音。就這樣一段中文，一段德語，交替播放。文辭無論中文德文，都清晰、優雅。

這段廣播的題目為「三一昆明暴恐事件」。本來，我以為這是一段新聞稿，沒想到竟是長達一小時的專題分析。節目中，除詳細報導暴力恐怖事件和西方媒體的反映之外，還介紹了相關的背景知識。如提到中國是一個多民族、多種宗教信仰的國家，五十六個

民族中包括十一個信仰伊斯蘭教的民族，共一千七百多萬人口，作為中華民族的一個組成部分，遍佈各個省份。廣播中還揭露了東突恐怖主義組織的真面目。古蘭經強調的是和平，號召慈善，崇尚人性，而昆明事件中的暴徒行為與伊斯蘭教義完全背離。《古蘭經》昭示：「凡枉殺一人的，如殺眾人；凡救活一人的，如救活眾人。」節目報導了聯合國秘書長潘基文的聲明：「沒有任何理由可以為殺害無辜平民的行徑開脫，事件的肇事者應當被繩之以法。」節目還對西方媒體如CNN等有意識淡化暴恐，同情暴力的傾向提出批評，質問：「面對冤死的平民，CNN西方媒體從業者的內心，難道沒有一絲愧疚與不安？」節目選用的背景音樂是莫札特的《安魂曲》（Requiem）。這檔節目做得非常出色，有理有節有深度，對奧地利聽眾瞭解事件的真相和背景發揮了良好的功效。

經我提議，常暉又發過來幾期廣播節目的內容，如2014年1月12日的節目，那是以「戰爭與和平」為主題的專題討論，對比德國和日本對二戰大相徑庭的反思，鞭撻安倍參「鬼」行徑。2月23日的節目談的是「中國人在維也納過春節」，介紹馬年和中國春節民俗。

這些節目都屬於「中國脈動」（China am Puls）專欄，常暉作為奧地利注冊的自由記者，擔任「中國脈動」節目的策劃、撰稿，兼中德雙語主持人，她和節目製片人孫茈配合默契，用心合作了幾年，成果豐碩。維也納大學孔子學院、聯合國中文會、駐奧中資企業和奧地利文化體育界都十分支持「中國脈動」，積極參與節目選題及採編錄製。

「中國脈動」有兩個平臺，一個是廣播電臺節目，自2009年起做，通過奧地利調頻94.0臺Radio Orange播出，每兩週一期，每期一小時。另一個是電視平臺，2012年做起，通過奧地利公共電視八臺OKTO TV播出，每兩個月一期，每期半小時，深度訪談則為一小時。有時還會根據觀眾要求，增加節目播出頻率。

上網打開鏈結，我看到她身著莊重深色旗袍主持電視節目的丰采，驚異於內容的豐富和高品質。如最近五期的節目中，有中國少數民族電影節和中國音樂文化在維也納活動的報導，有關於中國形象的媒體活動報導，還有奧地利各地中文學校趣味知識競賽，維也納孔子學院活動，中醫大師孫大夫等內容，拍得都很吸引觀眾。

「中國脈動」（China am Puls）是目前歐洲少有的，利用主流影視平臺，以中德雙語形式，定期向歐洲觀眾和聽眾推介中華文化的專欄節目。它也是報導中國和歐洲之間政治、經濟、文化、社會等方面交流的絕佳視窗。此外，「中國脈動」還製作深度訪談等節目，讓歐洲人更好地、多方位地瞭解真實的中國。這檔節目的製作，常暉功不可沒。

常暉告訴我，相對於平面媒體（她原先為《歐洲時報》中東歐版投注過兩年的精力），這兩個平臺或許更能發揮她的特長，因為除了撰稿，自己選題也很開心，用武之地較大，還有利用她的語言特長，進行節目稿的翻譯，電臺錄音，出鏡主持，外出尋求合作夥伴，談具體項目，也有收穫感。這些都是她喜歡幹的工作。

然而常暉熱心於「中國脈動」這一工作的根本原因卻在於：「我和我的節目製作人都懷著一顆熱愛祖籍國之心，在西方主流媒體一再偏頗，有失公允，有失全面報導中國的局勢下，希望通過我們打入主流的多媒體平臺，盡力做些矯正工作，希望歐洲聽眾和觀眾借之更多地瞭解當今中國，瞭解僑居海外的華僑華人風采，瞭解中西之間日益深化的各種交流，以加強中西之間的溝通和理解，達到民間文化橋梁的作用。」

「中國脈動」節目的播出，得到各界聽眾觀眾的一致好評。這檔以新聞性、知識性為主的綜合性節目，以採訪實錄形勢報導奧地利發生的與中國有關的活動和事件，此外也報導來自歐盟、奧地利和中國的要聞。它不僅為奧地利人民瞭解今日中國開啟了一扇視

窗，為當地漢語學習者提供了課堂外學習漢語的機會，也為旅奧華僑華人關注中國搭建了平臺。

聽眾和觀眾常有回饋意見，通過電臺和電視臺的網上點擊和下載等途徑，粉絲們常常點讚，表示喜歡。「中國脈動」的節目是OKTO電視臺諸多檔期節目中得到「星」讚最多的節目之一。現在林茨和因斯布魯克等地的一些地方電視臺和廣播電臺都接洽「中國脈動」，播放「中國脈動」的節目。不少觀眾和聽眾發表感想，認為「中國脈動」節目給了他們一個機會，得以從另一個角度看問題，帶來真知灼見，與帶有偏見的媒體不一樣。很多人還發來資訊要求學中文，看中醫。現在常暉已成為奧地利小有名氣的主持人，時常會有人與她主動交流，回憶並詢問她所主持過的節目，也有人邀請她主持當地主流社會的一些活動。

主持製作「中國脈動」節目並不是一件容易事。如3月1日發生的昆明暴恐事件，常暉要在幾天內寫出具有充實背景內容的廣播稿，並完成翻譯和錄製等工作，於3月9日及時播放。工作十分辛苦，而且除了熱忱的心，工作者還需要高度的文化素養，對中西文化的深刻瞭解。這樣的媒體溝通任務不是一般人所能拿下來的。人常說，機會是給有準備的人的。常暉就是這樣的人才，她有著兼通中西的深厚學養和優異的中英德三語知識，這是做好「中國脈動」節目的根本保證。

書香家庭打基礎

常暉，筆名卉納，父母都是江蘇常州武進人。父親出身貧下中農，勤奮向學，成績優異，還擁有音樂天賦。母親出身於富裕之家，能歌善舞，在校就參演錫劇和越劇等經典曲目。有一次演出，二胡師出缺，常暉的父親臨時代替，就看上了這位如花似玉的女主

角。他們逐漸要好起來，但常暉外婆認為有些門不當戶不對，不甚同意。其父在丹陽藝術師範鋼琴專業畢業後，旋即考入上海華東師範大學歷史系，並在本科後成為五〇年代末六〇年代初中國少有的研究生，主攻中國古代史，同時還兼修英法德俄四門外語，並繼續鋼琴深造，可謂青年才俊，一表人才。她母親同樣出色，尤其是數學專業，蘇高中畢業時，三個志願填為清華、清華、清華。然而，雖然她高考成績特優，卻沒想到由於地主出身（當時按家庭成分把人分為三六九等，地主屬於最差的成分），分數再高也進不了清華，而是被分配到蘇北淮陰師專。這時她外婆才認命了，同意女兒嫁給貧寒子弟，好讓他罩著，呵護自己的女兒。

可是其父雖然成分好，但在那個以階級鬥爭為綱的年代，才能同樣被埋沒。他本來已被中央音樂學院相中，遺憾遇到社教（即社會主義教育運動，一個在農村整人的運動）和文革，被調到江西，在山裡扛了六年竹子。之後到了蘇北淮陰，一輩子懷才不遇。文革後，華師大、南師大和蘇州大學都向他發出任教邀請，他卻心灰意冷，蝸居在蘇北，不肯動了。

常暉出生於文革年代，那時父母被人為分隔兩地，無法照顧她，就送到外婆家。外婆的慈愛給了她溫馨的童年，外婆大家閨秀的氣質，棋琴書畫和刺繡的才藝，給了她最初的教養。

然而政治運動中最遭難的是外婆。她在文革中因地主成分被紅衛兵揪打，並喝令她在夏日溶化的柏油馬路上，卷起褲腿長跪，以致雙膝糜爛，不堪入目。常暉還記得她在病榻上喃喃自語：「我的雙膝被他們按在灼熱的馬路上燒爛了，心也跟著碎了。人說哀莫大於心死，可我還想活呢！」六十三歲的外婆，就這樣帶著對文革動亂的記憶，在抑鬱的心情和癌症的折磨下離開了人世。

七〇年代，常暉到蘇北與父母團聚。她母親先後在劉老莊，丁集，漁溝等農村中學教書。母親在當地是少有的藝術人才，導演，

編舞，唱京劇、越劇等，成為當地學校宣傳隊的負責人，經常參加演出，那些舞臺經歷，也給了常暉初步的藝術薰陶。在淮陰師專教書的父親，更是對女兒寵愛有加，把心血放在對女兒的音樂和人文教育上，點撥女兒聽唱片，學樂理，練聽力，習樂器，使她愛上了歐洲古典音樂。

常暉十餘歲時，尚在小學，但隨媽媽住在漁溝中學，偶爾在該校圖書室積滿灰塵的書架一角發現了新世界，小小年紀就開始閱讀歌德、席勒、拜倫、雪萊和泰戈爾。同時，受家庭書香門第的影響，她也特別喜愛中國的傳統文學和詩詞，練就文史哲的童子功。

她的中學時代是在省淮中度過的。那是江蘇省重點中學，位於大運河河畔的清江市（今淮安市），是個人才輩出的地方。常暉學習優秀，效率極高，便省出大把時間去圖書館找書看，讀荷馬史詩，普希金，屠格涅夫，托爾斯泰，巴爾扎克，雨果，莎士比亞等人的作品，並作筆記，逐步為自己奠定了扎實的文學基礎。有一次，她父親不經意地對她說：「你的抽象思維不如形象思維。」她不服氣，開始涉獵一些經典哲學著作，初步養成愛思考、觀察和索問的習慣。

常暉在中學時門門功課優秀，但寫作尤其出色。從小學起，便常有作文（散文和詩歌）參賽並獲獎。高中期間，作文甚至獲得過江蘇省級比賽獎項。她的少女歲月在校園度過，無論春夏秋冬，每天六點起床，隨父親晨跑兩千米，然後在學校的花園裡晨讀，那些美好的日子使她詩興大發，寫下不計其數的詩篇。她說，不知何故，但自己從來不寫愛情詩，即便在大學那段最青春的時光裡，她的作品也偏重於宣洩腦中奔騰不盡的哲思。

回顧中學時代，常暉忘不了那六年美好的學習生活，她曾在一篇作品中流露過此樣情懷：「多瑙河的波光果真藍茵茵的，誘人無比，兩岸佳景如雲，美不勝收。但大運河是不可比的，那兒凝聚了

我少女時光裡的無數夢想，多少莫名的憂愁，無數單純的欣喜，全在那載滿歷史的長河邊找到了它們的栖息地。」

十年浸潤英美文學

1984年常暉以江蘇省文科（外語類）第三名的成績，考入南京大學外文系，專攻英文。1988年學士畢業後又考上研究生，1991年獲英美文學專業碩士學位。

南京大學就是民國時期的中央大學，為全國最著名的學府之一。常暉喜愛南京這個鐘山靈秀之地，正如「三民主義」的倡導者孫中山先生所言：「其地有高山，有深水，有平原，此三種天工，鍾毓一處。」她回憶：「當年的漢口路，留下我無數足跡，而鼓樓的馬祥興清真麵館，是我從鼓樓博物館出來後必坐的地方，長江路的咖啡館，新街口的書店，更為我們這些莘莘學子流連忘返的地方。又何須提中山陵的開闊壯觀，明孝陵的古樸肅穆，植物園的奇花異草，梅花山的浪漫和紫霞湖的神妙，這些掩映於大自然的東郊瑰寶，一直是我們郊遊的摯愛之地。」

但常暉在學習上毫不放鬆，正如南大的校訓：誠樸雄偉，勵學敦行。八〇年代的中國高等學府是思想最解放、最活躍的時期。西學再次東漸，影響了一代學人。常暉說：「我們這一代學子，既能秉承中國傳統，瞭解中國的發展歷程，又有機會接受新思想，思想開放，得以成為中西合璧的學人。」她認為，這一代人文化沒有斷層，不像後來的新新人類，對中國的過去和文化瞭解較少。她坦言自己從小熱愛西方文學、哲學和心理學類書籍。這些方面的學識在南大得到進一步深化和加強。

她回憶說，當初讀文學作品，最愛印度詩人泰戈爾，心目中最景仰的泰戈爾譯者是鄭振鐸，而非冰心。前者的譯作富韻律，有

節奏，絕不拖沓，底蘊深厚，優雅而大氣。她也酷愛陀思妥耶夫斯基、茨威格、托馬斯曼、D.H.勞倫斯、濟慈、龐德、T.S.艾略特、湯瑪斯‧伯恩哈德等人的作品。

當時西方哲學思潮以講座形式，深入人心，常暉是忠實聽眾，著迷一般穿梭於各大講場。她喜讀哲學著作，遍涉孟德斯鳩、狄德羅、伏爾泰、盧梭、康德、叔本華、羅素、薩特、海德格爾（1889-1976）、維特根斯坦（1889-1951），但最愛尼采。不久前她還寫過一篇《尼采的音樂迷途》的文章，講述了尼采少為人知的音樂天賦，字裡行間，充滿對這位瘋子哲學家不凡心路歷程的敬意。

跟常暉聊天很開心。她不僅知識廣博，而且很有見地，觀點鮮明，成一家之言。她強調自己並不僅僅愛好文學，更是一個文化學人，社會觀察者。

常暉不是那種宅女書呆子。她大學期間就非常活躍，擔任校廣播站播音員，校壁報編輯和撰稿人，校文藝晚會主持人和歌舞演員等。當時她恐怕做夢也沒有想到，這些活動經驗的積累，大大有益於今日為歐洲主流媒體製作和主持「中國脈動」的節目。

常暉獲碩士學位後留南京大學任教。年紀輕輕就成為講師，帶本科學生的畢業論文。1991她認識了一位來華交流的奧地利學人。對於音樂和哲學的愛好，使他們走在一起，喜結連理。1993年初兩人同赴美國哈佛大學。常暉徜徉在哈佛的校園書海之中。學養得到進一步提高。英語成為她在各個層面都能夠駕輕就熟、運用自如的外語。

翻譯諾獎詩人的作品

還在大學生、研究生階段，常暉就已在《譯林》、《雨花》、《花城》這些大陸頂尖的文學雜誌上，發表諸多文學創作和英美文

學譯作。她最有代表性的成果，則是譯作《從彼得堡到斯德哥爾摩》，1990年由廣西灕江出版社出版。

這是一本介紹1987年諾貝爾文學獎得主布羅茨基（Joseph Brodsky，1940-1996）的譯作，列入獲諾貝爾文學獎作家叢書。譯者為常暉和王希蘇。

布羅茨基是俄裔美籍詩人。從彼得堡到斯德哥爾摩，實際上是一條流亡之路。1972年，在沒有得到合理解釋的情況下，布羅茨基被告知說，當局「歡迎」他離開蘇聯，並且不由分說，便被塞進一架不知飛往何處的飛機。從此開始了他的流亡生涯。布羅茨基1940年生於列寧格勒（今聖彼得堡），早在十五歲時，就自動退學，曾先後在工廠、鍋爐房、醫院太平間做雜工，後又隨一地質勘探隊到各地探礦。其間，得以廣泛接觸社會，感受人間苦難。在勞動工作之餘，他堅持不懈地學習，自學了波蘭文和英文，閱讀了大量文學作品，開始了詩歌創作。1964年，他因過「社會寄生蟲生活」罪，被判五年徒刑。被遣送到冰天雪地的北方阿爾漢格爾斯克地區的偏遠農村服刑。他的大多數詩歌刊載在「地下刊物」上。1965年，美國紐約一家出版社在他本人不知情的情況下，出版了他的第一本俄文詩集《短詩和長詩》。1970年又在美國出版了第二部詩集《駐足荒漠》。他的詩名開始享譽國際。1972年他被驅逐出蘇聯後，先到維也納，後轉赴美國，任教大學，並繼續創作。1987年他獲得諾文獎。得獎理由是他「超越時空的限制，無論在文學上及敏感問題方面，都充分顯示出他廣闊的思想和濃鬱的詩意。」

當時布氏剛剛獲獎不久。常暉和王希蘇從布羅茨基的多本著作中，選擇翻譯了詩人的前期、近期短詩、組詩、長詩八十四篇，以及反映他個人生平和文藝思想的散文、評論、演講八篇，為我們提供了一個較為客觀完整的布氏文選，展現了這位經歷坎坷終成大業的詩人從彼得堡到斯德哥爾摩的奮鬥歷程。譯文讀來「信、達、

雅」，顯示出深厚的功力。其中詩作幾乎全部是常暉翻譯的。不少人以為譯者是老學究，見到常暉後驚訝有加，他們無論如何不會想到，諾獎詩作的譯者竟是一位才二十多歲的姑娘。這本書再版過多次，已成為瞭解布羅茨基的經典譯本，這些年來一直被文學界人士追捧，甚至成為包括同濟等大學文學研究生的必讀本。1990年的初版如今在黑市已被賣到幾百元一本，還有許多人淘不到而抱怨。詩歌愛好者們常在微博提及常暉，讓她倍感欣慰，比如說，「讀布羅茨基，我唯讀常暉譯本」，「常暉是個了不起的譯者」。巧的是，我手頭有本《諾貝爾文學獎百年百影》，引用的布氏之詩就是常暉的譯作。

樂評和社會評論

　　1995年底常暉隨丈夫移居維也納。她相夫教子，把兩個孩子撫養成人，家務是繁忙的，但她始終沒有放鬆學習。作為英語專業的科班，她知道怎樣儘快掌握一門新語言。她大量閱讀德文原著，訂閱一份德文大報，無師自通地學會了德語，並體會到了德語的嚴謹和優美。德語為她打開了另一扇瞭解西方文化的視窗，成為她進行中西文化交流的又一個工具。她用德語為維也納商會，包括MIBA和Raiffeisenbank等在內的幾十家奧國大企業做過中國文化講座。在維也納她並沒有一些人感受到的被排斥感，較好地融入了維也納人的圈中。她是維也納愛樂和交響的忠實聽眾，每年都訂金色大廳和維也納音樂廳的年票。聽一場音樂會，看一個展覽，甚至在咖啡館裡，她都有很多話題與奧地利朋友交流討論。

　　常暉說，生活品質最重的還是精神，寧願活得簡單，也不要放棄寫作。早在1999年，她的長篇小說《情愛簽證》就在北京群眾出版社出版。該書不僅在國內得到好評，也曾在德國與舒婷等人的書

一起受到推介。故事是根據她在歐洲經見的人和事發揮創作的：旅居奧國的汪如彪邂逅昔日情人徐麗媛，兩人相約到維也納開餐館。徐麗媛為有夫之婦，汪如彪也回國娶溫柔靚麗的田靜為妻，但汪如彪回奧後卻沉迷於徐麗媛的鐵腕柔情，並過著放蕩的生活。田靜則在苦等五載未果之後毅然假道法國，偷越國境入義大利，獲大赦後得到合法的移民簽證，並成為義大利皮貨商的在華代理商。最後，她在維也納設宴招待當地華僑，講述了她與汪如彪的情感糾葛，並當眾宣布與汪如彪離婚……本書講述了一段跨國孽緣，語言生動細膩，情節曲折迷離，加之對於奧地利、法國、義大利諸國風土人情和旅外華人生存狀態的細緻入微的刻畫，使得全書搖曳多姿，頗富異域情趣。

作為獨立撰稿人，常暉多年來為國內《文藝報》、瑞士聯合國《文薈》、奧地利朋友網和同城網，以及當地僑報《歐洲時報》中東歐版（原《聯合週報》）執筆，寫下許許多多的報導、隨筆、音樂評論和深度訪談等節目。她曾參加海外媒體江南行，東北行，廈門行等，寫出《武進情結》、《水都淮安》這樣的紀行好文章。她的《媒體與中國》、《美國政府的雙重標準》等評論都引起讀者的共鳴。中國《譯林》雜誌還為她開闢了《人文歐洲》專欄，這是學人少有的榮耀。2013年常暉還為《布拉格時報》寫了連載中篇小說《最後的瘋狂》。

然而常暉的主打作品是包含音樂、文學、藝術等在內的文化類評論及社會觀察類評論。她把自己的評論性代表作薈集成書《難舍維也納》，2010年由江蘇文藝出版社出版。2011年6月29日，在維也納奧華書店內舉辦了《難舍維也納》新書發布會。這本書封面是土黃色的歐洲風景畫，與當今紅顏綠色的暢銷書相比，凸顯出古樸歐洲風味，全書分為五部分，即維也納的波光、情定維也納、藝萃、繪畫攝影評論和文海一掬。

她的文章無時不有西洋文化的功底。西方文化自然滲透在她的作品中貫穿全域。但首頁是「獻給我的父母」，畢竟生為中國人，中國文化也同時留在她的血液中。讀完《難捨維也納》，你一定會感覺到，常暉是個中西合璧的世界人，她的經歷、見解、風格不僅僅是屬於中國或奧地利，而是全世界的。有人稱讚說，她的作品優美、浪漫、細膩，有著人、物、景，人與自然的和諧統一，這與常暉長期定居維也納的沉澱是很相稱的。

常暉辛勤筆耕幾十年，但加入歐華作協時間並不長，她保持著謙虛低調、向文壇前輩學習的態度。當老會長朱文輝退隱時，常暉寫出下面的文字，表達自己的心聲。

> 尊敬的文輝老會長：
>
> 讀您的辭別之文，心有所動！此番赴柏林年會，終得與您一晤，深感欣喜、榮幸！您去秋對我作品的細緻點評，藉以給我的鼓勵和支持，令我難忘，並因之而更喜辛勤筆耕。同時，願以嚴謹自律的態度，史海鈎沉的精神，從自己熟悉的主題縱深而入，寫出更有力度的文章，奉送於高山流水、知我懂我的文友們。此外，亦願為人類的精神園林修繕花木、護理人性，以文造勢，不推諉文人應有的社會責任。……
>
> 作為新會員，此次有緣與作協的新老會員和前輩們相識、相聚、暢聊，實乃人生酣暢之事。再次感謝老會長，把我領進這個美好的群體。在未來的歲月裡，我理當盡己所能，在需要時為歐華作協多出微薄之力。」

呢喃
記者作家一肩挑

> 這次寫歐華會友小傳系列，電話打過去，呢喃推辭，說自己是新會員，沒有突出成就。架不住我一再請求，才說，那好吧，就算支持高大哥寫作，這樣才有了讀者面前的這份小傳。

文革血淚

呢喃（本名倪娜）出生在中國寒冷北疆黑龍江省的一座小城，教師世家。其父放牛娃出身，孩童時代父母即陸續撒手人寰，跟姐姐一家生活。他學習用功，成績優秀，考進了師範專科學校。畢業後正好解放軍招收飛行學員。就去報名，經過嚴格的篩選，最後被選拔進長春空軍航校，入校即享受軍官待遇，接受蘇聯專家的專門培訓，那可是新中國第一批自己培養的航空飛行員，作為戰鬥機飛行員，要求比一般的飛行員更加嚴格。他刻苦學習，文化課理論課順利通過，但在飛行訓練中出現問題，駕駛戰鬥機升空後俯衝時，就會流鼻血，幾次手術治療無效，只好放棄原來的英雄夢想，自願退伍轉業，回到小城在一所重點中學教書。這時他認識了呢喃媽。

呢喃媽出身於一家勤勞的農戶。這家本來田產不多，呢喃外公要親自下地幹活。後來家裡省吃儉用買了地，雇了長工，日子富裕起來，結果土改時劃為地主，這個成分後來使他們家吃盡了苦頭。

呢喃大舅才華出眾，上過黃埔軍校。1949年準備撤臺，人已到廣州，卻收到呢喃外公的信召喚回家，回來後就再也走不脫了，終身致力於教育事業。國民黨軍官這頂帽子使他受壓一生，而且連累了家人。呢喃媽命很苦，十幾歲就沒了媽，遠離嚴厲的父親，寄養在他鄉哥嫂家艱難度日。由於品學兼優，為了早日自食其力，高小畢業後留校當老師，一邊培訓一邊工作。她聰明貌美，能歌善舞，又是學校的文藝骨幹，後來被抽調文工團做了多年的專職演員。

呢喃的爸媽郎才女貌，共同的境遇，又都是教師，很快就沉浸在熱戀之中，成立了小家庭。那時呢喃爸是高中班主任老師，教授語文、政治課，被作為後備幹部培養。他一心撲在工作上。和同學們打成一片。而那時的高中學生，年齡普遍偏大，二十多歲的都有。他們在一起，關係很融洽，不像是師生，倒像是哥們。

可是這快樂的日子，被文革打斷了。呢喃爸，這個一貫相信黨勝過父母的紅色教員，團委幹部，竟被作為首批反革命分子揪出來批鬥。有人揭發說他在政治課上讚揚過蔣介石，說他的妻子出身地主，說他上過黃埔軍校的妻兄是臺灣特務。甚至誣衊說他從空軍航校轉業也是因為政治有問題。他的學生們，原來好得像哥們，現在一個個翻臉，揭發批判自己的老師，以表明立場，自己是站在毛主席的革命路線上。

一天深夜，紅衛兵們，戴著紅袖章，拿著長長的手電筒，以鐵釺子作武器，闖到呢喃家，把她父親從床上拉起來帶走。呢喃那時還小，但她清楚地記著，手電筒晃眼的寒光，年輕的媽媽哭乾了眼淚的畫面。

呢喃爸被關押起來挨整。他脖子上被戴上寫著「現行反革命」的超大牌子。人們強迫他跪在打碎的玻璃碴上，膝蓋劃破流血。頭上被東一道西一地道剃成鬼頭。沒日沒夜地批鬥改造，造成他身心的傷害。讓他最傷心的，班長團支書等班幹部，原來都是他最寵愛

的學生或哥們，現在都往他頭上潑髒水。文革讓師生相鬥、夫妻反目、告密揭發、人人自危，搞壞了人心，是對中國傳統道德做人準則的最大破壞。

那個時候，呢喃媽的日子也不好過。她受株連在學校裡挨鬥，被迫寫斷絕信與丈夫劃清界限。白天還得正常教課，晚上開會無法照顧兩個年幼的孩子。呢喃和妹妹放在學校樓下托兒所裡，生病的妹妹哭背了氣，阿姨不敢上前抱一抱，無人敢看護「反革命分子」的狗崽子。呢喃媽懷裡抱著小的，手裡拽著呢喃，被迫離開學校托兒所，呼天天不應，求地地不靈。有個好心的學生媽同情她們的遭遇，願意收留孩子。誰想到她丈夫是造反組織「總工」的一個頭目，死活不同意照看「狗崽子」。呢喃媽跪求說：自己是老師，面對這種情況實在沒辦法，希望給孩子留一條活路。她願意把自己微薄工資的一半留下來，另一半去打點探望呢喃爸。這家動了惻隱之心，才把呢喃姐妹收留下來。

當時形成兩大對立的造反派組織，一派是「總工」，另一派叫「紅聯」。兩派都號稱是跟著毛澤東幹革命的造反派，但互相之間卻形同水火，勢不兩立。這樣的兩派對立，甚至武鬥傷人的現象文革中在各地都很普遍。是文革的一大特點，令今天的年輕一代難以想像。

後來，「紅聯」一派認為呢喃爸沒問題，準備把呢喃爸解救出去。呢喃媽鋌而走險，把看守支開，冒險幫呢喃爸剃平了「鬼」頭，最後他男扮女裝，用頭巾包住頭，呢喃媽把丈夫送到火車站，心裡一直在哆嗦，直到目送著開往省城的火車離開才放心。就這樣，呢喃爸才脫了險，被保護起來。

文革一結束，呢喃爸就執意離開使他傷心的教育界，進入一家企業。多年後，當那些已成人的學生上門負荊請罪，跪在地上黑壓壓一片不起，請求老師原諒的時候，他原諒了並說：「人哪能不犯

錯呢？改了就好！你們都是學生，是受人指使矇騙，要錯也不是你們的錯！」

那麼，文革到底是誰的錯呢？

女兒當自強

呢喃回憶起小時的日子，很有感慨。在那個物質單調貧乏的年代，雙職工的教師父母能讓四個姐妹吃飽飯就不錯了，那時以主食果腹，玉米麵、大馇粥為主食，白菜、土豆、豆腐為副食，逢年過節才能吃上一點肉和蛋，主食和肉蛋都定量配給，憑票供應。

呢喃說：「六〇年代中國人的日子過得實在艱難，靠天吃飯、自給自足，每天的吃喝都要靠體力去拼搏。最早我的家住在一個小城市裡，自家有個菜園子，飼養雞、鴨、鵝、兔，除了花錢買米、面、油、肥皂等很少的日用品外，幾乎都是自家產的；用很重的鐵水桶遠道挑水喝；大斧子劈柴、砸煤；用煤、桦子（大塊木柴）生爐子做飯，火炕、火牆取暖；蹲在地上使搓衣板、在大洗衣盆裡洗衣服；蒸發糕、饅頭要捂上棉被發酵；毛衣、手套、襪子自己動手針織。出行無論多遠都是長征式的步行，一天的時間在路上也是正常的，後來家裡有了自行車，爸爸的自行車上坐滿我們姐四個，可那是我們最愉快的時光，好像比現在出國度假都讓人期待。」

家庭是溫馨的，生活是困苦的。有時政治上還要受打壓，受欺負。家裡四姐妹，沒有男孩，呢喃作為長女，就有著像男孩子一樣頂門立戶的志氣。她要上大學，離開那塊傷心地，她要讓父母過上好日子。

俗話說，男兒當自強。對呢喃來說，更是「女兒當自強」。那時她父母養活一家六口，永遠有幹不完的家務活。大的照顧小的，在呢喃腦海裡已經成為堅不可摧的責任和義不容辭的義務，儼然一

個地道的「小大人」。就連出門與小朋友玩耍都要後背背著妹妹。學校放學後她媽媽還要給學生批作業、備課，開那沒完沒了的大小會。到托兒所接妹妹也就成了呢喃的責任。她不僅能幫父母看家，接送、照顧妹妹，而且還會生爐子、挑水、做大餷粥，等爸媽回來吃飯。

儘管家裡活很多，但呢喃在學校對學習卻不含糊，成績一直很好。受父母的影響，喜歡文學愛作詩。借書、看書成了她的習慣。後來呢喃如意地考進了哈爾濱師範大學讀書。她上歷史系，學得很輕鬆，門門功課都在八九十分以上。還常抽出時間去偷聽文學課，如文學理論，文學欣賞，外國文學。扎實的文史功底為她後來的文學創作打下了基礎。

呢喃以優異成績畢業，被分配到黑龍江航運局，擔任職工培訓教師，工作得心應手。她還能抽出時間給宣傳部寫報導，發文章。不久就被調到宣傳部工作，還被提拔副科級職務，代理宣傳部長主持宣傳工作。

就在這時候，呢喃開始給當地報社投稿，發表詩作，寫通訊，在圈子裡已小有名氣。她毛遂自薦，進入這家報社工作。取得記者證，走上了專業記者的道路。報社不算大，但正好是鍛煉新手的地方。當時政協口缺記者，她就去幹，學會了採訪新聞、與政府機構打交道。一邊幹一邊學，她先後做了記者、編輯、編輯部主任、記者部主任。得到中級記者職稱，甚至報批副高職稱。她還成為當地的市作協會員。年紀輕輕，就有這般成就，正可謂春風得意。

事業上的初步成功，激發了她更大的雄心。1997年呢喃破釜沉舟，拋棄地方報社的工作，加入「北漂」一族，來到北京求發展。這樣大膽，不要說女生，就是男人中也少見。剛到北京，她人地兩生，沒有任何熟人背景，全靠自己打拼。每天看報、上網尋找招聘廣告。她以雄厚的寫作實力，很快脫穎而出，考進一家大出版社，當編輯，認認真真編輯了幾本書。

但呢喃不大習慣坐下來搞編輯工作，還是想風風火火跑新聞。不久她跳槽考到一家大報當記者。作為記者呢喃採訪的第一人就是著名作曲家徐沛東（代表作《亞洲雄風》、《愛我中華》），文章的發表使她在京城新聞界聲名鵲起。她不斷到各地採訪，為很多著名的民營企業家，寫過創業事跡報導。有一次為了寫有關中國酒業文化的文章，差不多跑遍了大半個中國的酒廠。她還採訪過在釣魚臺舉行的全國市長會，這使她有機會第一次走進釣魚臺國賓館。

不久呢喃通過考試被《中國經濟時報》所聘用。這家報紙是一家以經濟為主的綜合性日報，日讀者近百萬人次。主持創刊的總編輯包月陽聲名顯赫。就是他讚賞呢喃的才氣，留下重用。她除了寫稿外，還兼管部分社務。《中國經濟時報》由國務院發展研究中心主辦。而該中心是國家的政策研究和諮詢機構，堪稱國務院的智囊。呢喃一下子就接近了中國改革開放決策的核心層。

那時候是呢喃已成為響噹噹的京城記者，達到在國內事業成就的巔峰。而且在京郊買了房子，也把父母從老家黑龍江接來，全家人匯聚生活在北京。儼然是令無數人羨慕的成功女性。當然任何事物都有兩面性，成功背後的辛酸有誰知！她吃了不知多少苦。單說每天上班路上就要用兩小時，下班回家又得兩小時，身心疲憊，為了寫稿趕稿，不知熬了多少個不眠之夜。

活躍的德華女記者

《中國經濟時報》總編輯包月陽，有一段名言流傳甚廣：「人的一生好像乘坐北京地鐵一號線：途徑國貿，羨慕繁華；途徑天安門，幻想權力；途徑金融街，夢想發財；經過公主墳，遙想華麗家族；經過玉泉路，依然雄心勃勃……這時，有個聲音飄然入耳：乘客你好，八寶山快到了！頓時醒悟：人生苦短，何不淡然。」

呢喃自己也感悟到：「擠在一條為名來為利往的不歸路上，像螞蟻一樣地忙碌著，隨著大溜兒擁擠著，奔波著，我早已厭倦了。我寧願選擇清靜無為，也不能讓精神生活短路，因為物質上的追逐沒有止境，只能讓人更加貪婪，吝嗇，刻薄；因為精神世界遠比物質世界浩瀚，豐富多彩，更加令人心存感激，知足為善。我思故我在，於我那看到的，感覺到的，比什麼好吃好穿都更加彌足珍貴。」

2000年，呢喃幸運地隨國家部委代表團訪問歐洲，作為記者，反應特別敏銳，能夠看到事物的本質，有著很快的應變能力，看到了外邊的世界更精彩！工作結束後，她順便看望了在德國留學的妹妹，就在那裡巧遇而結識今天的丈夫，一位德國人。

兩年後，呢喃來到德國。如今德國成了呢喃的第二故鄉，在這方土地上學習、生活、旅行，逐漸地融入了當地人的生活，她已習慣了異鄉的生活和思維行為方式，儘管開始時對東西文化的差異，對信仰和道德觀的認識無法一致，產生心理上的反差和碰撞，但是多年的語言學習，文化傳統的認識和薰陶，尤其隨著對當地的法律、法規的瞭解，從心裡往外地喜歡這裡的山水大自然環境，文化人文的厚重，多元文化的氛圍，自由和民主的人生保障。呢喃從切身體驗感受到，這是一個適宜人類居住的理想國度，逐漸地對德國人產生敬意，也有了感情。

呢喃經常在電腦上寫日記，及時地把自己的觀察，看法，中西文化的異同記錄下來。理出頭緒，加以整理，就成了一篇篇文章。到了厚積薄發，與大家分享的時候了。

2011年初，呢喃投石問路，把一篇名叫《面對災難的思考》的雜文，發往德國《華商報》（半月報）。新出版的報紙到了，她趕緊打開翻一遍，從頭找到尾，還是沒有找到自己的那篇文章，呢喃有點失望。但這位曾經的大牌記者堅信自己作品並不差，既然《華

商報》不登，那就改投《歐華導報》（月報）。結果，《歐華導報》不但立即在二月份這期報上發表了這篇文章，而且以「新春感悟」放在一版一條醒目位置。總編輯錢躍君慧眼識人才，呢喃在德國發表的處女作就這樣一炮而紅。德華媒體的一顆新星，就此冉冉升起。

其實，《華商報》並不是沒看上呢喃的文章，大約是來稿太多，沒來得及處理罷了。當該報總編輯修海濤隨後看到呢喃的這篇稿件時，大加稱讚，立即給呢喃發郵件，說要刊登。呢喃急了，一個姑娘不能許兩家，一稿怎麼能兩投呢？趕緊回信說明情況，改投另一篇文章。這就是《華商報》四月份所登的呢喃作品《外嫁女的酸甜苦辣》。修總編深知好記者對於自家報紙的重要性。他立刻在《華商報》網站建立了呢喃細語專欄。八月份聘請呢喃為特約記者，後來又成為本報記者。漸漸地呢喃還給位於漢堡的《歐洲新報》投過不少稿件，積極參加新報組織的徵文大賽，還獲得了優秀獎項。

就這樣，呢喃在退出大陸新聞界幾年後，又重出江湖。很快成了德華名記者。提起呢喃無人不知無人不曉，她一直懷著感恩、感激之情，努力創作，來回報家人、回報華人社會和寫作途中幸遇的伯樂們。2011年至今短短的兩年多時間裡，呢喃在德國三大報刊發表作品近兩百篇。

回歸文學和教育

呢喃說：「我曾經是個文學青年，以讀萬卷書視為人生之樂。很享受文學殿堂裡的陽春白雪，也陶醉於大自然裡賦予人的創作靈感，現實生活是我直抒胸臆，有感則發的寫作源泉和動力，心裡一直懷揣著作家夢。」她還在博客上寫道：「以前是文學青年，現

在是感慨中年，珍惜每天不同的瞬間，留下活著的證據。」換種活法，寫作成為呢喃下半生的事業追求。她寫日記，上網、去圖書館，外出度假，積累了大量的生活素材，在嘗試文學創作之路。找到下半輩子的事業，讓她有了新鮮血液在生命裡流淌的感覺。

呢喃除了在德華三大報發表作品外，還有文章飄洋過海，在美國華文大報《僑報》和新西蘭華文報紙《先驅報》以及《人民日報·海外版》上刊登。部分作品收錄在《我們這樣上中學》（吉林出版社）、《教育，還可以》（清華大學出版社），第九屆世界華文作家作品集和2013年世華文學研討會論文集中。由荷蘭華文著名詩人、作家池蓮子主編的文學雜誌《南荷華語》，於2013年12月期在《歐華文學新秀》專欄中用中荷雙語，介紹呢喃以及來自奧地利的常暉和方麗娜三位女作家和她們的新近作品，其中有呢喃的散文《端午節的粽香》。

海外文學作家網路交流，為呢喃打開了文學創作的新天地。每天上網流覽、寫作成了她生活的一部分。呢喃建有新浪博客，僅兩年，已貼了兩百七十九篇文章。這個博客，連接著「心心相印－歐華之橋」圈子，與中歐跨文化交流協會的文友們溝通。

呢喃也在文心網、世華作家交流網等網路發表文章。2012年，她又參加了「海外文軒」寫作圈。「海外文軒」由海雲創立於2009年，開始是用新浪網的圈子功能成立的一個海外文學愛好者寫作圈，成員來自歐美、非洲和中國大陸。「海外文軒」網站創立於2011年秋，讀者遍布五大洲。「海外文軒」網站2012年被評為最佳中文文學網站之一。一年多的時間裡，呢喃在「海外文軒」網站上發表博文達一千一百多篇。除了新聞報導和攝影題材外，還包括遊記（如《臺灣行》十一篇）、格律詩詞（漢俳《路》、《人生》），詩歌（如《到了國外以後》、《還有晚霞裡的我》），隨筆（如《體悟人生的五個層次》、《中文課該請誰來上》、《活

在當下的感受》、《德國也是我們的家園》、《颱風來臨》），文學評論（如《莫言獲獎張揚文學精神》）、紀實文學（如《健康日記》系列十一篇），散文（如《老爸我愛你》、《端午節的粽香》），雜文（如《誰還敢當德國的總統》、《回你的國家去》），紀實小說（如《德國人的外國女人》系列）等，充分展現了她多方面的文學才能。

呢喃作品曾兩次獲獎。其中《信仰不是物質財富》獲「海外文軒」徵文大賽優秀獎，《一個德國人在中國的感慨》獲《歐洲新報》徵文大賽優秀獎。

2013年5月在歐華作協柏林年會上，呢喃與其他六位文友一起被吸收為新會員。這些新會員的加入，為歐華作協帶來了新鮮血液和新氣象。這也有利於呢喃在更廣闊的平臺上施展才華。

2011年呢喃開始在柏林華德中文學校任教。華德中文學校成立於1992年，當時是由五個留學生家長自發組織起來的學習小組。如今已經發展為有二十多個班級五百學生的規模，成為德國最大的中文學校。呢喃出身於教師世家，父母都是老師，呢喃自己也是師範大學科班。她非常珍惜並熱愛這項有意義的事業，她願為海外中文教育事業作出自己的貢獻。

2013年9月呢喃以記者身分被邀請參加「旅德學人臺灣參訪團」到臺灣作十天的考察，收穫很大，回來寫就遊記《臺灣行》系列十幾篇，10月份呢喃以記者和作家雙重身分參加並及時報導了在馬來西亞舉辦的世界華文作家第九屆代表大會的盛況。

區曼玲
酷愛戲劇勤寫作

區曼玲是歐華作協新會員，2012年入會。我電話採訪時，她謙虛地說，沒有什麼值得報導。但是我認為，我們每個人都是大歷史的一部分，個人或家族的經歷都反映著時代的變遷。其實只要我們認真發掘，每個人都有自己的亮點，不是嗎？果然，經過幾次溝通，我們熟悉起來。我感到，區曼玲的人生、求學和文學道路，其實都蠻有特點的，有很多值得記下來與大家分享的地方。

盈盈一水間　淚隔四十年

　　區曼玲出生於臺北。母親是臺北人，其父為1949年撤臺大軍中的一員。他1926年生，原籍廣東高明縣（如今改為佛山市的一個區）。家中人口眾多，過日子不容易，他十六歲就出來，自己討生活。做過學徒打過工。後來從軍，轉戰大江南北。

　　撤臺軍隊原以為三五年就可以打回大陸去，但隨著時間的推移，反攻大陸顯得縹緲無期。國軍士兵年齡普遍偏高。臺灣把退伍兵稱為「榮民」，要為這些人找一條出路，頗為棘手。因為這些人長年置身軍伍，一則離鄉背井，孤苦無依；二則出操上課，謀生乏術。假如無適當安置，將會產生社會問題，進而影響軍心士氣。蔣經國當時勇敢地負起這個責任。他說：「我們同是生長在這苦難的時代裡，多難的國家中，大家休戚與共，息息相關，對榮民是以感

情、道義去服務，不是講恩賜。」五六〇年代逐步退役的軍人有幾十萬人，為了處理這一問題，專門成立了「行政院退除役官兵輔導委員會」，由蔣經國領導。輔導辦法大致為：年輕而有志求學的，輔導就學；有工作能力的輔導就業；需要休養的使之休養；病苦的使之就醫。輔導會創辦了榮民醫院、榮民之家、農場和工廠。輔導會的成績，解決了社會問題，安定了軍心，贏得了民眾的讚譽。

區曼玲的父親退伍後，走的是求學之路。他學到了扎實的電學知識技能，通過考試成為公務員，進入臺灣電信局系統工作。從基層做起，克勤克儉，盡忠職守，忠於本分，一直做到人事部處長的高級職務。他在臺北成了家，並有了兩個可愛的女兒。

按說，區曼玲的父親單身來臺，經過奮鬥，至此成家立業，可算幸福了吧？不，他心中一直有個隱隱的痛，見不到父母的痛。他們在大陸生活得怎麼樣？兄弟姐妹們過得怎麼樣？多少年一直得不到他們的消息，實在太牽掛了。多少次夢中回家鄉，醒來後淚眼漣漣。那時的兩岸關係，形同水火，臺灣到廣東，隔海也就兩百公里，卻成了一道不可逾越的天塹。只能偶然通過香港的親友轉遞信件，間接聯繫。區曼玲還記得，自國中起，她會應父親的要求，給遠在廣東、從未見過面的奶奶寫信。余光中的詩《鄉愁》云：「鄉愁是一枚小小的郵票，我在這頭，母親在那頭。……鄉愁是一彎淺淺的海峽，我在這頭，大陸在那頭。」正是區曼玲家人心情的寫照。

這種情況直到八〇年代才逐漸有了改變。首先大陸對國軍抗戰的歷史有了正面的評價。過去由於受偏見的影響，大陸不少人只知道平型關，知道地道戰、地雷戰，卻沒聽過臺兒莊。1986年，廣西電影製片廠拍攝的電影《血戰臺兒莊》，才第一次正面反映國民黨愛國軍隊的抗戰史實。該片後來在臺灣地區放映，成為促進兩岸關係的使者。蔣經國看過後談到：「這部片子有幾點是可以的，第一，共產黨認為我們是抗日的；第二，對我父親是正面報導，沒有

抹黑，沒有歪曲他。看來大陸（對臺灣）的政策有所調整，我們相應也要作些調整。」1987年11月，蔣經國在臨終前終於同意開放當年的老兵回大陸探親，從而揭開了海峽兩岸公開互動往來的序幕。

這真是天大的喜訊，正如杜甫詩中所言：「漫捲詩書喜欲狂」。然而區曼玲的老父雖可「白首放歌須縱酒」，卻還不能立即「青春作伴好還鄉」，真正動身回老家探親，還要再等幾年。因為在電信部門工作，屬於「軍、公、教」，在職期間不能回大陸。

這樣，區曼玲的父親直到1990年退休，才得以重回廣東探親，算一算，離開大陸已經四十一年了。離家的時候，曼玲奶奶才四十多歲，一頭黑髮。等到重逢，不僅老奶奶白髮蒼蒼，就是兒子也已是霜鬢銀髮。區曼玲的爺爺早已不在人世，返鄉者只能在墓前痛悲。

區曼玲的父親感到多年無法盡孝，心懷愧疚。他把從臺灣帶回的大包小包禮物分給親友們。還改建了區曼玲奶奶所住的老屋，加建了洗手間。

回到臺灣後，區曼玲父親對兩個女兒說，大陸的親戚日子過得不容易，這次探親幫奶奶改建了房屋，讓老人家過得舒適一些，奶奶百年之後，房屋遺產你們都不要去爭，留給親戚們就好！他還想用自己的積蓄，設一個以區曼玲奶奶為名的獎學金，資助家鄉的孩子們上學。

多好的父親！爸爸的孝心善心給了區曼玲深深的印象，父親是她做人的榜樣。

在臺大喜歡戲劇

區曼玲從小就像他父親一樣勤奮學習，愛讀書，學習成績一直很好。那時臺灣已實行九年制義務教育。從小學到國中，就近上學。但上高中就必須通過升學考試，當時稱為「高中聯考」。區曼

玲以高分考進臺北第一女中，這是臺灣最好的女校之一。區曼玲回憶起那十八姑娘「一朵花」的讀書歲月：「那時我們一群頭上頂著西瓜皮式髮型、身穿綠衣黑裙制服的女孩，個個是念書高手，更是玩樂專家。三年的高中生活中，有的偷偷和建中（建國男中，臺灣名校）的男生約會，有人假編校刊之名，請公假來躲避化學小考，更有人為了裙子是膝上或膝下三公分跟教官爭論不休……每個人『造反』的理由雖有不同，但也都新奇獨特。當年為了聯考，拼死拼活地就為了能多得一分、兩分，但是現在回想起來，誰考第一名都不重要了，倒是那些『不務正業』的課外活動，像是朗誦比賽、軍歌比賽、大隊接力等，最讓人難以忘懷。」大家當年「最痛」，今日卻成了「最愛」的，是那位強迫學生背《三字經》、《千字文》，並規定將經文抄在紙摺扇上的歷史老師……在繁重的聯考壓力下，區曼玲還是保持了愛看電影的習慣，喜歡校刊的編輯工作。

玩歸玩，學歸學。區曼玲又以高分考進臺灣大學外文系。這是她的第一志願，喜歡學，學得也輕鬆，特別是到了大二開始修戲劇課，找到了她的最愛——玩與學習相結合。那時外文系學生必須排演英語話劇，區曼玲因此獲得表演機會，初嘗站在舞臺上、聚光燈下的滋味。她英語出色，美麗聰慧，排戲總是擔任女主角。臺大有一個像模像樣的小劇場，學生們就在此排練。對外公開演出。

區曼玲主演過英國劇作家蕭伯納（1856-1950）的戲劇《巴巴拉少校》（Major Barbara，1905），俄國大文豪契呵夫（1860-1904）最後一部劇作《櫻桃園》（Cherry Orchard，1903）以及瑞典斯特林堡（1849-1912）的劇作《債主》（The Creditors，1888）。其中《債主》還參加了臺大的戲劇比賽。而外文系一年一度的畢業公演也由區曼玲主演。這次上演挪威劇作家易卜生（1828-1906）的劇作《海上夫人》（The Lady from the Sea，1888）。

僅這四部戲劇就涉及到西歐、東歐、北歐廣闊的社會歷史和文

化背景，對演員的語言和表演能力，要求都非常高。區曼玲也因為這些舞臺劇的經驗，堅定了將來出國深造、研習戲劇的決心。但是在她達成夙願之前，她先積累了一些工作的經驗。1990年區曼玲從臺大剛一畢業。就被聘為《光華》雜誌英文編輯。《光華》由臺灣新聞局出版，1976年創刊，為中英雙語版。圖文並茂，可以說是臺灣的名片。很多外國人和海外華人都是通過這份雜誌初步認識臺灣的。區曼玲能在此雜誌社工作，證明她的實力不凡。

到德國鑽研戲劇

　　1992年區曼玲來到德國留學，進入愛爾蘭恩－紐倫堡大學，選擇的專業就是她喜愛的戲劇科學。說起西方戲劇，人們會想起英國的莎士比亞和蕭伯納。其實，德國也是一個戲劇大國。偉大劇作家歌德、席勒、布萊希特的作品在劇壇上一直令人稱道，在世界戲劇的舞臺上也扮演著重要的角色。萊辛的《漢堡劇評》為歐洲啟蒙時期最重要的戲劇理論著作之一。他的戲劇理論和主張對整個歐洲戲劇的發展有著十分深遠的影響。

　　區曼玲除了學習戲劇理論，諸如俄國著名戲劇家斯坦尼斯拉夫斯基（1863-1938）的表演學、德國當代劇作家克羅茨（Franz Xaver Kroetz，1946-）的劇作Der Drang，以及義大利喜劇（Commedia dell'arte）之外，她還修了很多表演的課程。系裡有一個不算小的劇場，是平常排戲、上表演課的場所。當時最大的挑戰是語言上的考驗，第一學期就得用德語在舞臺上即興演出。她身為唯一的亞洲人，在一群德國同學間頗感不自在。除了在眾人面前表演的恐懼之外，還得克服語言的障礙。雖然區曼玲在臺大作為第二外語選修過德語，但那時剛來德國半年，畢竟還是很吃力。不過，她還是以最大的毅力克服了困難，贏得德國師生的讚賞。

區曼玲還記得，他們當時排演的第一齣戲劇是旅德匈牙利劇作家塔伯利（George Tabori，1914-2007）的諷刺劇《我的奮鬥》（Mein Kampf），該劇演的是希特勒年輕時作為二流畫家的落魄和野心。區曼玲在劇中扮演一個穿黑袍的死神。她的出色表演得到了老師的認可。

　　除戲劇科學專業外，區曼玲還選修了英語和美國文學兩個副科。經過九個學期的研讀，最後區曼玲以論文《瑞典導演英格瑪‧柏格曼（Ingmar Bergman）的劇場工作》，於1997年夏天圓滿地結束了自己的學業，獲戲劇及英美文學碩士。來年年底，區曼玲受洗成為基督徒，不久她與德國男友結婚，搬到德國西南角。此後她放棄發展事業的雄心，專心在家教養兩個女兒。

　　那麼，她的戲劇和文學專業都白學了嗎？不，這些知識，這些深厚的文化積澱將在區曼玲的文學道路上發揮重要的作用。

勤奮一支筆

　　在異國求學、結婚、生子，完成許多人生大事。家庭的生活、育兒的辛勞，以及孩子的逐漸成長與茁壯，在區曼玲心底留下烙印。一支筆一直在旁等著，蠢蠢欲動。直到2004年有一天，因著諸多親人相繼去世，看見東西方處理葬禮的不同方式，終於讓區曼玲在孩子入睡後，在電腦上一字一句輕敲出積藏已久的想法與感觸。

　　文章寫好後，投往《宇宙光》雜誌，立刻獲得編輯的青睞，這對區曼玲是很大的鼓舞，從此一篇篇文章噴湧而出，甚至寫起了專欄。每天上午是她雷打不動的寫作時間。區曼玲畢業於臺大外文系，後又留德攻讀戲劇學與英美文學，在歐洲生活二十多年，對東西文化有著深入的反省與觀察。如「肋在其中」專欄的撰寫讓她在揣摩女人的心境時，益發體會聖經的真實與切身；「德國觀察」讓

她對居住地的人情風俗變得格外敏感。而和女兒們互動的點點滴滴，更成為區曼玲筆下源源不斷的寫作題材。孩子們從小到大的許多趣事，都被當媽媽的寫進文章。就這樣，幾年間，區曼玲陸陸續續發表的作品已達百餘篇。刊登在《宇宙光》、《海外校園》、《中信》和《飛揚雜誌》等刊物。

區曼玲的作品受到讀者的喜愛，頻頻獲獎。2011年至2013年間，共獲三次徵文比賽優作。2009年的作品《我遇到天使了》更獲得《飛揚雜誌》徵文比賽第二名。

2013年，她將「肋在其中」專欄裡介紹聖經中女性故事的文章集中起來，出版了《『肋』在其中－聖經的女人故事》，內容多彩動人：夏娃因遠離伊甸園而悔恨，利百家偏愛兒子雅各而失去丈夫的信任，約基別用計保住了珍視的兒子摩西，瑪利亞仰慕著即將遭受釘刑的耶穌……二十二位聖經女人，二十二篇生動再現的文章，講述以女人為主題的一系列聖經故事。細述她們的人性與神性。她們也有恐懼、有擔憂，也要面對未來的挑戰。區曼玲從寬廣的人文視野觀察人物、深入剖析她們的心理，並以文學手法呈現。通過她的筆觸，讀者們會發現，聖經其實不是一本艱澀難懂的天書，而是充滿著多位有血有肉的人物。瞭解這些人物和故事，就像學習中國的成語一樣，對於瞭解西方文學也有莫大的幫助。

前幾年，區曼玲又開始小說的創作，出手就不凡，《覃老的財富》榮獲《海外校園》雜誌2009年小說比賽第三名。這篇小說和另一篇《上岸之後》被收錄在中國廣播電視出版社2008年出版的「靈性小說叢書・小說卷」《新城路100號》之中。她接著進軍中長篇小說，具體成果就是新書《躍崖》，2013年出版。故事講十七歲的志剛僥倖候補考進高中。原本居無定所、隨著躲債的父親四處搬遷的他，終於落腳南臺灣。但是，父親因為酗酒，對他暴力相向；而唯一的哥哥，也因為成績優異，瞧不起這個「丟人現眼」的弟弟。

志剛因此在幫派裡廝混，尋求慰藉。後來卻因為一樁三角戀情，並涉及幫派的販毒走私，志剛的生命突然受到極大的威脅……這是一個關於饒恕與救贖的故事，觸及親情、友情、愛情與信仰等議題。描述一個年輕的生命如何在父親的暴力與哥哥的輕蔑中成長、墮落、自棄，最終又在無條件的愛中療傷與痊愈。故事具有一定的教育意義。

此外區曼玲還寫過《幸運日》，《生日禮物》等十幾篇短篇小說，目前她正在補充完善，準備出版一本短篇小說集。

散文、小說之外，區曼玲也寫影評。她擅長從電影中解析社會現象。這得力於她對戲劇科學研究的深厚功底。例如她的《愛在遙遠的附近——談電影『面紗』》就是一篇具有代表性的影評。

電影《面紗》（The Painted Veil，又譯《猜心》）是根據英國小說暨劇作家毛姆的作品改編的。毛姆（William Somerset Maugham，1874-1965）1920年曾遊歷中國，寫下長篇小說《彩巾》（英文名也是The Painted Veil，漢譯不同而已）。故事以二〇年代動盪不安的中國為背景，敘述一對英國夫婦來到霍亂疫區之後，生命受到改變的過程。危險緊張的戰亂場面、可歌可泣的偉大愛情，加上新鮮獨特的異國情調，是好萊塢電影喜歡拍攝的題材。毛姆的這部作品，正好符合這方面的要求，2006年被第三度搬上銀幕，成績斐然。這次為美中合拍，黃秋生、夏雨也在片中出演角色。外景又選在美麗的廣西山水中拍攝。郎朗動人心弦的鋼琴演奏，更是讓整部片子成為洗滌心靈的饗宴。

區曼玲的影評，不僅鞭辟入裡，分析心靈感情，也相當細緻入微，讀後令人得到許多啟發。多年來對於戲劇的愛好，對戲劇科學的深入研究，使她的影評達到一般電影觀感難以企及的高度。

高關中自述
走百國寫世界

> 　　最近幾個月來，為不少文友寫了小傳。感謝文友們的信任和支持，推心置腹分享各自的經歷。這幾天正好來到突尼斯度假兩週，住在蘇斯（Sousse）的海濱酒店裡，休憩遊玩之餘，也寫一下自己的人生和寫作之路，與文友們交流。

經歷過大串連和上山下鄉

　　從名字，就可以看出，我生長在陝西。因為「關中」的意思就是四關之中，東有潼關，西有大散關，南有武關，北有金鎖關，四關圍起來的關中平原，又叫渭河平原，是陝西的「白菜心」，周秦漢唐帝都西安就坐落在關中平原上。

　　但我的祖籍是山西保德縣，位於晉西北黃土高原，與陝北隔黃河相望。祖祖輩輩務農為生，按大陸土地改革的評法：農村人分為地主，富農，上中農，下中農，貧農五等，我爺爺家被評定為上中農。父親抗戰時讀中學。1946年畢業後到縣裡的糧站就業。1949年，奉調跋涉千里，來到西安一帶，在財政部門工作。母親也隨同南下，第二年我就出生了。

　　在學校，我各科成績都不錯，課餘還讀了不少「閒書」。特別是《三國》、《水滸》、《說岳》、《楊家將》、《東周列國志》、《說唐》這類古代小說，讀起來津津有味，連飯都顧不上

吃，進而引起對歷史課的強烈興趣。小學五年級時，隨父母回過一次老家。這段距離約八九百公里，如今通了高速公路，開車抓緊一天就能到，可那時交通不方便，竟然用了十八天。坐火車要繞道鄭州石家莊，轉三四趟車。然後坐長途汽車，可是道路被大雨沖斷，在中途一個小村莊等了好幾天，才聯繫到一輛馬車，來到保德縣城。接著還要坐木船順黃河行幾十里。下船後又得翻山越嶺，步行回到家鄉的村莊。返程還騎過騾子。那個時代，人們經濟條件差，難得有機會旅行。班上很多同學連火車都沒坐過，我一下子就走了四個省，見識了各種交通工具和各地風光，成了令同學們羨慕的「旅行家」，而地理課對我來說，不再是枯燥的書本知識，學起來津津有味。

　　1966年正在上中學，文革開始，學校停課。那時鼓勵學生們到北京和其他城市學習「文革」經驗，稱之為「全國大串連」。當時提倡搞「大串連」的本意是鼓動學生起來造反，互相串聯，打破各地當權派對「文革」的抵觸情緒。學生們不僅可以免費乘坐火車，各地還設接待站提供食宿。參加「大串連」的主要是大學生，我那時才十幾歲，哪懂什麼政治鬥爭，但由於喜歡史地，佩服張騫、玄奘、徐霞客、馬可·波羅等這些行萬里路的旅行家，當然不肯放過「大串連」這樣千載難逢的好時機。同學們有的膽小不敢上路，有的怕車擠路途辛苦。我算是出過遠門，見過世面，屬於膽子大的，也不怕吃苦，正好借此機會，免費到全國各地周遊一回，「文革」經驗沒學到什麼，各地古蹟名勝倒是看了不少。北上首都，東臨滬杭，南下廣州，西到成渝，跑了大半個中國。

　　中學一停課就是兩年多，學生們待在家裡沒事做。當時搞破「四舊」，很多書都作為「封資修」毒草封存起來不讓看，甚至被燒掉，能讀的書很少。我閒著無聊，就自己找樂趣，照地圖冊畫地圖，一省一省地畫，所以，中國兩千多個縣市，我多數知道在哪

裡。也畫過各國地圖和歷史地圖，今天不用看地圖，就能說出所有國家的名字，記得各國的地理位置。對歷代的疆域和政區劃分也很熟悉。

接下來可就是學生的慘日子了。1968年，所有中學生，從初一到初三，高一到高三，即所謂「老三屆」，一律上山下鄉，像農民一樣種地務農。美其名曰：「知識青年到農村去，接受貧下中農的再教育。」我那時也被打發到農村，到離西安兩百多公里的山區隴縣「插隊落戶」。當地農村缺會計，我會打算盤，經常幫著算賬，沒有幹多少繁重農活。兩年後，被招到縣裡工作。

1972年，在停頓六年之後，大學終於開始招生。比較一下，即使在抗日戰爭那樣的民族危亡關頭，我國的大學千里搬遷，輾轉到大後方，都堅持上課，為國家培養精英，保留元氣，西南聯大、中央大學就是這樣。而文革期間，高校在沒有任何戰亂的情況下，被迫停課長達六年，甚至更長，造成了國家人才斷層的巨大損失，慘痛的歷史教訓值得重視。那時，我在農村下鄉，正好遇到前來縣裡招生的人員，聽到大學招生消息後，就想復習應考。可是連課本都找不到，恰巧見到有人提著一捆舊書報去廢品站，其中夾雜著幾本中學教材，買了下來，就成了我的復習材料。當時，想上大學必須要所在單位推薦，然後輔以非正規，不統一的基本知識考試。我被文革耽誤了六年時間，沒摸過課本，幸虧原先基礎好，臨陣磨槍，順利通過了考試，也得到單位推薦，得以進入西北工業大學，學習數學和電腦科學。

我們這批大學生算是幸運者，來自工廠、農村、部隊，被稱為「工農兵學員」。學生文化水準雖然參差不齊，但都有在社會基層的經歷，大家都非常珍惜寶貴的學習機會，非常勤奮。每天黎明即起，開始早讀，上課，晚自習後十點才入睡，甚至週末也不休息。對文化知識的學習可以用「如饑似渴」來描繪，而學習的動力，主

要來源於每個人心中都有的理想和追求：將來要更出色地服務於社會。同學們非常樸實，關係融洽、艱苦樸素、勤儉節約、熱愛勞動蔚成風氣，穿補丁衣服不丟人。當時還要學軍，記得入學第一年暑假，我們就參加為期一個月的千里拉練，背著背包，從銅川走到延安，又從延安走到韓城，步行經過十幾個縣，腳上磨出了血泡也不叫苦，鍛煉了毅力，磨煉了意志。看看今天的新生上大學報到，有的還要家長送，那種弱不禁風、不諳世事的樣子，真是不可同日而語。

　　1977年底，大陸恢復了統一高考制度，工農兵學員上大學作為高等教育的一種制度、模式已經走入歷史。但對於我們這些工農兵學員具體的個人來說，那段大學生活是難忘的，因為它培育了我們每個人終生受惠的精、氣、神。

提筆介紹列國風土

　　大學畢業後，我當了幾年教師。1980年來到德國，開始了艱辛的求學歷程，1986年底在漢堡大學取得經濟學碩士學位。次年開始在德國一家社會醫療保障機構工作。

　　這樣的生活安定但又有些平淡。於是想找點業餘愛好，讓生活更充實，讓生命更有價值。做點什麼呢？我想到中國改革開放以來，人們需要瞭解外部世界。自己從小喜歡史地文學，外語基礎相當好，居住在國外，收集材料又方便，為什麼不寫點介紹德國的文章。一方面有助於自己熟悉德國這個新家鄉，同時也為中德人民的相互瞭解做點貢獻呢？這樣業餘時間不是會過得更有意義嗎？

　　說幹就幹，當時真有點「初生牛犢不怕虎」的勁頭，不是從寫小文章練筆起步。而是一開始就定了個大題目，要寫一本《今日漢堡》。對於從未在報刊發表過文章的我來說，難度可想而知。我搜

集材料，大量閱讀，實地考察，花了兩年多時間，才寫成這本介紹漢堡方方面面的書稿，約十七萬字。1991年，我回西安探親，在陝西自費出版了這本書。當我拿到印出的樣書，看到自己辛勤寫成的書稿變成了鉛字，聞著淡淡的油墨香味，就像母親看到了初生的嬰兒一樣高興。更讓人高興的是，這本書在漢堡僑胞和我國赴德人員中受到歡迎。上海有關單位通過這本書瞭解自己的友好城市，德國廠商把此書作為禮品送給中國客人。漢堡市政府把此書作為介紹材料送給來自中國的賓客。德國《世界報》（Die Welt）還刊登了介紹《今日漢堡》這本書的文章和作者的照片。

《今日漢堡》的成功，鼓勵我再接再厲動手寫第二本書——《德國州市概覽》，介紹德國十六個州和一百多個城市。這本書1995年出版後各方面的反應也不錯。德國國家圖書館還把它收為館藏書籍。在法蘭克福國際圖書博覽會上，臺灣冠唐出版公司也決定出版該書的正體字版和我的另一本書《英國名城志》。這一時期，我還在《地理知識》、《百科知識》、《城市博覽》等各種雜誌上發表了許多介紹國外風土的文章。

這兩炮打響後，我的興趣一發不可收拾，開始考慮有系統地編寫一套《世界風土大觀》叢書。寫了美（分美東，美西兩本）、英、法、德、意、日、加拿大、俄羅斯、澳大利亞，還寫過臺灣風土大觀。當代世界出版社把這套叢書納入了出版計畫。到2002年底，這一系列共十一本，全部出齊。

《世界風土大觀》系列的出版告一段落後，我又受德國飛揚旅遊公司的委托，編寫了《北歐五國》和《阿姆斯特丹與美麗的周邊地區》兩本書，由中國社會科學院下屬的社會科學文獻出版社出版。在寫作《阿姆斯特丹》一書的時候，受到荷蘭阿姆斯特丹市旅遊局的邀請，來到該市，參觀訪問了五天，除了遊覽名勝古蹟，參觀博物館外，還在旅遊局的安排下，採訪了迦山鑽石公司總經理和

木鞋作坊主等有關人士，把採訪的內容充實到書裡面。該書出版後，受到了阿姆斯特丹旅遊局的好評。

2004年，我開始與中國地圖出版社合作，為世界分國系列地圖冊撰寫文字說明。先後完成了十五本，其中包括印度、埃及、南非、希臘、西班牙葡萄牙、北歐、新西蘭等國的地圖冊。這樣我的問世作品已涉及到所有五大洲的主要國家。

足跡遍佈五大洲

介紹各國風土，要有「行萬里路、讀萬卷書」的精神，要充分利用旅居國外便於旅行的條件，利用我們的外語和資料優勢。生活在德國，旅行最方便，以漢堡為圓心，兩千公里以內分布著四五十個國家，而以北京為圓心，兩千公里以內只能到四五個國家，因為中國本身就是一個地跨萬里的大陸。若把地球分為陸半球和水半球。水半球的中心在新西蘭，陸半球的中心在英國，德國也非常接近，到大多數國家都比較近便。

至今，我已先後去過一百零二個國家，足跡遍布五大洲，比較重要的國家差不多都去過了。盤點一下：

歐洲四十五個國家，除了冰島和白俄羅斯，全部去過。

美洲大陸從加拿大到阿根廷共二十二個國家，除了兩個小國（圭亞那和蘇里南）全部去過。島國則去過古巴。

大洋洲到過澳大利亞和新西蘭。這兩國是大洋洲的主體。

非洲去過九個國家。北非，南非，東非都留下了足跡。西非有些麻煩，必須打針（防黃熱病），還得吃藥（預防瘧疾），至今尚未成行。

亞洲到過二十七個國家。東亞東南亞絕大部分國家都去過，南亞西亞也走過不少國家。

現在沒有去過的國家主要是加勒比、太平洋小島國以及亞非戰亂和熱帶病流行的國家。最想要去的旅行空白只剩下中亞，這個地區與中國相鄰，希望今後有機會走一趟。

　　有些重要國家去過不止一次，對國外情況有了一定的感性認識和親身體驗。至於中國大陸，除西藏外，所有省，直轄市和自治區乃至香港、澳門都去過。臺灣也去過兩次。

　　有人說，旅遊花費多，難承受。其實，我和許多旅遊發燒友一樣是背包族，靠吃苦精神，目標明確，一年跑幾個國家，三十餘年下來，去的國家累計起來就過百了。清人彭端淑（1699-1799）在《為學》一文中說：

　　蜀之鄙有二僧，其一貧，其一富。貧者語於富者曰：「吾欲之南海，何如？」富者曰：「子何恃而往？」曰：「吾一瓶一缽足矣。」富者曰：「吾數年來欲買舟而下，猶未能也。子何恃而往！」越明年，貧者自南海還，以告富者，富者有慚色。

　　旅遊的事情就是這樣。八〇年代我到德國開始讀書後，旅遊之心就油然而生。作為學生，囊中羞澀，怎麼出門呢？幸好，歐洲小汽車多，窮學生也有招旅行，這就是「搭便車」。往路邊一站，胸前掛個牌，寫明要去的地方，伸出胳膊揮揮手。不出幾分鐘，保准會有小汽車停下來，帶你上路，因為開車的人也寂寞，喜歡有個聊天的夥伴。住宿就選便宜的青年旅舍（Youth Hostel）。那時暑假裡，總要出去跑跑，兩三年下來，幾乎走遍了半個歐洲。

　　自從開始寫作以來，我旅遊的目的就變成了為寫作服務。為了搜集資料，寫得準確生動，要盡可能多走多看一些地方，地域也不限於歐洲。人到中年，不能再像學生一樣到處搭便車旅行，再說跨洲旅行漂洋過海也沒有便車可搭，只能買票坐飛機。旅行花費就多了，作為工薪一族，必須儘量節省。另外，只能利用假期旅行，時間有限，遊覽一個國家，最多也就兩三個星期。如何用較少的費

用，較短的時間，多跑一些地方呢？

我的辦法是，旅行儘量避開暑假和耶誕節等旅遊旺季，或選last minute，這樣會便宜不少。舉個例子，從德國飛馬爾他，一週包旅館早餐，高峰約六百歐元，平時四百歐，淡季兩百歐，差別就有這麼大。這次到突尼斯度假，因為是淡季，兩週四星級旅館帶早晚餐，連機票在內三百三十七歐。

我旅行從來不跟團，也不預訂旅館，行前自己做功課，帶導遊書（如英文Lonely Planet系列，實用資訊多，更新快），到了目的地住宿，交通，遊覽，一切問題自己解決，積累經驗，便於寫作。飛機票選淡季。坐飛機到達目的地後，儘量多走幾個國家，最大限度的發揮這張機票的作用。像我們的南美之行，一次就走了八個國家。或者一票兩用。例如回中國探親，買土耳其航空公司機票，在伊斯坦布爾轉機時停留幾天遊覽。乘阿聯酋航班去中國可以在杜拜（Dubai，或譯迪拜）逗留，遊覽阿聯酋和阿曼兩國。

我最長的一次旅行是2000年3月17日到5月8日和妻子的環球之旅。總共五十三天，用光了當年所有的假期和換休。環球機票線路是漢堡—倫敦—馬來西亞吉隆玻—新加坡—澳大利亞悉尼—新西蘭奧克蘭—洛杉磯—紐約—倫敦—漢堡。購買的是淡季優惠機票，票價兩千七百馬克（當時折一千三百美元）。途中又乘火車去過泰國，坐長途汽車在澳大利亞土地上奔馳，加拿大公路上萬里行。利用這次旅途的所見所聞和搜集到的材料，我寫出了加拿大、澳大利亞、新加坡和馬來西亞、新西蘭等四本風土大觀，並為撰寫泰國一書做好了準備。

至於坐火車、坐長途汽車旅行則購買乘車證，也就是在有效期內可以隨意乘車、次數不限、遠近不限的優惠車票。白天遊覽，晚上坐車。如在美國加拿大就是靠長途汽車（灰狗車）乘車證，走遍北美的。住旅館，也儘量找便宜的。

寫作就是學習

　　自從寫作以來，我的目標很明確。就是把全世界基本寫一遍。這個任務大部分已完成。對我來說，寫作就是學習，寫作就是讀書的方法，寫一頁至少要讀十頁。我寫過的書，一些尚未出版，如《東歐風土大觀》、《德國精神》等等，但我並不後悔，沒有覺得白費勁。因為有些內容以後可能會用到，例如《希臘風土大觀》沒出版，但部分內容已用於《希臘地圖冊》的說明；《新馬風土大觀》未出版，但部分內容在我寫馬來西亞開世華作協大會和世界詩人大會報導以及遊記中用到了。更重要的是因為，寫書帶動讀書，帶動學習。我最快樂的時候，並不是在看到印出的新書，而是在寫完一篇文章後，學到了以前不知道的事情和知識。按這個意義說，實際上我一輩子都在學習。

　　在寫作列國風土的過程中，必須不斷地學新東西，比如寫到宗教聖地，就要瞭解了它的宗教淵流，寫得多了，就熟悉了世界各種宗教的情況，甚至瞭解到教派之間的區別。寫一個個音樂家故居，你就得瞭解他們在音樂史上的地位，寫得多了，就知道了從巴赫、海頓、莫札特、貝多芬到爵士樂、披頭四的音樂史。介紹歐美建築，你就得瞭解羅曼式、哥特式、文藝復興式、巴羅克式、古典式等建築風格；介紹西方繪畫雕塑作品，你又得知道聖經故事和希臘神話；介紹悉尼海港橋和三藩市金門橋，你還得弄明白鋼拱橋和懸索橋的區別。日積月累，就能使你成為一個百科型的學者。

　　為了介紹世界各國風土，還必須搜集和閱讀大量資料。養成我愛書藏書的嗜好。多年來，我搜集的圖書資料超過一萬冊，其中中文書籍五千多冊，期刊上千冊，多個語種的外文書籍五千多冊。這些書籍涉及到各個領域，這是因為寫各國風土大觀時，會遇到各種各樣的問題，需要查閱有關書籍。事實上，中國圖書館圖書分類法

中提到的二十二個大類，每一類或多或少我都有一些。百科全書，地圖，史地，傳記類書籍尤為豐富。我個人認為，即使在網際網路發達的今天，書籍資料的搜集仍然是必要的。

二十多年來，我堅持寫作，問世著述近五百萬字，尚未發表的作品還有一二百萬字，世界上的主要國家和地區基本上都寫過了。如何能在業餘時間裡完成六七百萬字的寫作量，關鍵在於擠時間，在於持之以恆。世界上的人有窮有富，有高官有平民，境況很不相同，但每個人一生所擁有的時間（預期壽命）大體上是相同的。能不能做出一些成就，主要看你是如何安排利用時間的，正如魯迅的體會：「節約時間，也就是使一個人的有限的生命，更加有效，而也即等於延長我們的生命。」

我對於時間的運用，每天讀寫了幾小時，都有記錄。哪一天因事沒有寫，就要找時間補起來，因此我安排時間是按週而不是按日計算的。過去上班業餘寫作，每週寫二十小時。如今不用上班了，規定每週四十小時，寫作字數要過一萬字（電腦有字數統計功能）。實際上生活中各種雜事，各種干擾是很多的，要想長期保持一定的速度，就非得靠毅力和恆心。除旅行外，我只要在家，一般都能達到預定的寫作量。這叫數字化管理。

參加文學活動

過去我工作時，每年六週假期全部用於旅行，週末和晚間用於寫書，一直是單兵獨馬，從未參加過文學活動，對德華乃至歐華文學界，瞭解有限。直到2010年退出工作崗位以後，才開始活躍起來，感覺就像開始了人生第二春。那年，經譚綠屏大姐推薦，出席了在湖北舉行的第十六屆世界華文文學國際學術研討會，後來還參加了在新疆、山東蒼山、福州、江蘇太倉舉行的各種文學和采風活

動。2012年又參加了在荷蘭舉行的中西文化文學國際交流研討會。通過與作家文友們的接觸，使我看到了海外華文文學的最前沿，瞭解到鮮活的新文學現象，感受到當代文脈的跳動。通過會議，參加活動，郵件互動，收穫遠遠超過自己悶頭讀書和寫作。

2012年，又經譚綠屏大姐介紹，歐華作協理事會接受我為歐華作協會員。2013年我參加了在柏林舉行的歐洲華文作家協會成立二十二週年暨第十屆年會。同年10月參加在馬來西亞舉行的世界華文作家協會代表大會第九屆會員代表大會和第三十三屆世界詩人大會，才與歐華文友們逐漸熟悉起來。

大約也是2010年以後，我開始經常向德華三大媒體《歐洲新報》，《歐華導報》、德國《華商報》投稿，發表作品上百篇。2013年3月《歐洲新報網》為我建立了專欄《走百國談天下》，同年10月德國《華商報》網站特約作者專欄開闢了《高關中》專欄。這兩個專欄便於我隨時發文，時效比印刷的報紙快，能與較多的讀者互動，感覺很不錯。

2011年我開始參加文心社（以海外華人為主的華文文學社團）活動，在文心網開有專輯，發表了三百多篇文章。我非常喜愛文心這個平臺。一個是快，登一篇文章雜誌報紙往往要拖很久，而上文心所需的時間就短得多。二是互動，在文心上可以通過文章的點擊率，讀者的評論留言等，看出讀者的喜愛和需求。三是廣泛性，文心網內容廣泛，雖以文學為主，但也包括其他內容，如繪畫、音樂、攝影等，可讀性很強。現在我每天早晨啟動電腦，首先就是打開文心首頁看一看。

2012年2月份我在朋友的幫助下又建立了自己的新浪博客，發文總數現已達三百多篇。新浪博客的特點是自己可以直接發文貼照片，也便於修改。但通常博文的讀者群沒有文心廣泛（粉絲特多的博客例外）。我現在寫出文稿一般都先發在博客上，貼上照片。聽

取反映改錯後，再把鏈結發往文心，這樣可以減輕文心網的編輯工作量，對照片多的文稿更是如此。

2012年5月份我開始在世華作家交流網發表文章，共發文幾十篇。在新浪博客和世華作家交流網所發的文字多數是與文心專輯重複的，主要是為了與更多的文友交流。

這幾年我還參加了中歐跨文化交流協會，旅歐陝西專家學者聯誼會，德中文化交流協會，世華作家交流協會等聯誼組織，認識了更多的文友，接觸面更為廣泛。

在寫作內容方面，我除了繼續寫列國風土，遊記類文章外。還注意擴大寫作題材。2010年我寫了一本《臺灣名人傳》，精選介紹臺灣政治、軍事、經濟、科教、文化界名人五十位。這本書尚未出版，部分內容在文心網上發表過。通過寫這部書稿，一方面有助於瞭解臺灣的歷史和現狀，另一方面也鍛煉了寫人物傳記的能力。這次敢於著手寫文友小傳系列，就是因為有過類似的寫作。

有的文友驚奇我寫文章比較快，譚綠屏大姐就曾評論說：「關中弟心熱手高，變魔術般美文一盤盤上臺。」慚愧，哪裡是「變魔術般」，只不過是平時有些積累罷了。二十多年來，我一直在搞史地風土寫作，積累下幾百萬字的素材，凡是去過的國家基本都寫過。就像廚師，提前已把菜洗好、肉切好，做飯時熱鍋快炒就行了。採訪文友時，大家提到的地方、歷史事件，平素都有些瞭解，比較容易溝通，進入狀況。當然，作為退休者現在不用上班，加上家人的支持，可以全力以赴，集中時間，做自己喜歡的事情也是一個原因。

附錄
歐華作協歷史回顧與年會

　　2013年5月24至26日，歐洲華文作家協會成立二十二週年暨第十屆年會在柏林舉行。這次年會共有六十多人參加，是近年來規模最大的一次，會員和會議來賓來自歐洲十幾個國家，美國，中國大陸、臺灣和香港。會議舉行了熱烈的文學研討和認真的工作總結，取得了圓滿成功。

歐華作協歷史回顧

　　二十多年前，也就是1991年，歐洲華文作家協會宣告誕生。時代背景是這樣的：那個年代，西歐有一批客居異鄉的華人知識分子，在一方面擁著思鄉情懷、一方面為事業打拼之餘，用母語華文寫下去國離鄉的心頭感懷和異國他鄉的所見所聞。那時的條件很差，沒有先進的個人電腦，歐洲華文報刊也極少，如中歐最初只有一份手刻油印的月刊《西德僑報》（德國統一後改名為《德國僑報》）。但文友們還是鍥而不捨地堅持寫作，不少出色的文章進而發表在兩岸三地（大陸、臺灣、港澳）的報章刊物，頻頻獲獎，有的還出了書。其中成就最突出的就是當時旅居瑞士的趙淑俠。到八〇年代中期，已出版了二十多本小說和散文。這時她開始考慮如何把旅歐文友們組織起來繁榮歐洲華文創作的問題，萌生了組織華人文學會社的念頭。經她和一些熱心文友的廣泛聯絡，積極籌備，終

於在1991年3月16日，在巴黎舉行了隆重的成立大會，也就是歐華作協的第一屆年會。歐華作協是歐洲有華僑史以來，第一個全歐性的華文文學組織。創會會員共六十四人，來自瑞士、法國、德國、奧地利、英國、比利時等十二個國家。

歐華作協成立以來，恪守「增強旅歐各國華文文友之聯繫，以筆會友，相互切磋，提攜後進，培養新秀，發揚中華文化，進而協助旅歐華文作家融入世界華文寫作社會」的創會宗旨，在培養新人，擴大歐華作家作品影響諸方面，都取得很大成績。如今會員已擴展到十九個國家，掌握十三種語言。這群身負中華文化，也受到僑居國文化特色薰陶的文友，已創作出很多富有特色的作品。其中一部分已收入會員文集。第一本《歐羅巴的編鐘協奏》1998年出版。2004年的《歐洲華人作家文選》為第二本。2008年，第三本會員文集《在歐洲的天空下》也已問世。

歐華作協每兩三年選擇歐洲各大城市舉辦年會，以增強各國文友間的聯繫，並且利用年會的機會，與當地的學術界（如大學漢學系）以及文學社團合作舉辦文學研討會，藉以發揚中華文化，促進文化交流，成果豐碩。歷屆年會在瑞士伯爾尼（1993）、漢堡（1996）、維也納（1999）、蘇黎世（2002）、布達佩斯（2004）、布拉格（2007）、維也納（2009）和雅典（2011）舉行。

柏林年會

2013年在柏林舉行的歐華作協年會是第十屆年會。感謝會員于采薇和黃雨欣的積極努力，把會議安排到Ellington酒店舉辦。它位於紐倫堡大街50-55號，地處繁華市區的中心，靠近著名的威廉皇帝紀念教堂，交通很方便。5月24日14點起，會員和會議來賓陸續報到。

5月25日上午9點，歐華作協朱文輝會長宣布第十屆年會正式開幕。駐德國代表處大使魏武煉博士首先致詞表示祝賀。接著德高望重的楊允達先生講話，楊老是世界詩人大會主席，歐華作協創會會員，滿懷深情地回憶起當年的建會情況。本屆年會，連他在內，共有朱文輝、郭鳳西和麥勝梅等四位創會會員到場，其他與會者都是後來入會的作家或來賓，由此可見歐華作協薪火相傳，不斷成長的歷程。

　　接著北美洲華文作家協會趙俊邁會長講話。北美洲華文作家協會與歐華作協是姊妹作協，它們和南美洲華文作家協會、中美洲華文作家協會、非洲華文作家協會、大洋洲華文作家協會、亞洲華文作家協會於1992年底共同組建世界華文作家協會。趙俊邁會長建議歐美兩家華文作協要加強聯繫，可聯合組織一些活動，促進海外華文文學的發展。

　　開幕式以後，由旅美臺灣作家施叔青女士、小說家嚴歌苓女士、香港浸會大學助理教授葛亮博士和微型小說雜誌社趙智社長作文學專題演講。作家和專家們的報告，引起了與會者的很大興趣。他們先後在丘彥明副秘書長和李永華副會長的主持下，進行了熱烈的討論。

　　下午，來自其他地區的非本會會員文友吳宗錦、蓬丹、池蓮子、陳亞美、劉詠平等人交流了寫作經驗。荷蘭彩虹中西文化交流中心的池蓮子主任，介紹了去年在代爾夫特組織中西文化文學國際交流研討會的情況。這次文會獲得圓滿成功，研討會的論文集現已出版。她為中西文化交流竭心盡力的事蹟，得到與會者的高度讚賞。

工作總結

　　從下午四點半至七點，歐華作協舉行會員大會。朱文輝會長做工作報告。分為三個部分。第一是關於歐華作協出書的情況。自上屆俞力工會長開始策劃，到現在已出版《迤邐文林二十年——歐華作協成立紀念文集》、《東張西望——看歐洲家庭教育》、《對窗六百八十格——歐洲華文作家微型小說選》上下集、旅遊文集《歐洲不再是傳說》等五本書。關於環境保護問題的文集《歐洲綠生活》也即將出版（2013年6月已出版）。這兩年是歐華作協成立以來出書最多的時期，多年耕耘已見成效。第二是接受新會員，經歐華作協理事或會員推薦，大會正式追認，歐華作協共增加七名新會員，他們是德國的倪娜（筆名呢喃）、高關中、區曼玲，奧地利常暉，瑞士朱頌瑜，英國黃南茜和挪威的郭蕾。第三是協會參加國際交流更加廣泛，特別值得一提的是2011年11月世華作協與大陸的中國世界華文文學學會聯合舉辦的「共享文學時空——世界華文文學研討會」。歐華作協曾組團參加這次盛會。在廣州廈門活動七八天後，又到臺灣高雄的佛光山開三天會，這是歷史性的突破。歐華作協部分會員還參加了2012年9月在以色列特拉維夫舉行的世界詩人大會。今年10月14-19日歐華作協將派大約二十人參加世華作協與中國世界華文文學學會聯合舉辦的第二屆世界華文文學研討會（亦即世界華文作家第九屆代表大會），會議安排在馬來西亞首都吉隆坡舉行。會後還有部分人參加在該國怡保舉行的第三十三屆世界詩人大會。

　　歐華作協秘書長郭鳳西做了關於財務工作的報告。最後會員大會通過無記名投票選出了新一屆理事共十一人，郭鳳西（會長，比利時）、李永華（副會長，捷克）、謝盛友（副會長，德國）、丘彥明（副會長，荷蘭）、麥勝梅（秘書長，德國）、穆紫荊（副秘書長，德國）、黃雨欣（副秘書長，德國）、俞力工（監事，奧地

利）、朱文輝（瑞士）、楊允達（法國）和高麗娟（土耳其）。

郭鳳西會長出生於溫馨開明的眷村家庭。父親郭岐是抗日將領。她現居比利時，為旅比華僑中山學校校長。作為歐華作協創會會員，曾長期擔任秘書長，熟悉會務運作。相信她接棒後，歐華作協將會更上層樓。

晚上，駐德國代表處大使魏武煉博士在明園大酒樓，以晚宴款待全體與會人員。

5月26日，大會組織與會者在柏林市區參訪觀光，晚間舉行德國風味晚餐，大家互相道別，互道珍重再見，後會有期！

報導原題《歐華作協第十屆年會在柏林召開》

後記

　　編寫文友小傳的想法萌生於去年10月，在馬來西亞舉行的世華作家代表大會期間。那次大會上我第一次見到了歐華作協的創會會長、著名作家趙淑俠大姐。大姐平易近人，早餐時與幾位文友一起聊天。她語重心長地對大家說，歐華作協成立二十多年了，運作得不錯，最好能把這段歷史記錄下來，如寫成歐華文學史，給後人留下一些資料，這是很有意義的。

　　當我聽到趙大姐的這番叮囑時，很有感觸。自己作為會員，應該為協會出力做點什麼，加磚添瓦也好。我自己偏重於史地和人物寫作，原來寫過《臺灣名人傳》，也採訪過一些文化人，寫過紀實報導，如《譯壇巨匠榮獲歌德金質獎章──楊武能教授傳奇》、《巧遇國際鄭和學會會長陳達生》等等，可以從寫小傳開始啊！先寫比較熟悉的文友，譚綠屏大姐是我的入會介紹人，我知道她是作家兼美術家，加上馬來西亞文會的鮮活材料，寫成《畫壇文壇常青樹》，發往《歐洲新報》，去年11月1日刊登了。這就是小傳系列的第一篇。

　　馬來西亞文會結束後，我們十幾位歐華文友又參加了世界詩人大會，兩週時間，朝夕相處，比較熟悉了。感謝麥勝梅、許家結夫婦和黃鶴升文友的支持，又寫出兩篇。這樣總共有了三篇樣稿，以「拋磚引玉的想法」為題，發到協會公共信箱裡。寫小傳的想法得到了更多文友的回應。很多人發來了資料、照片和作品。池元蓮大姐還把為族譜所寫的資料都發過來。趙大姐也發來郵件鼓勵。

文友們信任我，我也決不能辜負大家的信任，撰寫的時候牢牢把握以下原則：

把個人家庭的命運與歷史的大環境聯繫起來，介紹人生的主要軌跡，文學道路和成就，在歐華協會的活動，突出每個人的亮點。寫好後一定要經過本人審閱修改，才能發表。

就這樣一路走來，完成了三十人的小傳，這是大家共同努力合作的結果。試想一下，沒有文友支援提供材料，敞開心扉交流，寫小傳就是無米之炊，不可能做下去。

現將三十位作家的傳記編輯成書，每篇平均六七千字，總共約二十萬字。目錄基本按照傳主參加歐華年會和入會的先後安排，這樣從頭閱讀起來，比較容易瞭解歐華作協乃至歐華文壇的發展歷史。全書完成後由歐華作協會長寫序。

這本書實際上是歐華作家們集體創作的，由高關中主編執筆而已。它具有史料性，可讀性，也有勵志的作用。

在此我要感謝歐華文友們的大力支持，感謝歐華作協歷任會長作序，感謝世華作家交流協會心水秘書長的推薦，還要感謝秀威黃姣潔主編和段松秀編輯的熱心幫助。

高關中　2014年7月17日　德國漢堡

Do人物21　PC0440

寫在旅居歐洲時
──三十位歐華作家的生命歷程

作　　者／高關中
責任編輯／段松秀
圖文排版／連婕妘
封面設計／楊廣榕

出版策劃／獨立作家
發 行 人／宋政坤
法律顧問／毛國樑　律師
製作發行／秀威資訊科技股份有限公司
　　　　　地址：114 台北市內湖區瑞光路76巷65號1樓
　　　　　電話：+886-2-2796-3638　傳真：+886-2-2796-1377
　　　　　服務信箱：service@showwe.com.tw
展售門市／國家書店【松江門市】
　　　　　地址：104 台北市中山區松江路209號1樓
　　　　　電話：+886-2-2518-0207　傳真：+886-2-2518-0778
網路訂購／秀威網路書店：https://store.showwe.tw
　　　　　國家網路書店：https://www.govbooks.com.tw

出版日期／2014年12月　BOD一版　定價／380元

獨立 作家
Independent Author

寫自己的故事，唱自己的歌

寫在旅居歐洲時：三十位歐華作家的生命歷程 /
高關中著. -- 一版. -- 臺北市：獨立作家,
2014.12
　　面；　公分. -- (Do人物；PC0440)
BOD版
ISBN 978-986-5729-54-7 (平裝)

1. 作家　2. 世界傳記

781.054　　　　　　　　　　　103024609

國家圖書館出版品預行編目

讀 者 回 函 卡

感謝您購買本書，為提升服務品質，請填妥以下資料，將讀者回函卡直接寄回或傳真本公司，收到您的寶貴意見後，我們會收藏記錄及檢討，謝謝！如您需要了解本公司最新出版書目、購書優惠或企劃活動，歡迎您上網查詢或下載相關資料：http:// www.showwe.com.tw

您購買的書名：＿＿＿＿＿＿＿＿＿＿＿＿＿＿＿＿＿＿＿＿＿＿

出生日期：＿＿＿＿＿年＿＿＿＿＿月＿＿＿＿＿日

學歷：□高中 (含) 以下　　□大專　　□研究所 (含) 以上

職業：□製造業　□金融業　□資訊業　□軍警　□傳播業　□自由業
　　　□服務業　□公務員　□教職　　□學生　□家管　　□其它＿＿＿

購書地點：□網路書店　□實體書店　□書展　□郵購　□贈閱　□其他

您從何得知本書的消息？

　　□網路書店　□實體書店　□網路搜尋　□電子報　□書訊　□雜誌
　　□傳播媒體　□親友推薦　□網站推薦　□部落格　□其他＿＿＿＿＿

您對本書的評價：(請填代號　1.非常滿意　2.滿意　3.尚可　4.再改進)

　　封面設計＿＿＿　版面編排＿＿＿　內容＿＿＿　文／譯筆＿＿＿　價格＿＿＿

讀完書後您覺得：

　　□很有收穫　□有收穫　□收穫不多　□沒收穫

對我們的建議：＿＿＿＿＿＿＿＿＿＿＿＿＿＿＿＿＿＿＿＿＿＿

＿＿＿＿＿＿＿＿＿＿＿＿＿＿＿＿＿＿＿＿＿＿＿＿＿＿＿＿＿＿

＿＿＿＿＿＿＿＿＿＿＿＿＿＿＿＿＿＿＿＿＿＿＿＿＿＿＿＿＿＿

＿＿＿＿＿＿＿＿＿＿＿＿＿＿＿＿＿＿＿＿＿＿＿＿＿＿＿＿＿＿

11466
台北市內湖區瑞光路 76 巷 65 號 1 樓

獨立作家讀者服務部　　　收

....

（請沿線對折寄回，謝謝！）

姓　　名：＿＿＿＿＿＿＿＿　年齡：＿＿＿＿　性別：□女　□男

郵遞區號：□□□□□

地　　址：＿＿＿＿＿＿＿＿＿＿＿＿＿＿＿＿＿＿＿＿＿

聯絡電話：(日) ＿＿＿＿＿＿＿＿＿　(夜) ＿＿＿＿＿＿＿＿＿

E-mail：＿＿＿＿＿＿＿＿＿＿＿＿＿＿＿＿＿＿＿＿＿